고조선사의 전개

● 지은이

박준형

연세대학교에서 학사, 석사, 박사학위를 받음.
연세대학교, 경원대학교, 인덕대학교 강사를 거쳐 현재는 연세대학교 동은의학박물관에서
학예연구사로 근무하고 있다.

저서
「대릉하~서북한지역 비파형동검문화의 변동과 고조선의 위치」(『한국고대사연구』66, 2012)
「기원전 3~2세기 고조선의 중심지와 西界의 변화」(『사학연구』108집, 2012)
「산동지역과 요동지역의 문화교류」(『한국상고사학보』79, 2013)
「고조선의 春秋 齊와의 교류 관계」(『백산학보』95, 2013)
「고조선~삼국시기 교역사 연구의 검토」(『한국고대사연구』73, 2014)

고조선사의 전개

초판인쇄일   2014년 10월 25일
초판발행일   2014년 10월 30일
지 은 이   박준형
발 행 인   김선경
책 임 편 집   김윤희, 김소라
발 행 처   도서출판 서경문화사
          주소 : 서울시 종로구 이화장길 70-14동숭동 105호
          전화 : 743-8203, 8205 / 팩스 : 743-8210
          메일 : sk8203@chol.com
인   쇄   바른글인쇄
제   책   반도제책사
등 록 번 호   제 300-1994-41호
ISBN   978-89-6062-173-2   93900
ⓒ박준형, 2014

정가 21,000원

고조선사의 전개

박준형 지음

서경문화사

필자가 고조선사에 관심을 갖게 된 것은 1994년 봄 대학 3학년 1학기이었다. 건강 상의 이유로 1년간의 휴학을 끝내고 복학하면서 한국고대사 수업을 수강하게 되었다. 당시에는 아직 전공에 깊은 관심을 갖지 못하고 이리저리 방황하던 시기였다. 수업 시간에는 『삼국유사』, 『제왕운기』, 『세종실록』 지리지, 『응제시주』 등을 비롯하여 안정복, 한 치윤, 정약용 등 실학자들의 저서에 수록된 단군신화를 강독하는 것이었다. 처음에는 한문 사료를 읽는 것이 부담되었지만 점차 단군신화가 각 시대별로 어떻게 인식되었는가를 살필 수 있게 되었다. 그러면서 점차 고조선에 관심을 갖게 되었다.

1994년 여름, 할머니가 돌아가시자 홀로 되신 할아버지가 적적하실 것 같아 방학을 고 향인 충남 금산에서 보냈다. 고향 친구들과 노는 것도 지칠 즈음에 가방 속에 있던 리지린, 이병도, 천관우, 윤내현 등 선학의 고조선 관련 저서를 하나씩 읽었다. 이 책들은 지금 읽어 도 어렵지만 당시에는 같은 사료를 이렇게 다르게 해석할 수 있고 그 해석에 따라 고조선의 역사상이 전혀 다르게 그려지는 점에서 고대사 연구에 흥미를 느끼게 되었다.

졸업 후의 진로를 고민하는 과정에서 결국 대학원 진학을 결정하였다. 공부 안하던 필 자가 대학원에 간다니까 다들 의아해 했다. 대학원 선배들은 고조선을 전공하겠다는 필자를 말리는 분위기였다. 그 이유는 나중에 공부를 하면서 자연스럽게 알게 되었다.

박사학위논문을 쓰기까지 많은 우여곡절이 있었다. 석사졸업 직전 학기에 지도교수 가 개인적인 사정으로 교수직을 그만 두었다. 곧 이어 할아버지가 돌아가셨다. 탈상을 하고 서울로 올라와 보니 두려울 정도로 공부를 열심히 했던 대학원 동기가 죽었다. 일단 졸업을 하고 향후 진로는 나중에 고민하기로 했다.

그러던 차에 조선시대 사상사를 전공하셨던 故 김준석 선생님이 방황하던 필자에게 고조선 연구를 계속 할 수 있도록 지도교수를 맡아 주셨다. 원주캠퍼스에 계신 이인재 선생님도 필자가 논문을 쓸 수 있도록 격려해 주셨다. 공부의 길은 이렇게 이어졌다.

박사 진학할 때에 연구계획서를 제출했다. 앞으로 고조선 연구를 어떻게 할 것인가를 썼어야 했는데, 21세기 한국사회에서 왜 고조선 연구가 필요한가를 썼다. 당시 지도교수이셨던 김준석 선생님은 필자의 이런 고민에 애정을 가지셨다. 그런데 박사 수업을 마칠 즈음에 선생님이 돌아가셨다. 영정 앞에서 밤을 지새우며 한없이 눈물만 흘릴 수밖에 없었다.

이후 시간강사 생활을 하다가 연세대학교 동은의학박물관에 학예연구사로 취직을 하였다. 박사 졸업도 늦어지게 되었다. 그런데 궁여지책으로 시작한 한국 근대 醫學史 공부가 필자가 고대 의학사 논문을 쓰는 데에 도움이 될 거라고는 당시에는 전혀 생각하지 못했다.

우여곡절을 겪고 40이 넘은 늦은 나이에 『고조선의 성립과 발전에 대한 연구』라는 박사학위논문을 썼다. 처음에 생각했던 논문 주제는 고조선의 산동지역과 대외관계였다. 고조선의 실상이 사료상에 잘 보이지 않는다면 他者[춘추 齊]에 비추어진 모습을 통해서 역으로 고조선을 볼 수 있을 것이라고 생각했다. 그러나 대외관계사의 추이만 보이지 그 속에서 고조선의 실체에 대한 접근은 요원했다. 논리적으로는 가능하나 현실적으로 어려웠다.

고조선의 대외관계사는 정치사가 해결되지 않고서는 연구의 진적을 기대하기 어려웠다. 결국 고조선의 변화·발전과정에 대한 연구로 주제를 바꾸게 되었다. 그것은 중국 동북지역에서 한반도 서북부지역에 이르는 청동기문화를 배경으로 성장했던 고조선의 실체를 증명하는 것이었다. 고고학 자료를 활용하여 역사고고학적인 방법론으로 접근할 수밖에 없었다.

필자는 고조선이 비파형동검문화를 배경으로 성장·발전했다고 보았다. 이러한 비파형동검문화는 기원전 1000년대에 들어서 요서 · 요동 · 한반도에 걸쳐서 꽃피웠던 문화였다. 이 문화가 가장 먼저 발전한 곳이 바로 요서 대릉하유역이었고, 이 문화가 요동과 한반도에 영향을 끼쳤던 것으로 보았다. 그리고 문화의 흐름이 시대를 거치면서 요서에서 요동 지역으로 변화하는 것으로 보았다. 자연스럽게 고조선의 중심지도 이 문화의 변동에 따라 이동했던 것으로 보았다. 『관자』, 『전국책』, 『산해경』 등 중국 선진문헌에 보이는 고조선은 바로 이러한 문화를 바탕으로 성장한 정치적 실체로 보고자 했다. 이 책은 이러한 필자의 박사학위논문을 일부 수정 · 보완한 것이다.

필자는 박사학위논문을 들고 김용섭 선생님에게 인사를 드렸다. 선생님은 필자에게 따끔한 질책을 가했다. 기원전 7세기 사실을 전하는 『관자』에 고조선이 처음 언급되었다고 해서 고조선이 그때 성립되었다고 볼 수 있느냐는 것이었다. 부끄러웠다.

고조선 사람들은 스스로의 역사를 문자로 남기지 못했다. 다만 '집단 기억'을 통해 자신들의 역사를 전승해 왔다. 이 역사는 고려시대에 이르러 단군신화라는 형태로 문자로 기록되었다. 반면에 他者[중국인들]의 인식상에 포착되어 문자로 남겨진 가장 오래된 기록이 바로 『관자』이다. 여기에 제나라가 고조선과 문피교역을 했다는 기록이 남아 있는 것이다. 그렇다면 기원전 7세기에 고조선이 성립된 것이 아니라 그것은 고조선 성립 시기의 최소한의 하한이라고 할 수 있다.

이런 점에서 비파형동검문화의 전성기인 기원전 7세기대에 고조선이 성립되었다고 본 필자의 박사학위논문 제목인 『고조선의 성립과 발전에 대한 연구』는 잘못 되었다고 할 수 있다. 김용섭 선생님의 지적처럼 필자는 『관자』 시기인 비파형동검문화기의 고조선부터 만을 연구의 대상으로 삼았던 것이다.

학위논문을 쓸 수 있기까지에는 많은 분들의 도움을 받았다. 먼저 학위논문을 작성하는 데에 지도교수인 하일식 선생님을 비롯하여 심사를 맡아주신 김도형, 도현철, 이청규, 송호정 선생님의 노고가 있었다. 하일식 선생님은 안이하게 학위논문을 준비했던 필자에게 학자로서 엄정한 자세를 가르쳐 주셨다. 김도형, 도현철 선생님은 고조선사 연구의 중요성에 대해 일깨워 주셨다. 이청규, 송호정 선생님은 우리나라의 대표적인 고조선 연구자로서 논문을 꼼꼼히 읽어주셔서 필자의 오류를 시정할 수 있게 해 주셨다. 석사과정부터 지금까지 학문의 길로 정진할 수 있도록 격려해 주신 이희덕 선생님의 은혜를 잊을 수가 없다. 필자를 의학사 연구로 이끌어주시고 직장에서 주경야독하면서 학위논문을 쓸 수 있도록 물심양면으로 배려해 주신 박형우 동은의학박물관장님에게 깊은 감사의 말씀을 전하지 않을 수 없다.

필자가 이 자리에까지 올 수 있었던 데에는 자식이 잘되기를 항상 염원하시는 고향에 계신 부모님의 은혜를 생각하지 않을 수 없다. 두 분께 이 책을 바치고 싶다. 나이 들어서 계속 공부하는 수험생 같은 사위를 둔 장인·장모님에게도 깊은 감사의 말씀을 전한다. 무엇보다도 공부하는 남편을 두고서도 묵묵하게 곁을 지켜준 사랑스러운 아내 송현종에게 고마움을 전한다. 연구자와 좋은 아빠라는 두 역할 속에서 고민만 하던 사이에 건강하게 자라준 아들 성호와 딸 지윤에게도 이 책을 통해 미안함을 덜어 보고자 한다. 마지막으로 필자의 학위논문의 출판을 선뜻 응해주신 서경문화사 김선경 사장님과 관계자 분들에게도 고마움을 전한다

2014년 10월

박 준 형

고조선사의 전개

I.
서론

　고조선은 한국사에서 최초의 국가라는 점에서 일찍부터 주목을 받아왔
다. 고조선의 국가형성 경험은 이후 부여·고구려·신라 등이 고대국가로
성장·발전하는 과정에서 일정하게 영향을 끼치게 된다. 이런 점에서 고조
선은 단순한 한국사의 시작이라는 의미를 넘어서 한국 고대국가의 형성과
정에서 중요한 역할을 하게 된다고 할 수 있다.

　고조선은 처음부터 거대한 영역을 다스리는 국가는 아니었다. 고조선은
작은 지역집단으로 시작하여 소국으로, 다시 주변 소국들과 연맹체를 형성
하고 나아가서는 진번·임둔을 복속시키는 단계로까지 발전하였다. 이처럼
작은 정치체로 시작한 고조선이 어떻게 성장·발전하였는지 그 궤적을 살
피는 것은 매우 중요하다.

　그렇다면 지금까지 고조선 연구가 어떻게 이루어졌으며 그 문제점은 무
엇인지를 살펴보자. 고조선의 성장 과정을 설명하기 위해서는 먼저 고조선
의 시공간적 범위에 대한 검토가 선행되어야 한다. 근대 역사학 도입 이후
고조선 연구가 단군신화, 기자조선의 실체, 주민집단, 중심지와 강역, 사회

성격, 고고문화 등 다양한 측면에서 이루어졌지만[1] 아직까지도 고조선 중심지의 위치와 강역 문제는 논쟁 중이기 때문에,[2] 이 부분에 대한 명확한 입장 없이는 고조선사의 전개과정을 제대로 설명할 수가 없다. 문헌 자료가 절대적으로 부족하기 때문에 발생하는 이러한 문제를 고고학 자료로 어느 정도는 보완할 수 있지만 그것도 기본적으로 중심지의 위치와 강역문제가 해결되어야만 고조선의 물질문화로서 의미를 갖게 된다고 할 수 있다. 따라서 중심지의 위치와 강역문제가 고조선사 연구에서 가장 중요한 선결 과제라고 할 수 있다.[3] 그 중에서도 고조선의 강역문제는 중심지의 위치를 어디로 보느냐에 따라 달라지기 때문에 먼저 고조선 중심지의 위치에 대한 이해가 가장 중요하다고 할 수 있다.

고조선 중심지의 위치에 대한 논쟁은 크게 요동설·평양설·이동설로 나누어 볼 수 있다. 요동설은 조선시대 권람의『응제시주』에서 낙랑을 평양이 아닌 압록강 북쪽[幽州]에서 찾은 것에서부터 시작된다고 볼 수 있다. 이러한 요동설은 조선후기 홍여하·신경준·이익 등 실학자들을 거쳐 일제시기 신채호, 정인보 등 민족주의 사학자들의 연구로 이어진다. 이후 북한 학계에서는 왕검성의 위치를 요동의 蓋平으로 보고, 遼水는 현재의 遼河가

1) 노태돈, 1989,「고조선사 연구의 현황과 과제」『한국상고사-연구현황과 과제-』(민음사), 185~192쪽 ; 권오영, 1990,「고조선사연구의 동향과 그 내용」『북한의 고대사연구』 ; 조법종, 1999,「고조선 관계 연구의 현황과 과제」『단군학연구』1 ; 김정배, 2003,「고조선 연구의 현황과 과제」『단군학연구』9 ; 박선미, 2006,「근대사학 이후 고조선사 연구의 현황과 쟁점」『한국사학보』23 ; 동북아역사재단·고조선사연구회 편, 2009,『고조선사 연구 100년-고조선사 연구의 현황과 쟁점-』(학연문화사).
2) 서영수, 1988,「고조선의 위치와 강역」『한국사시민강좌』2 ; 노태돈, 1990,「고조선의 중심지의 변천에 대한 연구」『한국사론』23 ; 오강원, 1996·1997,「고조선 위치비정에 관한 연구사적 검토(1·2)」『백산학보』48·49 ; 송호정, 2000,「고조선 중심지 및 사회성격 연구의 쟁점과 과제」『한국고대사논총』10 ; 박선미, 2009,「고조선의 강역과 중심지」『고조선사 연구 100년-고조선사 연구의 현황과 쟁점-』(학연문화사) ; 송호정, 2010,「고조선의 위치와 중심지 문제에 대한 고찰」『한국고대사연구』58.
3) 송호정, 1999,「고조선 국가형성 과정 연구」(서울대학교 박사학위논문), 1~2쪽.

아니라 灤河이며 浿水를 大凌河로 비정하여 고조선의 강역이 요서지역까지 이르렀던 것으로 보았다.[4] 이러한 견해는 1993년 단군릉을 발굴하여 평양설로 바꾸기 전까지 북한학계의 공식적인 입장이었다.[5] 남한학계에서도 대릉하유역의 北鎭 일대를 고조선의 중심지로 보고 현도군이 설치된 107년 이후 평양으로 이동했다고 보는 견해가 있다.[6] 이와 달리 환인지역을 왕검성의 위치로 보는 견해도 제시되었다.[7]

이러한 견해에서는 선진시기의 요수[난하]가 진한대의 요수[요하]로 왜 바뀌게 되는지에 대한 정확한 논리적 근거를 제시하지 못하고 있다. 발굴조사에 의하면 연진의 장성이 요하선까지 이르렀다는 점에서 멸망 이전까지 고조선의 중심을 요령지역에서 구하기는 힘들다고 볼 수 있다. 또한 이 견해에서는 비파형동검문화의 범위를 고조선의 강역과 일치시켜서 이해하는 데 과연 초기부터 고조선이 난하유역에서 길림, 서북한지역에 이르는 광역의 국가를 형성할 수 있었는가에 의문을 제기하지 않을 수 없다. 즉, 문화권과 강역을 일치시켜서 이해하는 오류를 범했다고 볼 수 있다.

평양설은 일연이『삼국유사』에서 단군왕검이 평양성에 조선을 개국하였다고 보면서 시작되었다고 볼 수 있다. 조선초기에『동국통감』이나『동국여지승람』에서 고조선의 중심지를 압록강 이남으로 보면서 통설적인 견해로 자리를 잡아갔다. 이후 정약용과 한치윤은 고조선이 한때 요서지역까지 진출하였으나 그 중심은 평양에 있었다고 보았다.[8] 이후 평양설은 일제시기 이병도에 의해 체계적으로 정리되고 해방 이후 한국학계의 통설로 자리를

---

4) 리지린, 1963,『고조선연구』, 11~196쪽.
5) 사회과학원력사연구소, 1991,『조선전사2』, 41~58쪽.
6) 윤내현, 1994,『고조선연구』, 331~357쪽.
7) 조법종, 2000,「위만조선의 붕괴시점과 왕험성·낙랑군의 위치」『한국사연구』110; 김남중, 2001,「위만조선의 영역과 왕검성」『한국고대사연구』22.
8) 송호정, 2011,「실학자들의 역사지리관과 고조선 한사군 연구」『한국고대사연구』62, 34~40쪽.

잡았다.[9] 최근에는 패수[청천강] 이북의 예맥세력과 지역적으로 구분되는 서북한지역의 팽이형토기문화와 지석묘문화를 배경으로 성장한 것을 고조선으로 보는 견해가 주목된다.[10] 이 견해는 문헌사료가 부족한 부분을 고고학 자료를 통해 보완함으로써 고조선의 국가 형성과정을 체계적으로 정리했다는 측면에서 큰 의미가 있다. 최근에 평양 정백동 345호 목곽묘에서 初元 4년(기원전 45)의 낙랑군 호구부가 출토된 것이 알려지면서 평양설이 더욱 설득력을 얻게 되었다.[11]

대릉하~서북한지역의 대표적인 청동기문화는 비파형동검문화라고 할 수 있다. 그런데 서북한지역에서 팽이형토기를 사용하면서 지석묘를 남긴 집단은 청동기의 사용과 부장 양상면에서 대릉하유역이나 요동지역에 비해 현저하게 낮다. 즉, 서북한지역이 비파형동검문화의 중심지로 보기는 어렵다. 이 문화에서는 지배집단을 상징하는 거대한 지석묘를 많이 남겼지만 청동기를 독점적으로 제작·사용하는 지배집단이 성장하였다고 보기는 어렵다고 할 수 있다.

청동기시대에 지역집단을 아우르면서 권력을 장악하는 것은 청동기를 독점적으로 생산·사용하는 집단이라고 할 수 있다.[12] 고조선은 이 청동기시대로 진입하면서 가장 먼저 성장한 정치체라고 할 수 있다. 그렇다면 비파형동검문화의 중심이 아닌 서북한지역에서 성장한 정치체가 비파형동검

9) 이병도, 1976, 『한국고대사연구』(박영사).
10) 송호정, 2003, 『한국 고대사 속의 고조선사』(푸른역사).
11) 손영종, 2006, 「락랑군 남부지역(후의 대방군지역)의 위치-락랑군 초원4년 현별 호구다소□□ 통계자료를 중심으로-」『력사과학』198 ; 손영종, 2006, 「료동지방 전한 군현들의 위치와 그후의 변천(1)」『력사과학』198 ; 윤용구, 2007, 「새로 발견된 樂浪木簡-樂浪郡 初元四年 縣別 戶口簿-」『한국고대사연구』46.
12) 송기호, 2003, 「서평: 송호정 저, 『한국고대사 속의 고조선사』」『역사교육』87, 323~325쪽 ; 이청규, 2003, 「고조선에 대한 고고학적 연구-『한국 고대사 속의 고조선사』(송호정, 푸른역사, 2003)에 대한 비평-」『역사와 현실』48. 289~293쪽.

문화의 중심 집단을 아우르면서 연맹체를 결성하여 전국 燕과 같은 중원세력에 어떻게 대항할 수 있었는지에 대한 의문을 제기하지 않을 수 없다.

이동설은 위 두 설의 문제점을 극복하는 과정에서 대안으로 제시되었다. 이 설에서는 기본적으로 기원전 3세기 초 연의 공격으로 인해 고조선의 중심이 요동지역에서 평양지역으로 이동했다고 본다.[13] 요동지역의 구체적인 중심지에 대해서는 왕검성을 險瀆으로 보고 요하 이서~천산산맥 사이로 추정하거나[14] 淤泥河[浿水]가 있는 개평지역으로 보는 견해도 있다.[15] 한편 고고학적으로는 요서의 조양[십이대영자]에서 요동의 심양[정가와자 6512호], 다시 한반도로 이어지는 문화의 중심축의 이동을 근거로 고조선이 이동하였다고 보는 견해도 있다.[16]

이러한 이동설은 요동설과 평양설의 단점을 보완한다는 점에서 매우 설득력이 있다고 볼 수 있다. 그러나 요동지역의 고조선 중심지에 대해 역사학계에서는 험독 혹은 패수 등 지명 고증을 통해 중심지를 추정하지만 더이상 명확한 증거를 제시하지 못하고 있고, 고고학계에서는 문화의 중심과 그 흐름을 설명하지만 그것을 역사적 시각에서 체계적으로 설명하지 못하고 있는 실정이다.

요동설을 제외한 평양설과 이동설에서는 연의 공격 이후 고조선의 중심을 평양으로 보는 데에는 어느 정도 견해가 일치되는 측면이 있다. 그러나 그 이전의 중심지에 대한 문제는 여전히 논쟁 중이다. 그것은 고조선의 초기 역사에 대한 문헌 사료가 절대적으로 부족하기 때문이다. 따라서 이 부

---

13) 서영수, 1988, 앞의 논문 ; 노태돈, 1990, 앞의 논문 ; 이종족, 1993, 『고조선사연구』.
14) 서영수, 1988, 앞의 논문, 45~49쪽.
15) 노태돈, 1990, 앞의 논문, 42~53쪽.
16) 김정학, 1990, 『한국상고사연구』(범우사), 177쪽 ; 이청규, 2005, 「청동기를 통해 본 고조선과 주변사회」『북방사논총』6 ; 조진선, 2010, 「요서지역 청동기문화의 발전과정과 성격」『요하문명의 확산과 중국 동북지역의 청동기문화』(동북아역사재단).

분에서 고고학적 연구 성과를 섭렵하여 문헌과 접목시키는 역사고고학적 접근방식이 필요하다고 할 수 있다.

이런 점에서 현재 고조선의 중심지 후보로 언급되는 대릉하~서북한지역의 청동기문화, 즉 비파형동검문화가 주목된다. 고조선이 이 문화를 배경으로 가장 먼저 정치적으로 성장했다고 한다면 비파형동검문화가 가장 발달한 곳이 이 문화의 중심이자 고조선의 중심지였을 가능성이 제일 높다고 할 수 있다. 따라서 먼저 비파형동검문화의 범위를 설정하고 그 속에서 지역별 혹은 (문화)유형별로 세분하여 청동기문화의 양상과 발전 정도를 서로 비교한 후에 문화의 중심지를 찾을 필요가 있을 것이다.

그렇다면 비파형동검문화의 범위를 어디까지로 볼 것인지에 대한 문제가 제기될 수밖에 없다. 이것은 비파형동검문화를 어떻게 정의하느냐에 따라 그 범위가 달라질 수 있기 때문이다. 여기에서 가장 논란이 되는 것이 대릉하유역 십이대영자유형의 귀속 문제이다. 중국학계에서는 하가점상층문화를 대정·남산근·십이대영자유형으로 나누고 요동지역의 비파형동검문화와 구분하여 인식하는 것이 일반적이었다.[17] 이와 달리 십이대영자유형이 하가점상층문화의 남산근유형과 차이가 분명한 점을 부각시켜서 하가점상층문화의 한 지방유형이 아닌 독립된 문화로서 십이대영자문화로 인식하기에 이르렀다.[18] 나아가 이 십이대영자문화가 요동지역 심양 정가와자유형과 유사한 점이 더 많다고 보고 이를 요동지역의 비파형동검문화와 함께 묶어서 이해하기도 한다.[19] 그러나 십이대영자유형이 일부 비파형동검문화

---

17) 靳楓毅, 1982·83, 앞의 논문 ; 靳楓毅, 1987, 「夏家店上層文化及其族屬問題」『考古學報』2.

18) 朱永剛, 1987, 「夏家店上層文化的初步研究」『考古學文化論集(一)』(文物出版社) ; 朱永剛, 1997, 「大·小凌河流域含曲刃短劍遺存的考古學文化及相關問題」『內蒙古文物考古文集(第2輯)』(中國大百科全書出版社) ; 烏恩岳斯圖, 2007, 『北方草原考古學文化研究－靑銅時代至早期鐵器時代－』, 224~251쪽.

19) 이강승, 1979, 「요령지방의 청동기문화－청동유물로 본 요령동검문화와 하가점상층문화의 비교연구－」『한국고고학보』6 ; 황기덕, 1987, 「료서지방의 비파형단검문

와 유관함이 인정되나 오히려 전통적인 매장방식과 청동기 유물 구성면에서 하가점상층문화와 더 가깝다고 보는 반론도 계속 제기되고 있다.[20]

십이대영자유형의 귀속에 따라 비파형동검문화의 범위에 대릉하유역이 포함되느냐 아니면 요하 이동지역에 국한되느냐가 결정된다. 대릉하유역은 토착계열의 농경문화에 하북성 북부의 옥황묘문화, 노로아호산 이북의 하가점상층문화 등 융적 계통의 문화가 복합된 지역이다. 그래서 문화의 성격을 정확하게 규정하기가 쉽지 않다. 하지만 비파형동검문화 문화적 특징을 명확히 규정한 후에 주변 문화와 비교하고 당시 문헌상에 등장하는 산융·고죽의 활동과 그 이동지역에 분포하였던 예맥 관련 기록을 참조한다면 충분히 그 성격을 규명할 수 있을 것이라고 본다.

그렇다면 대릉하~서북한지역 비파형동검문화의 남긴 주체를 누구로 볼 수 있을까? 이와 관련해서는 고조선이 정치체라고 한다면 그 정치체를 세운 주민집단이 누구인지 살펴볼 필요가 있다. 비파형동검문화를 배경으로 성장한 정치체가 고조선이라고 한다면 고조선의 주민집단이 바로 비파형동검문화의 담당자로 볼 수 있기 때문이다. 고조선의 주민집단에 대해서는 중국에서 이동한 殷系 箕子族,[21] 鳥夷·嵎夷 등 산동지역 東夷族,[22] 섬서지

화와 그 주민』『비파형단검문화에 관한 연구』 ; 박경철, 1999, 「요서비파형동검문화의 재인식」『先史와 古代』12 ; 김정배, 2000, 「동북아의 비파형동검문화에 대한 종합적 연구」『국사관논총』88, 2~6쪽 ; 복기대, 2002, 『요서지역의 청동기시대 문화연구』, 219~263쪽 ; 이청규, 2005, 「청동기를 통해 본 고조선과 주변사회」『북방사논총』6 ; 오강원, 2006, 『비파형동검문화와 요령지역의 청동기문화』(청계), 23~27쪽 ; 조진선, 2010, 앞의 논문, 167~176쪽.

20) 궈다순·장싱더(김정열 옮김), 2008, 『동북문화와 유연문명』, 884~889쪽 ; 송호정, 2008, 「요하유역 고대문명의 변천과 주민집단」『중국 동북지역 고고학 연구현황과 문제점』, 45~54쪽 ; 송호정, 2011, 「고고학으로 본 고조선」『한국사시민강좌』49, 7~9쪽.
21) 천관우, 1974, 「箕子攷」『동방학지』15 ; 이형구, 1991, 「대릉하류역의 은말주초 청동기문화와 기자 및 기자조선」『한국상고사학보』5.
22) 리지린, 1963, 『고조선연구』, 201~213쪽 ; 劉子敏, 2005, 「"嵎夷"與"朝鮮"」『北方文物』4

·16· 고조선사의 전개

역에서 이동한 韓·濊·貊族[23] 등 다양한 견해가 제시되었다. 이중에서 고
조선 이후에 등장하는 부여·고구려 등 정치세력의 종족계통이 濊·貊, 혹
은 濊貊이라 불리는 주민이었던 점으로 보아 고조선의 주민집단을 濊貊과
관련시켜서 이해할 필요가 있을 것이다.[24] 나아가 고조선과 예맥의 관계를
어떻게 설정하느냐에 따라 고조선과 대릉하~서북한지역 전기비파형동검
문화와의 관계에 대한 해답을 얻을 수 있을 것으로 기대된다.

이러한 고조선이 과연 어느 정도의 발전단계에 있었을까? 이러한 논의
는 주로 국가 성립의 기준과 형성 시기에 집중되어 이루어졌다. 이중 위만
조선에 대해서는 정복국가적 성격을 강조하거나[25] 원거리교역과 중계무역
과 같은 대외교역을 국가의 형성의 한 기준으로 보기도 한다.[26] 이러한 연
구 성과를 통해 위만조선이 국가 단계였다는 것은 거의 통설화 되어 있다.
그러나 언제부터 국가로 진입하였는지에 대해서는 의견이 갈린다. 朝鮮侯
가 稱王하는 단계인 기원전 4세기 후반~3세기 초반에 이미 초기국가 단계
에 들어섰다고 보는 견해[27]와 위만조선에 이르러서야 본격적인 국가 단계
로 진입한다고 보는 견해[28]와 위만조선으로 교체되는 과도기에 국가가 형
성된다고 보는 견해[29] 등 다양하다. 최근에는 祭祀權과 軍事權이 한 군데

23) 김상기, 1948, 「韓·濊·貊移動考」『史海』創刊號(朝鮮史研究會 編).
24) 송호정, 1995, 「한국인의 기원과 형성」『한국역사입문①-원시·고대편-』(풀빛) ;
     박준형, 2002, 「예맥의 형성과정과 고조선」『학림』22.
25) 김정배, 1977, 「위만조선의 국가적 성격」『사총』21·22.
26) 최몽룡, 1983, 「한국고대국가형성에 대한 일고찰-위만조선의 예-」『김철준박사화갑기념
     사학논총』.
27) 천관우, 1989, 『고조선사·삼한사연구』, 15~16쪽 ; 김정배, 1997, 「고조선의 변천」
     『한국사4-초기국가 : 고조선·부여·삼한-』(국사편찬위원회), 92~96쪽 ; 서영수,
     2005, 「고조선의 국가형성 계기와 과정」『북방사논총』6, 89~98쪽 ; 박대재, 2005,
     「고조선의 王과 국가형성」『북방사논총』7, 145~173쪽.
28) 최성락, 1992, 「철기문화를 통해 본 고조선」『국사관논총』33, 41~71쪽 ; 최몽룡, 1997,
     「위만조선」『한국고대국가형성론』(서울대학교출판부), 208쪽.
29) 송호정, 2003, 앞의 책, 392~404쪽.

로 집중된 최고권력자, 즉 王의 탄생과 세습이 이루어진 단계를 국가로 보아야 한다는 기준이 제시되기도 했다.[30] 이렇게 견해가 다양한 것은 국가형성의 기준이 각기 다르기 때문이다.

이러한 논의를 통해 고조선의 국가적 성격에 대해 더 깊게 접근할 수 있게 되었지만 정작 고조선이 어떠한 단계를 거쳐 어느 정도의 국가로 발전했는지, 즉 국가형성 과정에 대한 논의는 미흡했다고 본다. 이런 점에서 고조선의 발전 과정을 신라의 국가형성과정의 방법론을 적용하거나[31] 문헌과 고고학 자료의 분석을 통해 고조선의 국가형성 과정을 체계적으로 설명했던 시도[32]는 그 의미가 매우 크다고 할 수 있다. 국가의 기준을 미리 정해놓고 그 기준에 도달하는 시점을 찾는 방식보다는, 고조선이 단계별로 어떻게 성장하는지를 먼저 파악하고 난 후에, 부여·고구려 등 고대국가와의 관련 속에서 고조선의 발전단계를 어떻게 규정할 수 있을까에 대한 논의가 먼저 이루어져야 한다고 생각한다.

이를 위해서는 먼저 대릉하~서북한지역에서 지배계층의 무덤이라고 할 수 있는 청동기부장묘의 부장양상을 분석하여 지배집단의 존재양상, 집단 간의 상호 관계, 집단 내부의 분화 등의 문제를 검토할 필요가 있다. 이를 바탕으로 지배집단의 성장과 집단 사이의 위계질서를 파악할 필요가 있는 것이다. 그리고 이러한 위계질서의 상위에 있는 집단을 문헌상의 정치체인 고조선과 연결시켜서 이해할 수 있을 것이다. 이후 그 정치체가 어떻게 성장해 나가는지를 살펴볼 필요가 있다. 이러한 검토가 이루어진 다음에 문헌상의 稱王, 왕위계승, 관직 등 국가적 지표와 비교할 때 고조선의 발전단계와 사회성격이 좀더 명확하게 드러날 것이다.

---

30) 박대재, 2005, 앞의 논문, 148~158쪽.
31) 이종욱, 1993, 『고조선사연구』 ; 이종욱, 1996, 「고조선사의 전개와 그 영역」 『백산학보』47.
32) 송호정, 1999, 「고조선 국가형성 과정 연구」(서울대학교 박사학위논문).

마지막으로 검토해 보고자 하는 것이 고조선의 대외관계이다. 고조선과 정치적 교류 관계를 맺었던 가장 핵심세력은 바로 中原諸國이라고 할 수 있다. 중국인들이 남긴 사료상에는 이러한 관계가 '(不)朝', '(不肯)朝會', '外臣' 등으로 되어 있다. 이러한 중화주의적인 세계관에 입각한 조공책봉관계는 중국과 외교관계를 맺었던 고대 동아시아 국가들에게 일반적으로 나타난다.[33] 이러한 관계를 평면적으로 이해하면 동아시아의 국제관계가 모두 중국적 천하질서의 외연적 확대와 이에 대한 각국의 피동적인 조공관계의 발전과정으로 이해될 수밖에 없다.[34] 대외관계는 어느 한쪽의 일방적인 강요가 아닌 쌍방간의 상호 작용에 의해 성립될 수밖에 없다. 따라서 사료상에 중국 중심으로 서술된 조공관계의 명분과 실제를 정확히 구분해서 그 성격을 명확히 드러내야 할 필요가 있다.

지금까지 고조선의 성장·발전과정이라는 본고의 주제와 관련하여 고조선의 중심지와 강역, 주민집단, 사회성격, 대외관계와 관련하여 연구사를 살펴보면서 그 해결방법에 대해 검토해 보았다. 물론 이러한 작업을 수행하기 위해서 사료가 절대적으로 부족하기 때문에 기초적으로 고고학 자료의 분석에 의존하는 방법을 사용할 수밖에 없다. 그러나 그러한 고고학 자료를 최종적으로 해석하는 데에는 기본적으로 문헌 자료에 기초하고자 한다. 이와 관련하여 고조선과 관련된 기본 자료는 『사기』 조선열전, 『삼국지』에 인용된 『위략』이 중심이 될 것이다. 이 외에 『관자』·『국어』·『전국책』·『염철론』 등 선진문헌을 참고할 것이다.

한편 본고에서는 198년 후한 헌제의 명을 받아 荀悅이 『한서』를 편년체 사서로 바꾼 『前漢紀』를 적극적으로 활용하고자 한다. 『전한기』에는 고조선

---

33) 김병준, 2010, 「3세기 이전 동아시아 국제질서와 한중관계−조공·책봉의 보편적 성격을 중심으로−」『동아시아 국제질서 속의 한중관계사−제언과 모색−』(동북아역사재단).
34) 서영수, 1987, 「삼국시대 한중외교의 전개와 성격」『고대한중관계사의 연구』(三知院), 96쪽.

과 한의 경계였던 浿水와 관련하여 중요한 정보를 제공하고 있기 때문에 고조선의 강역과 관련하여 매우 유용하다. 또한 최근에 알려진 평양 정백동 354호 목곽묘 출토된 〈樂浪郡 初元 4년 縣別 戶口簿〉 자료를 적극 활용하고자 한다. 이 호구부에 기재된 낙랑군의 호구 통계를 호구·인구증가율을 계산하여 역으로 고조선 멸망시점의 호구를 추정하고 이를 통해 고조선의 국가 규모를 추정하여 고조선의 실체에 좀더 접근해 보고자 한다.

　지금까지 살펴본 기존 연구 성과와 이에 대한 문제의식을 바탕으로 본론에서는 다음과 같이 살펴보고자 한다. Ⅱ장에서는 먼저 고조선이란 정치체가 등장할 수 있었던 배경에 대해 살펴볼 것이다. 이를 위해서는 먼저 대릉하~서북한지역의 전기비파형동검문화를 유형별로 문화양상을 살펴보고 그 문화의 주체가 누구인지 검토해 볼 것이다. 그리고 이 청동기부장묘의 분포와 부장양상의 분석을 통해 문화권의 중심을 찾고 그 중심에서 지배집단의 출현 양상을 도출해 내고자 한다. 이렇게 전기비파형동검문화권의 중심에서 성립된 지배집단을 고조선이란 정치체와 연결시켜서 이해하고자 한다. 나아가 春秋 齊는 이러한 고조선과 왜 교류 관계를 맺으려고 했는지를 파악함으로서 예맥사회에서 고조선의 위상에 대해 살펴보고자 한다.

　Ⅲ장에서는 후기비파형동검문화를 기반으로 성장한 고조선이 주변 예맥세력과 연맹관계를 맺고 칭왕할 정도로 성장하는 과정을 살펴볼 것이다. 이를 위해서는 먼저 기원전 5~4세기에 걸쳐서 후기비파형동검문화가 초기세형동검문화로 이행하는 과정을 검토하면서, 심양지역의 정가와자유형이 후기비파형동검문화의 중심으로 부상하는 양상에 대한 검토가 필요하다. 그리고 요동지역이 정가와자유적을 중심으로 좀더 단일한 문화양상으로 변화해 가는 점과, 그 문화교류의 최상위에 있었던 지역집단을 기원전 4세기 후반 사료상에 보이는 '朝鮮'과 연결시켜서 이해하고자 한다. 이후 고조선이 연과의 대립과정에서 중심지를 평양지역으로 이동하는 것과 그로 인한 예맥사회의 변화에 대해 살펴볼 것이다.

Ⅳ장에서는 진한교체기 고조선이 秦의 영향에서 벗어나 영토를 회복하는 과정과 위만이 집권하면서 고조선이 성장해 가는 과정을 살펴보고자 한다. 먼저 진대에 고조선이 진에 영토를 일부 빼앗기고 신속하게 되는데 이 관계를 어떻게 규정할 수 있을지 검토할 것이다. 또한 한초에 고조선이 요동을 수복하는 과정에서 한과의 경계였던 浿水의 위치를 집중적으로 살펴보고자 한다. 그리고 위만이 왕권을 장악하고 한과 외신관계를 맺은 의미를 대내외적인 상황과 연결시켜 볼 것이다. 이로 인해 진번ㆍ임둔까지 영역을 확대한 고조선이 어떠한 지배구조를 가지고 있었으며 복속지와 주변 세력과 어떠한 관계에 있었는지에 대해 살펴볼 것이다. 이러한 고조선의 지배체제에 대한 검토를 통해 고조선의 국가적 성격을 좀더 명확하게 드러내고자 한다.

Ⅱ.
예맥사회의
전기비파형동검문화와
고조선의 등장

1. 대릉하~서북한지역 전기비파형동검문화의
분포 양상과 주체

　동북아시아지역은 기원전 1000년기로 접어들면서 본격적인 청동기문화
에 진입하게 된다. 이 과정에서 지역성을 뚜렷하게 반영하는 차별적인 동검
이 출현하게 된다. 대체로 내몽고 중부~하북성 북부지역에는 有柄式銅劍
이, 내몽고 동남부지역에는 銎柄式銅劍이, 요령지역에는 비파형동검이 제
작되었다. 이들 동검이 각각 하나의 문화를 상징한다고 볼 수는 없지만 동
일 유형 동검의 집중적 출토지가 그렇지 않은 지역에 비해 상대적으로 문화
적 친연성을 강하게 보인다는 점에서 이들 동검의 상징적 의미는 결코 적지
않다고 볼 수 있다.[1]

---

1)　오강원, 2006, 『비파형동검문화와 요령지역의 청동기문화』(청계), 15쪽.

비파형동검은 다른 두 유형의 동검과 제작 방식에서 차이가 있다. 다른 동검은 검신과 검손잡이[검병]를 한꺼번에 주조한 것[合鑄式]으로 이 둘을 별도로 제작해서 조립하는 비파형동검과는 큰 차이가 있다. 그리고 검손잡이받침[T자형검병]에 검자루맞추개를 부착하는 것도 다른 동검에서는 볼 수 없는 특징이다.[2] 또한 다른 두 동검의 검신이 直刃인 반면에, 비파형동검은 검신 중간에 돌기가 있는 曲刃이라는 점에서 형태상으로 큰 차이가 있다.

비파형동검은 비파형동모 · 선형동부 · 다뉴기하문경 등의 청동기 유물과 공반관계를 이룬다. 비파형동모는 날 중간에 비파형동검처럼 돌기가 있다는 점에서 내몽고 동남부에서 주로 제작되었던 柳葉形銅矛와는 차이가 있다. 선형동부는 날이 부채모양을 하고 있어서 내몽고 동남부의 釣刃形銅斧나 直刃銅斧와 형태상 차이가 크다. 다뉴기하문경은 거울 뒷면에 연속Z자문양이 있으며 꼭지가 2개 이상이라는 점에서 다른 지역의 동경과는 다르다고 할 수 있다.

이처럼 요령지역에는 비파형동검을 비롯하여 비파형동모 · 선형동부 · 다뉴기하문경 등이 공반되는 청동기문화가 형성된다. 이 청동기문화에서 가장 특징적인 유물이라고 한다면 비파형동검을 꼽을 수 있다. 이 동검은 다른 청동기에 비해 출토 사례가 많고 가장 많이 제작되었기 때문에 시간적 속성이 잘 드러난다. 따라서 비파형동검을 표지 유물로 하는 이 청동기문화를 비파형동검문화로 부른다.[3] 이 문화는 내몽고 중부~하북성 북부지역에서 유병식동검을 사용했던 옥황묘문화와 내몽고 동남부지역에서 공병식동

---

2) 오강원, 2003, 「요령-한반도지역 비파형동검-세형동검 T자형 청동제검병의 형식과 시공간적 양상」『한국상고사학보』41.
3) 박진욱, 1987, 「비파형단검문화의 발원지와 창조자에 대하여」『비파형단검문화에 관한 연구』(과학백과사전출판사).

검을 사용했던 하가점상층문화와 지역적으로 구분된다.[4]

비파형동검에 대해서는 봉부의 길이, 돌기의 위치와 각도, 검날의 길이 대 검폭의 비율, 기부의 각도 등 연구자들마다 시간적 속성을 나타내는 다양한 기준을 제시하며 분류를 시도하였다.[5] 이 가운데 검몸의 길이와 돌기의 위치에 따라 동검을 전기와 후기로 구분할 수 있다. 전기의 대표적인 하위형식으로는 십이대영자식과 이도하자식으로 나눌 수 있으며, 후기의 하위형식으로는 정가와자식과 선암리식을 들 수 있다. 이중 후기의 정가와자식은 검신의 폭이 좁아지고 돌기가 점차 퇴화되는 과정을 잘 보여준다는 점에서 전기의 전형적인 십이대영자식 동검과 구별된다고 볼 수 있다. 또한 후기 단계부터 동검에 청동제 검병과 검파두식이 부속된다는 점에서 전기의 동검과 구분된다고 할 수 있다.[6] 이처럼 동검의 형식상 변화가 시간적 속성을 반영한다는 점에서 비파형동검문화를 정가와자유적을 중심으로 기원전 5세기를 전후하여 전기와 후기로 구분할 수가 있다.

이러한 비파형동검문화는 대릉하유역을 비롯하여 요동 · 길림 · 한반도 일대에 걸쳐서 광범위하게 나타난다. 본고에서는 비파형동검문화가 가장

---

4) 오강원, 2004, 「중국 동북지역 세 청동기문화의 문화지형과 교섭관계」『선사와 고대』20. 비파형동검은 서쪽으로 北京 부근의 望都(鄭紹宗, 1975, 「河北省發現的青銅短劍」『考古』4), 북쪽으로 내몽골 呼倫貝爾盟 鄂溫克族自治旗 伊敏河煤礦유적(王成, 1996, 「內蒙古伊敏河煤礦出土曲刃青銅短劍」『考古』9), 남쪽으로는 한반도 남부인 제주도까지 광역에 걸쳐서 발견되었다. 그중 하북성 북부지역에 발견된 것처럼 다른 문화권에 비파형동검 한두 점만 수습된 것을 비파형동검문화로 볼 수는 없다. 본고에서는 비파형동검이 비파형동모 · 선형동부 등 다른 유물과 공반관계에 있는 경우에만 비파형동검문화로 보았다.

5) 秋山進午, 1968 · 69, 「中國東北地方の初期金屬器文化の樣相(上 · 中 · 下)」『考古學雜誌』53-4, 54-1 · 4 ; 靳楓毅, 1982 · 83, 「論中國東北地區含曲刃青銅短劍的文化遺存(上 · 下)」『考古學報』4 · 1 ; 林澐, 1982, 「中國東北系銅劍初論」『考古學報』4 ; 박진욱, 1987, 앞의 논문 ; 이영문, 1991, 「한반도 출토 비파형동검 형식분류 시론」『박물관기요』7 ; 이청규, 1993, 「청동기를 통해 본 고조선」『國史館論叢』42 ; 오강원, 2006, 앞의 책, 154~172쪽.

6) 이청규, 1993, 앞의 논문, 5~6쪽 ; 이청규, 2005, 「青銅器를 통해 본 古朝鮮과 주변사회」『북방사논총』6, 11~12쪽.

발달했던 대릉하유역에서 위만조선의 중심지인 평양을 중심으로 한 서북한 지역까지 즉, 고조선·예맥과 직간접적으로 관련이 있는 지역의 비파형동검문화에 주목하고자 한다.

대릉하~서북한지역의 비파형동검문화는 세부적으로 지역별 문화유형으로 나누어 살펴볼 수 있다. 대릉하유역에는 아직 문화의 성격에 대한 논의가 진행 중에 있지만 하가점상층문화의 남산근유형과 같은 북방계 청동기문화나 중원계문화와 구분되는 십이대영자유형이 있다. 요동지역에는 석관묘와 지석묘를 조영하면서 미송리형토기를 사용하는 쌍방유형이 있다. 이와 달리 요동반도 남단에는 쌍방유형과 문화적 전통이 다른 강상적석묘를 중심으로 하는 강상유형이 있다. 그리고 서북한지역에는 지석묘와 팽이형토기를 기반으로 하는 신흥동유형이 있다.

대릉하~서북한지역의 비파형동검문화에는 토기·묘제 등 토착적·지역적 전통을 달리하는 다양한 문화유형이 있다. 이 문화유형 중에는 하나의 유형을 넘어서 독자적인 문화로 분류할 수 있을 정도로 양식적·지역적 특성이 강하게 드러나는 것도 있다. 예를 들어 신흥동유형은 넓은 의미에서 비파형동검문화에 포함되지만 토기 양식을 중심으로 한다면 그 자체로 팽이형토기문화로 구분할 수 있다. 반면에 강상유형은 쌍방유형과 다른 문화적 특징이 있지만 독자적인 문화로 보기에는 너무 한정된 지역에만 나타나는 한계가 있다. 또한 십이대영자유형은 독립된 문화로 볼 것인지 아니면 하나의 유형으로 볼 것인지에 대한 논란이 진행 중이다. 이처럼 각 유형은 독자적인 특징을 갖고 있지만 넓은 의미에서 비파형동검·비파형동모·선형동부 등을 공반한다는 점에서 모두 비파형동검문화의 하위 문화유형으로 묶어서 이해하고자 한다.

여기에서는 이러한 지역별 문화유형이 구체적으로 어떻게 나타나는지를 유적·유물에 대한 검토를 통해 살펴보고자 한다. 이와 관련해서 이미

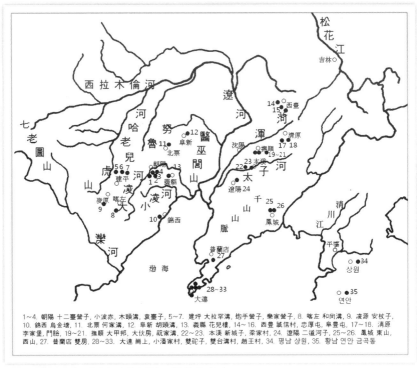

1~4. 朝陽 十二臺營子, 小波赤, 木頭溝, 袁臺子, 5~7. 建坪 大拉罕溝, 炮手營子, 樂家營子, 8. 喀左 和尙溝, 9. 凌源 安杖子, 10. 錦西 烏金塘, 11. 北票 何家溝, 12. 阜新 胡頭溝, 13. 義縣 花兒樓, 14~16. 西豊 誠信村, 忠厚屯, 阜豊屯, 17~18. 淸原 李家堡, 門瞼, 19~21. 撫順 大甲邦, 大伙房, 祝家溝, 22~23. 本溪 新城子, 梁家村, 24. 遼陽 二道河子, 25~26. 鳳城 東山, 西山, 27. 普蘭店 雙房, 28~33. 大連 崗上, 小潘家村, 雙砣子, 雙台灣村, 趙王村, 34. 평남 상원, 35. 황남 연안 금곡동

1-1 | 대릉하~서북한지역 전기비파형동검문화 유적 지도

선학들에 의해 전체적인 검토[7]가 이루어졌기 때문에 여기에서는 이를 바탕
으로 전반적인 문화유형의 특징을 중심으로 검토해 보고자 한다.

7) 李康承, 1979, 「遼寧地方의 靑銅器文化-靑銅遺物로 본 遼寧銅劍文化와 夏家店上層文化의
比較硏究-」『韓國考古學報』6 ; 김정배, 2000, 「東北亞의 琵琶形銅劍文化에 대한 綜合的
硏究」『國史館論叢』88 ; 복기대, 2002, 『요서지역의 청동기시대 문화연구』(백산자료원)
; 郭大順·張星德, 2005 『東北文化與幽燕文明』(江蘇敎育出版社)(김정열 옮김, 2008,
『동북문화와 유연문명』(동북아역사재단)) ; 오강원, 2006, 앞의 책 ; 이청규, 2008,
「중국 동북지역과 한반도 청동기문화 연구의 성과」『중국 동북지역 고고학 연구현황과
문제점』(동북아역사재단) ; 趙賓福, 2009, 『中國東北地區夏至戰國時期的考古學文化硏究』
(科學出版社)(우지남 옮김, 2011, 『中國 東北 先史文化 硏究』).

1) 전기비파형동검문화의 지역 · 유형별 양상과 특징

(1) 대릉하유역의 십이대영자유형

대릉하유역에는 조양 십이대영자유적을 표지유적으로 하는 십이대영자유형이 있다. 분포 범위는 대체로 노로아호산 이동지역에서 의무려산 이서지역으로 대 · 소릉하유역이다. 이 지역은 대륙성기후와 해양성기후가 교차되는 곳으로 대 · 소릉하유역을 중심으로 구릉과 들판이 많아 농업에 적합한 지형이며, 노로아호산 이서 초원 지대의 자연조건과는 차이가 있다.

이 유형의 상한 연대는 義縣 向陽嶺유적[8]에서 층위상으로 위영자문화층보다 위에 있는 점으로 보아 위영자문화보다 늦은 9세기 이후로 볼 수 있다. 하한은 喀左 園林處, 果木樹營子유적처럼 전국 연문화가 본격적으로 유입되기 이전인 기원전 4세기로 볼 수 있다. 이중 전기비파형동검문화와 관련된 것은 기원전 9~7세기에 해당하는 제1기 유적으로, 조양의 십이대영자, 小波赤, 木頭溝, 袁台子, 建坪의 大拉罕溝, 炮手營子, 欒家營子, 錦西의 烏金塘유적 등이 대표적이다.[9]

주거지는 건평 수천, 안장자, 향양령유적 등에서 발견되었는데 그 수는 많지 않다. 형태는 평면원형이고 반지하식이 대부분이다. 그리고 주거지 주변에 평면 원형 · 타원형 등 다양한 형태의 灰坑 혹은 窖穴이 많은 것이 특징이다. 토기는 대개 夾砂紅陶 혹은 紅褐陶이며 무문이며 소성온도가 낮다. 기종으로는 深腹鉢 · 斂口鉢 · 杯 · 碗 등이 대표적이다.

무덤은 석관묘 · 석곽묘 · 목곽묘 · 목관묘 · 토광묘 등 다양하다.[10] 석관

---

8) 遼寧省文物考古研究所, 1999, 「遼寧省義縣向陽嶺靑銅時代遺址發掘報告」 『考古學集刊』13 (中國大百科全書出版社), 78~80쪽.
9) 烏恩岳斯圖, 2007, 『北方草原考古學文化硏究-靑銅時代至早期鐵器時代-』(科學出版社), 224~251쪽).
10) 송호정은 십이대영자유형의 묘제를 석관묘 · 석곽묘 · 목곽묘 · 토광묘 등 4가지로 구분하였으나(송호정, 2010a, 「요서지역 하가점상층문화 묘제의 변천과 주변 문화와의

묘로는 대표적으로 십이대영자 무덤을 들 수 있다.[11] 1호 무덤은 냇돌을 이용하여 벽을 쌓고 윗부분은 판돌로 덮었다. 무덤 바닥도 냇돌을 깐 다음에 갈대를 깔고 시신을 놓았다. 仰身直肢의 남녀합장이고 두향은 서향이다. 2호 무덤은 그 구조가 1호와 거의 비슷하지만 바닥에 판돌을 깐 것이 다르다. 이 유적은 대릉하유역에서 무기류, 마구류, 의기류 등 가장 많은 청동기를 부장하고 있다는 점에서 주목할 만하다.

석곽묘는 십이대영자유형에서 가장 많이 조성된 무덤양식이다. 그 중 조양 목두구유적이 대표적이다.[12] 이중 1호 석곽은 냇돌을 쌓아 벽을 만들고 덮개는 석판으로 덮었으며, 바닥은 맨땅을 이용하였다. 시신은 앙신직지의 단인장이며 두향은 동남향이다. 부장품으로는 비파형동검·청동제劍柄端·석제검병두식·동부·동도·銅錐 등이 출토되었다. 이외에 北票 何家溝 7771호 석곽묘도 목두구 1호와 구조뿐만 아니라 시신이 앙신직지의 동남향이란 점에서도 같다. 부장품으로는 비파형동검과 T자형검병·검파두식·양익촉 등이 있다.[13] 또한 객좌 화상구 C지점 10호묘에서는 석곽에 목관을, D지점 19호묘에서는 석곽에 목곽을 설치한 사례도 있다.[14]

목곽묘로는 조양 원태자유적을 들 수 있다.[15] 160여기의 무덤이 발굴된 유적 중에서 甲類로 분류되는 121·122·123·125·126·129호묘가 목곽묘이다. 이 6기의 무덤은 산허리에 집중 분포되어 있다. 모두 평면 ㅍ자형의 목곽 구조를 갖추고 있다. 두향은 대체로 동향이지만 123호처럼 서향인 경우도 있다. 출토유물로는 十자형節約, 雙環, 獨角馬形 및 獸形銅泡, 管形

관계」『요하문명의 확산과 중국 동북지역의 청동기문화』, 115~123쪽) 여기에서는 목관묘의 사례를 추가하여 5가지로 구분하였다.
11) 朱貴, 1960, 「遼寧朝陽十二臺營子靑銅短劍墓」『考古學報』1.
12) 靳楓毅, 1982, 「朝陽地區發現的劍柄端加重器及其相關遺物」『考古』3.
13) 靳楓毅, 1982, 앞의 논문.
14) 遼寧省文物考古研究所·喀左縣博物館, 1989, 「喀左和尙溝墓地」『遼海文物學刊』2.
15) 遼寧省文物考古研究所·朝陽市博物館, 2010, 『朝陽袁台子』(文物出版社), 180~183쪽.

飾, 虎形동포, 삼익식동촉, 동착 등의 청동기와 장경호와 같은 토기와 각종 석기가 출토되었다. 아직 비파형동검이 출토되기 이전 단계로 위영자문화의 목곽묘 영향을 강하게 받은 것으로 보인다.

객좌 화상구 유적의 B·C·D지점에도 목곽묘가 발견되었다. B지점 6호묘는 단인 앙신직지장으로 동서향을 하고 있다. 묘광의 좌측 묘벽에 벽감을 두고 소머리를 안치한 것이 특징이다. 부장품으로 비파형동검과 검파두식이 있다. D지점에서도 11개의 목곽묘가 발견되었으며 모두 단인 앙신직지장이며 두향은 동향이다.[16]

목관묘로는 조양 원태자 1호묘(79YM1)[17]와 姚金溝1호묘(81姚M1)가 대표적이다. 두 무덤은 모두 단인 앙신직지장이며 두향은 동서향이다. 모두 비파형동검이 출토되었지만 형태상 원태자 1호묘의 것이 좀더 이른 형식이다. 발굴보고서에서 乙類로 분류된 이 두 무덤은 비파형동검이 출토되지 않은 甲類 목곽묘에 이어서 나타나는 무덤 양식으로 볼 수 있다.[18] 또한 건평 수천 중층 유적에서도 16기의 목관묘가 발견되었다.[19] 이 무덤은 墓頂에 석괴를 쌓은 것이 특징이며, 단인 앙신직지방에 두향은 동향이다. 8호묘 출토 공병식동검은 하가점상층문화의 특징적인 동검으로 두 지역간의 교류관계를 통해 유입된 것으로 보인다.

토광묘로는 금서 오금당유적을 들 수 있다.[20] 이 유적에서는 모두 3기

16) 遼寧省文物考古研究所·喀左縣博物館, 1989, 앞의 논문.
17) 王成生이 원태자 1호묘를 토광묘로 소개(王成生, 1991,「槪述近年遼寧新見靑銅短劍」『遼海文物學刊』1, 76~77쪽)한 이후 국내학계에서도 이를 토광묘로 받아들인 견해(오강원, 2006, 앞의 책, 31~32쪽 ; 송호정, 2010a, 앞의 논문, 119~121쪽)가 있다. 그러나 원태자유적의 정식 발굴보고서에서는 원태자 1호묘를 목곽묘로 구분하고 있다(遼寧省文物考古研究所·朝陽市博物館, 2010, 앞의 책, 183~184쪽). 여기에서는 발굴보고서의 견해를 따라 목관묘로 보았다.
18) 遼寧省文物考古研究所·朝陽市博物館, 2010, 앞의 책, 229~231쪽.
19) 遼寧省博物館·朝陽市博物館, 1986,「建平水泉遺址發掘簡報」『遼海文物學刊』2.
20) 錦州市博物館, 1960,「遼寧錦西縣烏金塘東周墓調查記」『考古』5.

의 토광묘가 발견되었다. 무덤은 모두 앙신직지장이며, 두향은 동향이다. 출토유물로는 비파형동검 · 선형동부 · 검파두식 · 중원식동과 · 수레장식 · 투구가 출토되었다. 이중 투구는 하가점상층문화 계통이 아니라 昌平 白浮村과 琉璃河유적에서 출토된 것과 같은 계통의 것이다.[21] 또한 대릉하유역에서는 발견되지 않는 중원계의 銅戈와 수레장식이 출토되었다. 이러한 유물들은 발해연안을 따라 기북 · 중원지역과 교류 관계 속에서 유입된 것으로 보인다.

십이대영자유형의 묘제 중에서 가장 많이 조성된 것은 석곽(관)묘이다. 십이대영자, 포수영자 등 다뉴기하문경을 포함하여 가장 풍부한 청동기를 부장하고 있는 점으로 보아 석곽(관)묘가 이 유형의 핵심적인 묘제라는 것을 알 수 있다. 이와 달리 목곽묘는 객좌 화상구와 원태자유적처럼 초기 단계에만 나타난다. 그리고 목관묘는 원태자, 건평 수천, 난가영자유적처럼 일부 지역에서 석곽(관)묘와 함께 조영되었다. 또한 소수이지만 금서 오금당유적처럼 토광묘가 조성되기도 하였다. 특히 이 토광묘는 후기비파형동검문화 단계로 가면서 그 수가 좀더 증가되는 추세이다.

이 유형의 묘제는 석곽 · 석관 · 목곽 · 목관 · 토광묘로 세분된다. 하지만 석곽묘와 석관묘, 목곽묘와 목관묘의 구분이 모호한 측면을 고려한다면 이 유형에는 적어도 석곽(관)묘 계통, 목곽(관)묘 계통, 葬具를 따로 쓰지 않는 토광묘 계통 등 적어도 세 가지 계통의 무덤 양식이 존재하는 것으로 볼 수 있다.

일반적으로 묘제의 보수성을 고려하여 각각의 묘제에 서로 다른 지배집단[혹은 종족]을 상정한다면, 이 유형에서는 적어도 세 갈래의 지배집단이 존재했던 것으로 볼 수 있다. 이것은 대릉하유역에 문화적 배경이 다른 세

---

21) 姜仁旭, 2006, 「中國 北方地帶와 夏家店上層文化의 청동투구에 대하여—기원전 11~8세기 중국 북방 초원지역의 지역간 상호교류에 대한 접근—」『先史와 古代』25, 542 · 557~559쪽.

지배집단이 토착적 전통[묘제]을 고수하면서 비파형동검문화라는 동일한 청동기문화를 공유했다고 볼 수 있다. 나아가 그 중 석곽(관)묘 계열의 묘제가 다수를 차지하고 청동기 부장 양상면에서 다른 묘제보다 훨씬 풍부한 점을 볼 때, 이 석곽(관)묘 계열의 지배집단이 유형에서 중심적인 역할을 했다고 볼 수 있다.

십이대영자유형의 청동기 중에서 가장 두드러진 특징은 무기로서 비파형동검이 출토된다는 점이다. 이것은 공병식동검이나 비수식동검이 공반되지 않아 冀北지역의 옥황묘문화나 서요하상류지역의 하가점상층문화와 다른 특징이라고 할 수 있다.

공구류로서는 부채모양을 띠고 있는 선형동부가 가장 특징적이다. 선형동부는 하가점상층문화의 直銎斧와 북방초원지대의 管銎斧[22]와 형태상으로 차이가 있다. 이 선형동부는 비파형동검과 함께 요동지역 청동기문화의 표지적인 유물로 간주된다.[23] 이외에 공구류로 齒柄刀를 들 수 있는데, 북방지역의 영향을 받은 하가점상층문화의 도자에서 보이던 동물장식은 거의 보이지 않는다.

의기류로는 대표적으로 多鈕幾何文鏡을 들 수 있다. 이 동경은 테두리나 뒷면에 연속 Z자와 같은 기하무늬가 새겨져 있다. 그리고 꼭지가 2개인 雙鈕가 대부분이지만 십이대영자 3호 출토품처럼 三鈕인 경우도 있다. 이 다뉴기하문경도 비파형동검, 선형동부와 함께 비파형동검문화의 표지적인 유물로 볼 수 있다.[24]

22) 朱永剛, 2003,「中國北方的管銎斧」『中原文物』2, 30~43쪽.
23) 瑜琼, 1993,「扇面形銅斧初論」『北方文物』2 ; 吳江原, 2003,「東北亞地域 扇形銅斧의 型式과 時空間的 樣相」『江原考古學報』2 ; 張智勇, 2009,「東北地區直銎 銅斧的類型與分期」『文物春秋』4.
24) 李清圭, 1999,「東北亞地域의 多鈕鏡과 그 副葬墓에 대하여」『韓國考古學報』40 ; 趙鎭先, 2008,「多鈕粗紋鏡의 形式變遷과 地域的 發展過程」『韓國上古史學報』62.

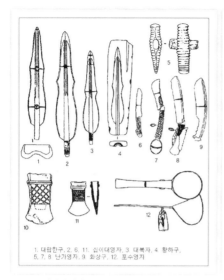

1. 대립한구, 2, 6, 11. 십이대영자, 3. 대복자, 4. 황하구,
5, 7, 8. 난가영자, 9. 화상구, 12. 포수영자

1, 6, 8, 9, 10, 11. 십이대영자, 2. 소파적, 3. 난가영자,
4. 대립한구, 5, 7. 포수영자

1-2 | 십이대영자유형의 청동병기와 공구   1-3 | 십이대영자유형의 의기와 장식품

　동물장식품의 주된 소재는 범·말·사슴·뱀·어류·새·사람 등이 있다. 이중에서 범·말·사슴과 같은 소재는 하가점상층문화와 그 주변의 북방계통의 문화의 영향을 받은 것으로 보인다. 하지만 뱀·개구리·가오리 같은 것은 이 문화 유형에서만 나타나는 독자적인 소재라고 할 수 있다.[25]

　마지막으로 십이대영자유형의 생업경제에 대해 살펴보자. 수천·안장자·향양령·河東 등 유적에서 주거지와 교혈이 발견되었으며, 수천유적 교혈에서 탄화된 粟·稷이 출토되고 石斧·반월형석도 등과 같은 농구류의 석기가 출토된 것은 모두 정착농경과 관련이 있다고 할 수 있다. 錦西邰集屯 小荒地에서 山城이 발견된 점[26]은 그들이 정착 농경생활을 했다는 것을 확실하게 보여준다. 또한 수천유적에서 발견된 돼지·소·개 중에서 돼지 비

---

25)　烏恩岳斯圖, 2007, 앞의 책, 238~240쪽.

26)　朱永剛·王立新, 1997, 「遼寧錦西邰集屯三座古城址考古紀略及相關問題」 『北方文物』2, 16~22쪽.

율이 가장 높게 나타나는 데 이것은 농경민에 의한 사육의 결과라고 할 수 있다. 이처럼 십이대영자유형은 농업을 중심으로 목축을 겸했다고 볼 수 있다.[27]

(2) 요동지역의 쌍방유형

쌍방유형은 미송리형토기 · (深)鉢形土器 · 비파형동검 등을 부장한 보란점시 쌍방 6호 지석묘[28]를 표지유적으로 하는 요동지역의 문화유형이다. 분포 범위는 북으로 撫順 大甲邦유적에서 西豊 誠信村유적, 동쪽으로는 渾河 상류인 淸原 門臉유적, 남쪽으로는 보란점 쌍방유적에 이른다.

이 유형의 주거지는 발견 사례가 거의 없다. 무덤은 지석묘와 석관묘가 주를 이룬다. 지석묘는 대체로 요남지역의 碧流河 · 哨子河에서 요북지역의 渾河와 輝發河 사이에 분포한다.[29] 요남지역에는 대형 탁자식 지석묘와 개석식 지석묘[대석개묘]가 집중적으로 분포하는 반면에, 요북지역에서는 소형 탁자식 지석묘가 주로 분포하며 밀집도가 요남지역에 비해 떨어지며 유물상에서도 시기가 상대적으로 늦다.[30] 최근에는 지석묘의 공백지대로 알려졌던 태자하유역의 본계 新城子유적에서 미송리형토기를 부장한 16기의 개석식 지석묘군이 발견되었다.[31] 이로써 본계지역이 석관묘와 함께 지석묘 유적으로 새롭게 주목되고 있다.[32]

---

27) 王立新, 2004, 「遼西區夏至戰國時期文化格局與經濟形態的演進」 『考古學報』3, 256~257쪽.

28) 許明綱 · 許玉林, 1983, 「遼寧新金縣雙房石蓋石棺墓」 『考古』4.

29) 하문식, 1999, 『古朝鮮地域의 고인돌 硏究』(백산자료원), 162~164쪽.

30) 許玉林, 1994, 『遼東半島石棚』(遼寧科學技術出版社), 66~69쪽.

31) 遼寧省文物考古硏究所 · 本溪市博物館 · 本溪縣文物管理所, 2010, 「遼寧本溪縣新城子靑銅時代墓地」 『考古』9, 3~17쪽.

32) 하문식, 2010, 「太子河유역 특이 고인돌에 대한 연구－新城子 大片地유적을 중심으로－」 『白山學報』86. 최근 신성자유적을 지석묘가 아닌 석관묘로 보고 이전 단계의 마성자문화를 계승한 요북지역의 대표적인 문화인 新城子文化로 이해하는 견해가 제시되었다. 그리고 요동지역의 청동기문화를 신성자문화분구 · 동산유형분구 · 쌍방유형분구 · 윤가촌1기문화분구로 구분하였다(華玉冰 · 王來柱, 2011, 「新城子文化初步硏究－兼談與遼東地區相關考古遺存的關係－」 『考古』6, 51~64쪽).

1. 金縣 小關屯, 2. 普蘭店 石棚溝, 3. 雙房, 4. 碧流河, 5. 劉屯, 6. 邱屯, 7. 台前, 8. 安平寨, 9. 王營, 10. 三台子, 11. 瓦房店 台子, 12. 華銅礦, 13. 楡樹房, 14. 庄河 白店子, 15. 大荒地, 16. 楊屯, 17. 粉前, 18. 朱屯, 19. 大營山, 20. 蓋州 石棚山, 21. 伙家窩堡, 22. 河北, 23. 仰山村, 24. 連云寨, 25. 二百壟地, 26. 長挣崗, 27. 郭屯, 28. 牌坊, 29. 大石橋 石棚峪, 30. 海城 析木城, 31. 牌樓, 32. 岫岩 興隆, 33. 白家堡子, 34. 紅瓦, 35. 樂家爐, 36. 石棺地, 37. 山頭, 38. 唐家堡子, 39. 吳西, 40. 高家堡子, 41. 小靑旗, 42. 太老墳, 43. 東溝 宋家粉房, 44. 淸原 栁頭溝, 45. 大邊溝, 46. 新賓 仙人堂, 47. 付家壩, 48. 南嘉禾, 49. 趙家溝, 50. 紅山, 51. 南溝, 52. 撫順 山龍, 53. 下馬古村, 54. 大石頭溝, 55. 開原 刁皮屯, 56. 華塘溝, 57. 鳳城 東山, 58. 栁河 太平嶺, 59. 三塊石, 60. 大花斜, 61. 野緒溝, 62. 通溝, 63. 長安, 64. 大沙難, 65. 集安北山, 66. 宋家油坊, 67. 梅河口 鹼水, 68. 龍頭溝, 69. 白石溝, 70. 跳山溝, 71. 東豊 瓦房頂子山, 72. 小四平, 73. 趙秋溝, 74. 寶山村 東山, 75. 龍頭山, 76. 大陽, 77. 駝腰村, 78. 杜家溝, 79. 三里, 80. 吉林 鬧旗屯, 81. 通化 碰緣, 82. 大順, 83. 英額布, 84. 渾江 利民屯, 85. 撫松 撫生屯, 86. 安岳 路岩里, 87. 銀泉 藥師洞, 88. 龍翔 石橋里, 89. 般栗 冠山里, 90. 燕轟 五德里, 91. 黃州 沈村里, 92. 沙里院 光成洞, 93. 延山 公浦里, 94. 麟山 舟岩里, 95. 价川 墨房里, 96. 北倉 大坪里, 97. 龍岡 石泉山, 98. 江西 台城里, 99. 平原 猿岩里, 100. 甑山 龍德里, 101. 新陽 平谷里, 102. 蕭川 支石洞, 103. 祥原 貴逸里, 104. 金策 德仁里, 105. 江東 文興里.

1-4 | 요동~서북한지역 지석묘 유적 지도 하문식, 1999, 앞의 책, 311쪽 지도를 일부 수정함

석관묘는 남쪽으로 遼陽·本溪 등의 태자하유역, 撫順·淸原 등의 渾河유역, 북쪽으로 法庫·西豊 등 遼河 상류유역에 주로 분포한다. 마성자문

요동지역의 청동기문화를 세분하여 이해하는 것은 동의하지만, 청동기가 부장되지 않는 신성자유적을 표지로 하여 요북지역 석관묘문화를 '신성자문화'로 규정하는 데에는 재고의 여지가 있다고 생각된다.

화 후기 단계에서부터 나타나기 시작한 석관묘는 이후 요양 접관청 석관묘유적[33]을 거쳐 이도하자 석관묘유적[34]에 이르기까지 미송리형토기와 비파형동검을 부장하는 비파형동검문화로 발전한다.[35] 그리고 이 석관묘가 법고 · 서풍 · 청원 등 요북지역으로 확산된다.

쌍방유형의 대표적인 토기는 미송리형토기이다. 미송리형토기는 橫橋狀把手와 입술형파수가 붙고 외반 또는 내만된 긴 구연에 弦文이 새겨진 표주박 모양의 壺를 지칭한다.[36] 이 토기가 부장된 무덤은 개석식 지석묘와 석관묘이다. 전자의 예로는 雙房 6호, 鳳城 東山 7 · 9호,[37] 鳳城 西山 1호,[38] 本溪 新城子유적 등을 들 수 있다. 이중 신성자 1 · 7 · 8 · 10 · 13 · 15호묘에서는 7개가 출토되었다.[39] 그리고 아직까지 태자하 이북의 지석묘에서 미송리형토기가 출토된 사례는 없다. 미송리형토기가 부장된 석관묘는 本溪 龍頭山 · 通江峪, 요양 이도하자 · 접관청 등의 태자하유역과 撫順 大甲邦 · 大伙房 · 祝家溝 · 小青島, 清原 門臉 · 馬家店 등 渾河유역, 法庫 黃花山 · 長條山, 開原 李家臺, 西豊 誠信村 · 忠厚屯 · 東溝유적에 분포한다. 이중 최근 발굴된 서풍현 동구 석관묘군(17기)에서 미송리형호 10개가 출토되어 신성자유적보다 출토 수량이 많다.[40] 다만 이 유적은 신성자유적처럼

33) 遼陽市文物管理所, 1983, 「遼陽市接官廳石棺墓群」『考古』1.
34) 遼陽市文物管理所, 1977, 「遼陽二道河子石棺墓」『考古』5.
35) 華玉氷, 2009, 「馬城子文化墓葬分期及相關問題」『新果集 — 慶祝林澐先生七十華誕論文集 —』(科學出版社), 261~273쪽 ; 송호정, 1999, 「古朝鮮 國家形成 過程 硏究」(서울대학교 박사학위논문), 52~54쪽.
36) 鄭漢德, 1990, 「美松里型土器の生成」『東北アジアの考古學(天池)』; 김미경, 2006, 「美松里型 土器의 변천과 성격에 대하여」『한국고고학보』60, 42쪽.
37) 許玉林 · 崔玉寬, 1990, 「鳳城東山大石蓋墓發掘簡報」『遼海文物學刊』2, 1~8쪽.
38) 崔玉寬, 1997, 「鳳城東山 · 西山大石蓋墓1992年發掘簡報」『遼海文物學刊』2, 30~35쪽.
39) 遼寧省文物考古研究所 · 本溪市博物館 · 本溪縣文物管理所, 2010, 앞의 논문 ; 하문식, 2010, 앞의 논문, 19~20쪽.
40) 遼寧省文物考古研究所, 鐵嶺市博物館, 2011, 「遼寧西豊縣東溝遺址及墓葬發掘簡報」『考古』5, 31~50쪽.

청동기를 공반하지 않고 석기와 토기만이 부장되어 있는 점이 특징이다.

그 동안 미송리형토기의 기원에 대해 다양한 논의가 있었다. 먼저 대련 于家村 砣頭 적석묘에서 출토된 弦文罐을 그 시원적인 형태로 보면서 요동반도 남부의 쌍타자3기문화가 발전하여 북쪽으로 전파된 것으로 보는 견해가 있다.[41] 나아가 여기에서 기원한 쌍방문화가 요동지역 전체로 확산된 것으로 본다.[42] 이와 달리 미송리형토기가 쌍타자3기문화의 토기와 관련성이 없다는 점을 지적하면서 馬城子文化 후기 단계에서 미송리형토기의 기원을 찾는 주장이 지속적으로 제기되고 있다.[43] 한편으로 쌍타자3기문화와 마성자문화가 충돌 후에 형성된 새로운 쌍방유형의 토기로 이해하기도 한다.[44] 최근에는 우가촌 타두적석묘의 弦紋壺를 미송리형토기로 보아야 한다는 주장[45]이 다시 제기되면서 미송리형토기의 기원에 대한 논쟁이 새롭게 전개될 전망이다.

미송리형토기는 현재까지 출토 사례를 통해 볼 때, 태자하유역의 本溪 張家堡 A동굴, 山城子 C동굴에서 출토된 것이 가장 이른 형식이라고 할 수 있다. 이 동굴유적이 馬城子文化 후기 단계인 점을 볼 때, 미송리형토기는

---

41) 박진욱, 1987, 앞의 논문, 42~48쪽 ; 로성철, 1993, 「미송리형단지의 변천과 그 년대」 『조선고고연구』4, 31~33쪽 ; 華玉冰·陳國慶, 1994, 「大連地區晚期青銅時代考古文化」 『遼海文物學刊』1 ; 楊榮昌, 2007, 「遼東地區青銅時代石棺墓葬及相關問題研究」 『北方文物』1, 13~16쪽.
42) 趙賓福, 2008, 「以陶器爲視覺的雙房文化分期研究」 『考古與文物』1, 18~28쪽 ; 趙賓福, 2010, 「雙房文化青銅器的型式學與年代學研究」 『考古與文物』1, 31~41쪽 ; 趙賓福 저/우지남 옮김, 2011, 앞의 책.
43) 송호정, 1999, 앞의 논문, 84~87쪽 ; 吳世恩, 2004, 「關于雙房文化的兩個問題」 『北方文物』2 ; 김미경, 2006, 앞의 논문, 42~45쪽 ; 朱永剛, 2008, 「遼東地區雙房式陶壺研究」 『華夏考古』2, 93~95쪽.
44) 李恭篤·高美璇, 1995, 「遼東地區石築墓與弦紋壺有關問題研究」 『遼海文物學刊』1 ; 王巍, 2004, 「雙房遺存研究」 『慶祝張忠培先生七十歲論文集』(科學出版社), 406~408쪽.
45) 張翠敏, 2009, 「于家村砣頭積石墓地再認識」 『東北史地』1, 44~46쪽 ; 吳大洋, 2013.12, 「朝鮮半島北部地區青銅時代石構墓研究—兼論與中國東北鄰境地區之比較—」, 吉林大學博士學位論文, 70~76쪽.

바로 태자하유역의 마
성자문화에서 그 기원
을 찾을 수 있다.[46] 이
토기는 석관묘 조영집단
과 함께 북쪽으로 하요
하유역까지 진출하였고,
개석식 지석묘 조영집단
과는 요남지역의 쌍방·
봉성지역까지 진출한 것
으로 볼 수 있다.[47]

　쌍방유형의 청동기
기종으로는 비파형동
검·비파형동모·선형
동부·동촉·동착·다
뉴기하문경 등이 있다.
이를 지역별로 살펴보
면, 요하상류의 西豊縣

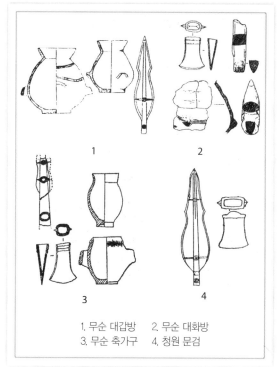

1. 무순 대갑방　　2. 무순 대화방
3. 무순 축가구　　4. 청원 문검

1-5 | 혼하유역 전기비파형동검문화 유물

誠信村 석관묘는 별도의 副棺 시설[48]이 갖추어진 것으로 주관에서는 비파
형동검·비파형동모·동촉이, 부관에서는 미송리형토기와 함께 선형동부

46)　吳世恩, 2004, 앞의 논문, 24~28 ; 김미경, 2006, 앞의 논문, 42~45쪽 ; 송호정,
　　2007,「미송리형토기문화에 대한 재고찰」『한국고대사연구』45, 18~25쪽 ; 朱永剛,
　　2008, 앞의 논문, 93~95쪽.
47)　쌍방유형을 미송리형토기의 지역별 양상과 지석묘, 석관묘 등 무덤 양식에 따라 요북,
　　요남으로 세분하는 견해도 있다. 그러나 청동기 양상에서는 크게 차이가 나지 않기
　　때문에 여기에서는 구분하지 않았다.
48)　許超·張大爲, 2010,「西豊縣振興鎭誠信村石棺墓2006年淸理簡報」『東北史地』4,
　　16~21쪽.

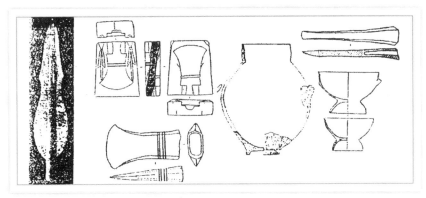

1-6 | 요양 이도하자 1호 석관묘 출토품

와 동촉을 함께 주조할 수 있는 석제 거푸집이 부장되었다.[49] 또한 西豊縣 忠厚屯 석관묘와 阜豊屯 석관묘에서는 각각 선형동부와 다수의 토기편이 부장되었다.[50]

혼하유역의 撫順 大甲邦 석관묘에서는 비파형동검 1점이 미송리형토기 2점과 함께 출토되었으며,[51] 大伙房 석관묘에서는 선형동부와 미송리형토 기편이 발견되었다.[52] 祝家溝 1호 석관묘에서는 선형동부가, 4호 석관묘에 서는 비파형동모와 선형동부가 각각 1건씩 부장되었다.[53] 淸原 門臉 석관 묘에서는 비파형동검과 선형동부가, 李家堡 석관묘에서는 비파형동검 · 비 파형동모 · 유엽형동모 · 銅鉞이 출토되었다.[54] 이중 유엽형동모는 하가점 상층문화에서 주로 사용되었던 것이고, 동월은 중원계 문물이다. 이러한 외 래 문물이 어떻게 淸原지역까지 유입되었는지 정확히 알 수는 없지만 이 지

---

49) 遼寧省西豊縣文物管理所, 1995, 「遼寧西豊縣新發現的幾座石棺墓」 『考古』2, 119~122쪽.

50) 裵躍軍, 1986, 「西豊和隆的兩座石棺墓」 『遼海文物學刊』 創刊號, 30~31쪽.

51) 撫順市博物館考古隊, 1983, 「撫順地區早晚兩類靑銅文化遺存」 『文物』9.

52) 孫守道 · 徐秉琨, 1964, 「遼寧寺兒堡等地靑銅短劍與大伙房石棺墓」 『考古』6.

53) 佟達 · 張正巖, 1989, 「遼寧撫順大伙房水庫石棺墓」 『考古』2.

54) 撫順市博物館考古隊, 1983, 앞의 논문.

역의 문화 교류 관계를 가늠해 볼 수 있는 한 사례라고 할 수 있다.

태자하유역의 遼陽 二道河子 1호 석관묘에서는 비파형동검·선형동부·銅鑿·선형동부 거푸집이 미송리형토기·臺附鉢이 함께 출토되었다.[55] 本溪 梁家村 석관묘에서는 비파형동검·검파두식·多鈕幾何文鏡이 출토되었다.[56] 이중 다뉴기하문경은 직경 12.8cm로, 뒷면의 Z자형 기하문은 십이대영자유형과 같은 계통의 것으로[57] 요동지역 전기비파형동검문화 단계에서 유일한 사례이다.

다음은 普蘭店 雙房유적 출토 청동기를 살펴보자. 이 유적은 탁자식 지석묘 6기와 개석식 지석묘 3기로 이루어진 지석묘군이다.[58] 이중 6호 개석식 지석묘에서 비파형동검, 선형동부 거푸집 1쌍, 미송리형토기2, 심발형토기가 발견되었다.[59]

이처럼 쌍방유형의 청동기의 조합은 비파형동검과 선형동부를 기본으로 하고 여기에 비파형동모·동착 등의 청동기가 한두 점 추가되는 양상이다. 이러한 양상은 개석식 지석묘나 석관묘와 같은 묘제의 차이와 상관없이 쌍방유형 전체에 고르게 나타난다.

쌍방유형에서 석관묘는 주로 태자하 이북지역에 분포한 반면에 지석묘는 태자하 이북지역에도 나타나지만 주로 규모가 작은 개석식 지석묘가 대부분이다. 이에 비해 태자하 이남 지역에는 대형 탁자식 지석묘와 개석식 지석묘가 주로 조영되었다.[60] 그리고 미송리형토기는 석관묘와 개석식 지석묘에만 부장된다. 이런 점으로 볼 때 개석식 지석묘와 탁자식 지석묘가

55) 遼陽市文物管理所, 1977, 「遼陽二道河子石棺墓」『考古』5.
56) 魏海波, 1985「遼寧本溪發現靑銅短劍墓」『遼寧省本溪·丹東地區考古會議文集』.
57) 이청규, 2010, 「多鈕鏡型式의 變遷과 分布」『한국상고사학보』67, 76~77쪽.
58) 許玉林, 1994, 앞의 책, 10~12쪽.
59) 許明綱·許玉林, 1983, 「遼寧新金縣雙房石蓋石棺墓」『考古』4.
60) 吳江原, 2002, 「遼東~韓半島地域 支石墓의 型式變遷과 分布樣相」『先史와 古代』17, 103~106쪽.

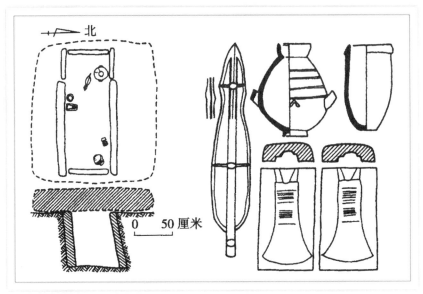

1-7 | 보란점 쌍방 6호묘와 출토품

모두 형식상 지석묘로 분류되지만 전자가 석관묘와 좀더 계통적으로 가깝다고도 볼 수 있다.

한편 쌍방유형에서 청동기는 대부분 석관묘에 부장된다. 그리고 지석묘 중에서 탁자식 지석묘에는 청동기 출토 사례가 거의 없고, 쌍방이나 봉성동산·서산처럼 일부 개석식 지석묘에서만 청동기가 부장되었지만 소수에 지나지 않는다. 한편 본계 신성자 개석식 지석묘군에서는 청동기가 한 점도 출토되지 않았다. 이런 점에서 볼 때 쌍방유형의 비파형동검문화는 석관묘 조영세력에 의해 주도되었으며, 개석식 지석묘 조영세력이 그 문화를 수용하면서 비파형동검문화가 점차 태자하 이북지역에서 요동반도 남쪽으로 확산되는 것을 알 수 있다.

(3) 요동반도 남단의 강상유형

강상유형은 大連 後牧城驛村 강상유적을 대표로 하며 적석묘와 비파형동검, 삼각기하문장경호 등을 공반하는 문화유형이다. 이 유형의 대표적인 유적으로는 旅順口區 三澗堡鎭 蔣家村 적석묘, 江西鎭 小潘家村 적석묘, 甘井子區 營城子鎭 後牧城驛村 강상묘, 雙砣子 적석묘, 雙台溝村 적석묘, 金州區 亮甲店鎭 趙王村 적석묘 등이 있으며 요동반도 남단의 대련지역에 집중적으로 분포한다.[61] 유적 밀집도가 요동지역에서 가장 높다.

강상유형의 유적은 대부분 1~2기로 이루어진 적석묘이다. 이에 비해 강상묘는 23기의 묘실을 갖춘 무덤군으로 유일하게 정식 발굴되었다. 7호묘를 중심으로 하여 방사선 모양으로 무덤을 구획하였으며, 2차례에 걸쳐서 무덤구역을 확장하였다. 이러한 적석묘는 쌍타자3기문화의 于家村 砣頭 적석묘[62]의 전통을 계승한 것으로 볼 수 있다.[63] 다만 타두 적석묘의 묘실이 병렬적인 구조로 배열된 것에 비해 강상묘는 7호묘를 중심으로 다른 묘실이 종속적인 구조로 배열되었다는 점에서 피장자 사이에 종속관계를 엿볼 수 있다. 그러나 부장 유물상으로는 상호간에 큰 차이가 나타나지 않는다.[64]

강상유형의 토기는 장경호·단경호·심발형토기·발·두형토기 등이 있다. 이 중 직립의 구경부에 삼각기하문이 있는 장경호를 미송리형토기로 이해하는 견해도 있으나 전체적인 기형과 문양에 있어서 미송리형토기와는 구별된다.[65] 기종에 있어서도 쌍방유형보다 다양한 점으로 보아 미송리형토기의 영향보다는 오히려 쌍타자3기문화의 전통을 계승한 대련지역의 토착적인 토기군으로 볼 수 있다.[66]

61) 조중공동고고학발굴대, 1966, 『중국동북지방의 유적발굴보고』(사회과학원출판사) ; 許明綱, 1993, 「大連市近年來發現靑銅短劍及相關的新資料」『遼海文物學刊』1, 8~11쪽.
62) 旅順博物館·遼寧省博物館, 1983, 「大連于家村砣頭積石墓地」『文物』9 ; 張翠敏, 2009, 「于家村砣頭積石墓地再認識」『東北史地』1, 42~48쪽.
63) 李新全, 2009, 「遼東地區積石墓的演變」『東北史地』1, 3~9쪽.
64) 권오영, 1993, 「崗上墓와 고조선사회」『考古歷史學誌』9(동아대학교 박물관).
65) 김미경, 2006, 앞의 논문, 81~82쪽.
66) 오강원, 2006, 앞의 책, 312~328쪽.

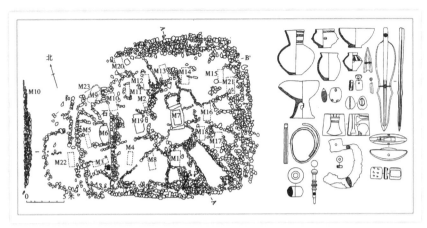

1-8 | 대련 강상묘와 출토품

청동기로는 비파형동검이 거의 대부분의 적석묘에 한두 점이 부장되어 있다. 대신 다른 기종은 잘 나타나지 않는다. 강상묘의 경우에는 6개의 석관에서만 비파형동검이 출토되었을 뿐이다. 그리고 銅鉾片과 동촉 2점의 무기류, 透彫된 佩飾, 銅鐲 등의 간단한 장식품과 재갈과 같은 차마구 부속 일부가 부장되었을 뿐이다. 물론 일부 도굴된 점도 감안해야겠지만 23기의 묘실 구조에 비해서는 상대적으로 부장품이 적은 편이다.

이러한 강상유형을 쌍방유형에 포함시켜서 이해하는 견해가 있다. 이 견해에서는 쌍방유적의 미송리형토기의 기원을 쌍타자3기문화에서 찾는다.[67] 그러나 앞에서 살펴보았듯이 미송리형토기는 마성자문화에서 기원한 것이다.[68] 그리고 강상유형은 적석묘를 조영한다는 점에서 묘제상에서 쌍방유형과는 구분된다. 또한 비파형동검의 출토 빈도가 높으며, 각종 장식품과 차마구류가 출토된 점에서 쌍방유형과 구분된다고 할 수 있다. 이처럼

---

67) 趙賓福 저/우지남 옮김, 2011, 앞의 책.
68) 김미경, 2006, 앞의 논문, 42~45쪽.

강상유형은 쌍타자3기문화의 적석묘 전통이 계승·발전된 비파형동검문화의 한 지방유형이라고 할 수 있다.

(4) 서북한지역의 신흥동유형

신흥동유형은 황북 봉산군 신흥동 주거지유적[69]을 대표로 하는 문화유형이다. 이 유적의 주거지에서는 銅泡를 비롯하여 팽이형토기와 석검·석창·석촉·석부·반달칼 등 다양한 석기가 출토되었다. 이중 이 유형을 특징을 가장 잘 보여주는 것이 바로 팽이형토기이다. 팽이형토기는 직경 3~4cm 정도의 底部를 붙이고 胴部는 口緣部보다 부풀려 팽이모양을 하고 있기 때문에 팽이형토기라고 불린다. 또한 구연부를 말아 붙여 이중으로 만들고 여기에 短斜線을 기본으로 하는 문양이 시문되어 있다. 태토는 주로 모래와 활석을 섞어서 사용하였다. 토기의 기종으로는 팽이형의 甕과 팽이형 동체에 목이 있는 壺으로 구분된다.[70]

이 유형의 분포 범위는 대체로 팽이형토기의 출토 범위와 비슷한 평안남도와 황해도 일대라고 할 수 있다. 청천강 이북지역에는 미송리형토기문화가,[71] 압록강 중류지역

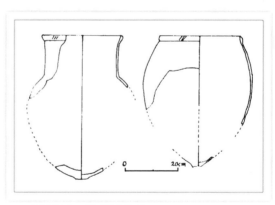

1-9 | 와산동 출토 팽이형 호와 옹

69) 서국태, 1964, 「신흥동 팽이그릇 집자리」『고고민속』3, 35~45쪽.
70) 韓永熙, 1983, 「角形土器考」『韓國考古學報』14·15, 78~80쪽.
71) 김미경, 2006, 앞의 논문 ; 송호정, 2007, 앞의 논문.

에는 공귀리형토기문화가 공존하고 있었던 점에서 청천강이 이 유형의 북방계선이라고 할 수 있다. 대동강 중류의 금탄리, 북창군 대평리, 평양 남경유적 등 주거지와 개천군 묵방리 지석묘에서 미송리형토기가 일부 출토된 점으로 보아 미송리형토기 주민집단과 팽이형토기 주민집단과의 교류관계를 엿볼 수 있으나 결국 팽이형토기문화에 흡수된 것으로 보인다.[72]

신흥동유형의 주거지는 대부분 10~70cm의 장방형 수혈주거지로 바닥을 점토로 다진 후 불에 구워 단단하게 만들었다. 노지는 1개가 기본이나 입석리 2호처럼 3개인 경우도 있다. 대표적인 유적으로 석탄리 · 입석리 · 침촌리 · 천진동 · 석교리 · 와산동 · 금탄리 · 신흥동 · 대평리 주거지를 들 수 있으며 이중에서 전형적인 팽이형호가 출토된 지역 200여 곳에 이른다.

이 유형의 대표적인 무덤으로 지석묘를 들 수 있다. 지석묘는 대개 5~6기 내지 10여기를 단위로 하여 한 지역에 200~400여기씩 떼를 이루고 있다. 남포시 룡강군 석천산 주변의 석천동과 와동 · 추동 일대에서는 400여기의 지석묘가 분포되어 있고, 황주군 침촌리 및 사리원시 광석리 일대의 정방산 기슭에는 500여기 지석묘가 있다. 오덕지구의 평촌, 송신동, 원산동 등의 지석묘군은 앞을 바라보기 좋은 골짜기 방향을 따라 석관이 남쪽 방향으로 놓여 있고, 석장골 도동, 두무동 지석묘군도 황주천을 따라 서쪽 방향으로 놓여 있다. 이들 지석묘의 방향은 모두 무덤이 놓인 골짜기의 방향과 일치하는 특징이 있다.[73]

수백기의 군을 이룬 개천군 묵방리, 연탄군 오덕리, 용연군 석교리, 판교군 자하리 등의 지석묘군은 그 밀집도로 보아서 한 지역집단의 공동묘지였던 것으로 추정된다. 청동기시대 지역집단들은 공동묘지를 쓰는 것이 가

---

72) 송호정, 1999, 앞의 논문, 106쪽.
73) 석광준, 2002, 『조선의 고인돌무덤 연구』(중심), 19~22쪽.

장 일반적인 풍습의 하나였는데[74] 이러한 특징은 적석을 한 무덤 구역 안에 여러 개의 지석묘를 쓴 예에서 잘 드러난다. 이러한 지석묘에 묻힌 사람들은 바로 동일 시기에 대동강유역과 황주천유역 일대에 분포하는 팽이형토기 주거지에서 살았던 사람일 것으로 보인다.[75]

한편 이러한 지석묘 중에서 팽이형토기는 대부분 바둑판식 지석묘에서 부장되었다. 탁자식 지석묘에서 팽이형토기가 출토된 사례는 송신동 20호 지석묘가 유일하다. 한편 팽이형토기는 주암리, 어수구, 대평동 4·6·9호 등 석관묘에서도 마제석검·석촉 등의 석기와 함께 출토되었다. 그러나 전자의 사례에 비하면 매우 적다고 할 수 있다. 전체적인 출토 사례로 보아 팽이형토기는 주로 바둑판식 지석묘 조영집단과 관련이 깊은 것으로 볼 수 있다.

팽이형토기를 특징으로 하는 신흥동유형은 토기·석기·금속기 등의 출현 시기나 변천에 따라 크게 세 시기로 구분할 수 있다.[76] 전기는 석교리·금탄리 주거지 등 일부 신석기시대 빗살무늬토기의 요소가 남아있는 단계를 거쳐 침촌리, 금탄리1호 주거지와 신흥동 銅泡처럼 청동기가 출현하는 단계로 연대는 기원전 8~7세기로 볼 수 있다.[77] 중기는 주암리·와산동 등 비파형동검문화가 본격적으로 유입되는 단계로 대체로 기원전 6~5세기로 볼 수 있다. 후기는 철기문화가 유입되기 이전 단계로 기원전 4~3세기경으로 볼 수 있다.

이중 전기 단계에서 출토된 전기비파형동검문화 요소는 매우 드물다. 평남 상원군 룡곡리 방울뫼 5호 탁자식 지석묘에서 비파형동모가 별도끼

---

74) 황기덕, 1965, 「무덤을 통하여 본 우리나라 청동기시대 사회관계」『고고민속』4, 11~14쪽.
75) 송호정, 2003, 『한국 고대사 속의 고조선사』(푸른역사), 223~225쪽.
76) 藤口健二, 1982, 「朝鮮·コマ土器の再檢討」『森貞次郎博士古稀記念 古文化論集(上)』, 226쪽 ; 송호정, 1999, 앞의 논문, 105~107쪽.
77) 한영희는 이 시기를 조기(기원전 10~9세기)와 전기(기원전 8~7세기)로 세분하였다 (한영희, 1983, 앞의 논문, 113~128쪽).

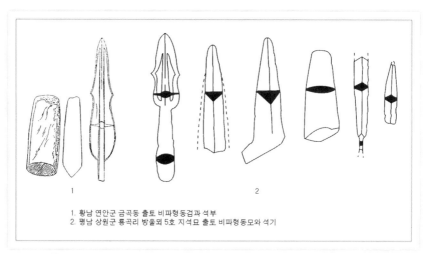

1. 황남 연안군 금곡동 출토 비파형동검과 석부
2. 평남 상원군 룡곡리 방울뫼 5호 지석묘 출토 비파형동모와 석기

1-10 | 신흥동유형의 청동기와 공반 유물

날, 석검, 팽이형토기 조각과 함께 출토되었으며, 4호 탁자식 지석묘에서는
청동단추1·돌활촉2·팽이형토기조각이 출토되었다.[78] 황해남도 연안군
부흥리 금곡동 니탄층속(말뚝집)에서 전형 비파형동검이 석부, 갈색단지와
함께 출토된 정도이다.[79] 물론 중기 단계를 거치면서 비파형동검문화가 본
격적으로 유입되지만, 팽이형토기 출토 주거지가 200여기가 넘고 대동강유
역 일대에 조사된 지석묘가 14,000여기인 점을 비추어 볼 때[80] 그 출토 사
례가 극히 일부라고 할 수 있다.

서북한지역은 석관묘와 지석묘를 조영하고 비파형동검을 사용한다는

78) 석광준, 2003,『각지고인돌무덤조사 발굴보고』(백산자료원 편), 81~83쪽 ; 석광준,
   2009,『북부조선지역의 고인돌무덤(1)』(진인진), 46쪽.
79) 황기덕 1974,「최근에 새로 알려진 비파형단검과 좁은놋단검 관계의 유적유물」
   『고고학자료집』4, 157~158쪽.
80) 석광준, 2002,『조선의 고인돌무덤 연구』(중심), 19쪽.

점에서 요동지역의 쌍방유형과 문화적 특징을 공유한다고 할 수 있다.[81] 그러나 청천강을 경계로 미송리형토기문화와 확연히 구분된다는 점에서 신흥동유형은 미송리형토기 제작집단과 일정하게 거리를 두었다고 볼 수 있다. 이처럼 서북한지역에서는 지석묘와 팽이형토기를 기반으로 하여 보수적이면서도 폐쇄적인 신흥동유형을 발전시켰다고 볼 수 있다.

2) 전기비파형동검문화의 성격과 주체

(1) 십이대영자유형의 특징과 성격

지금까지 대릉하~서북한지역의 전기비파형동검문화는 십이대영자유형 · 쌍방유형 · 강상유형 · 신흥동유형으로 나누어 살펴보았다. 현재 학계에서는 십이대영자유형을 남산근유형처럼 요서지역 하가점상층문화의 한 지방유형으로 보아야 하는지 아니면 요동지역 비파형동검문화의 한 지방유형으로 보아야 하는지에 대해 논란이 진행 중이다. 따라서 비파형동검문화권의 범위 설정과 관련해서 십이대영자유형을 하가점상층문화의 남산근유형과 비교해서 그 성격을 정확히 밝힐 필요가 있다.

먼저 하가점상층문화를 남산근유형을 중심으로 살펴보자. 하가점상층문화는 북쪽 西拉木倫河유역의 龍頭山유형과 남쪽 老哈河유역의 南山根유형으로 구분된다.[82] 북쪽의 용두산유형이 빠르고 남쪽의 남산근유형이 늦게 나타난다.[83] 이중 후자가 십이대영자유형 1기와 그 시기가 비슷하다.

무덤은 용두산 1호, 남산근 101 · 102호, 소흑석구 8501호, 하가점 7 · 9 · 11 · 13 · 14호 등 석곽묘가 대표적이다. 또한 남산근 1 · 2 · 10호처

---

81) 이청규, 2011, 「遼東과 韓半島 靑銅器文化의 變遷과 相互交流」『한국고대사연구』63, 254~257쪽.
82) 靳楓毅, 1982, 「論中國東北地區含曲刃靑銅短劍的文化遺存(上)」『考古學報』4.
83) 郭大順 · 張星德, 2005, 앞의 책, 467~468쪽.

럼 석관묘가 일부 조영되기도 하였으나 그 수는 많지 않다. 이 외에 하가점 12 · 15 · 17호와 주가지 43호 무덤처럼 목곽을 사용한 사례도 있다. 주가지 45호묘처럼 피장자의 얼굴에 麻布에 말조개껍데기를 씌우거나 변발을 하고 銅製耳環을 한 경우도 있다. 葬式은 單人의 仰身直肢葬이 일반적이며 두향 은 동서향 혹은 동향이다.[84]

토기는 鬲 · 罐 · 豆 · 盆이 기본적인 토기 조합을 이룬다. 태토는 무르고 소성온도는 비교적 낮다. 이중 취사용구로서 筒形鬲과 鼓腹鬲이 많은 비중 을 차지한다. 특히 남산근유형의 토기에서는 무문의 마연한 홍갈도가 주류 를 이룬다. 이러한 요소는 素面紅陶 계통의 고태산문화와 신락상층문화의 영향으로 보인다.[85]

청동기는 남산근 101호묘와 소흑석구 8501호묘처럼 무기 · 용기 · 공 구 · 의기 · 차마구 · 장식품 등 기종과 수량면에서 청동기 제작이 왕성했던 모습을 보여준다.[86] 먼저 무기로는 劍 · 戈 · 鏃 · 투구 등이 출토되었다. 이 중 동검은 銎柄式銅劍이 주를 이루면서 북방초원지역의 匕首式동검과 십이 대영자문화의 비파형동검이 일부 공반된다.[87] 이중 남산근 출토 사람모양 검손잡이 비파형동검은 두 지역의 문화요소가 결합된 형태를 잘 보여 준다. 비파형동검은 검신 · 劍柄 · 劍把頭飾을 별도로 제작 · 조립하는 것이 특징 인데, 소흑석구 8501호묘 출토 비파형동검은 合鑄한 것이다. 이것은 비파 형동검을 모방해서 현지에서 제작한 것으로 생각된다.[88]

---

84) 송호정, 2010a, 앞의 논문, 101~115쪽.
85) 朱永剛, 1998, 「東北靑銅文化的發展段階與文化區系」『考古學報』2 ; 烏恩岳斯圖, 2007, 앞의 책, 199~200쪽.
86) 楊建華, 2008, 「夏家店上層文化在中國北方靑銅器發展中的傳承作用」『邊疆考古研究』7, 136~147쪽.
87) 劉永, 1992, 「試論夏家店上層文化的靑銅短劍」『內蒙古文物考古』1.
88) 조진선, 2010, 「요서지역 청동기문화의 발전과정과 성격」『요하문명의 확산과 중국 동북지역의 청동기문화』, 173쪽.

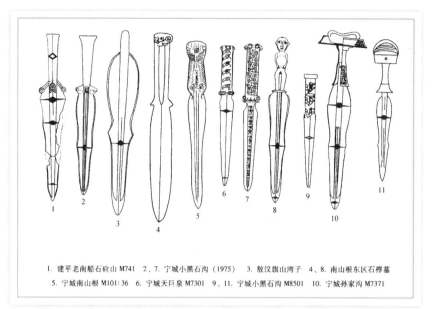

1. 建平老南船石碰山 M741   2、7. 宁城小黑石沟 (1975)   3. 敖汉旗山湾子   4、8. 南山根东区石椁墓
5. 宁城南山根 M101:36   6. 宁城天巨泉 M7301   9、11. 宁城小黑石沟 M8501   10. 宁城孙家沟 M7371

1-11 | 남산근유형의 청동단검 오은, 2007, 앞의 책, 182쪽

공구류 중 도자는 크게 齒柄刀와 각종 裝飾刀로 나눌 수 있다. 전자는 대포자, 하가점 17호묘, 오한기 東井 등에서 출토된 것으로 이 지역의 독자적인 형식이라고 할 수 있다. 반면에 각종 동물과 環首·鈴首 등으로 치장된 도자는 북방초원지대에서 광범위하게 사용되었던 형식이다.[89]

공구류 중에서 소흑석구 8501호묘에서 26건[90] 외에 남산근 101호와 오한기 동정 등지에서 출토된 도끼는 지역적인 특징을 잘 보여 준다. 이 도끼는 날이 銎部보다 약간 좁아지는 弧刃斧와 몸체가 거의 수직(혹은 약간의 부채모양)을 이루다가 날끝부분이 약간 들려올라간 扇刃斧로 나누기도 한

89) 烏恩岳斯圖, 2007, 앞의 책, 188~189쪽.
90) 內蒙古文物考古研究所, 2009, 『小黑石溝-夏家店上層文化遺址發掘報告-』(科學出版社), 282~287쪽.

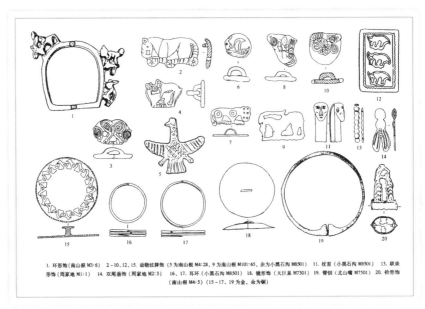

1. 环形饰(南山根 M3:6) 2~10、12、15. 动物纹铜饰(5 为南山根 M4:28, 9 为南山根 M101:65, 余为小黑石沟 M8501) 11. 杖首(小黑石沟 M8501) 13. 联珠
形饰(周家地 M1:1) 14. 双尾垂饰(周家地 M2:3) 16、17. 耳环(小黑石沟 M8501) 18. 镜形饰(天巨泉 M7301) 19. 臂钏(北山嘴 M7501) 20. 铃形饰
(南山根 M4:5) (15~17、19 为金, 余为铜)

1-12 | 하가점상층문화 남산근유형의 장식품 오은, 2007, 앞의 책, 195쪽

다.[91] 그러나 소흑석구 출토품 중에는 선형동부와 거의 흡사한 형태의 동
부도 출토되는데 이는 동검의 사례에서와 마찬가지로 십이대영자유형 선형
동부의 영향을 받은 것으로 보인다.[92] 또한 소흑석구 98NDXAⅢ5호묘에
서 다뉴기하문경이 출토되었는데[93] 이것은 십이대영자 3호묘의 것보다 시
기상 늦은 점으로 보아 대릉하유역에서 유입된 것으로 보인다.[94]

용기류로는 남산근 101호 출토 簋 · 鼎 · 甗 등과 소흑석구 8501호 출토

91) 齊曉光, 1994, 「夏家店上層文化空首靑銅斧及相關問題」『內蒙古文物考古文集(第一輯)』,
    317~319쪽.
92) 郭大順 · 張星德, 2005, 앞의 책, 471쪽.
93) 고구려연구재단 · 내몽고문물고고연구소 편, 2007, 『夏家店上層文化의 靑銅器』(동북아역사재단),
    332~33쪽 ; 內蒙古文物考古研究所, 2009, 앞의 책, 387~389쪽.
94) 조진선, 2008, 앞의 논문, 36~37쪽.

簋 · 鼎 · 壺 · 匜 등과 汐子北山嘴 7501호 簋는 중원에서 바로 유입된 것이 있다. 이와 달리 남산근 101호와 소흑석구 8501호에서 출토된 罐 · 鬲 · 鼎 등은 토기를 모방하여 현지에서 제작된 것이다. 한편 雙聯罐 · 四聯罐 · 圓底深腹罐 · 豆形器 · 祖柄勺 등은 하가점상층문화만의 독창적인 제작품이다.[95]

이외에 동물장식품은 복식이나 腰帶 장식품이 주를 이룬다. 동물장식은 카라수크 후기와 스키토시베리아 후기문화의 영향을 받은 것으로 보이나 새 · 거북 · 뱀 등의 모티브는 이미 홍산문화시기부터 이 지역에서 유행했던 것이다. 남산근 102호 출토 刻文骨牌飾에서 쌍두마차에서 사냥하는 모습은 남부 시베리아의 암각화와 연결되는 것으로, 하가점상층문화가 이들 지역과의 교류가 있었던 것을 알 수 있다.[96]

이와 관련하여 먼저 중국학계에서는 하가점상층문화를 대정 · 남산근 · 십이대영자유형으로 나누고 요동지역의 비파형동검문화와 구분하여 인식하는 것이 일반적이었다.[97] 그러나 근자에는 십이대영자유형이 하가점상층문화와 차이가 분명한 점을 부각시켜서 하가점상층문화의 한 지방유형이 아닌 독립된 문화인 십이대영자문화로 인식하기에 이르렀다.[98] 나아가 이 십이대영자문화가 요동지역 심양 정가와자유형과 유사한 점이 더 많다고 보고 이를 요동지역의 비파형동검문화와 함께 묶어서 이해하기도 한다.[99]

95) 烏恩岳斯圖, 2007, 앞의 책, 193~194 · 204~205쪽.
96) 김정배, 2004, 「琵琶形銅劍과 南山根 刻文骨板의 問題」『韓國史學報』17(2010, 『고조선에 대한 새로운 해석』(고려대학교 민족문화연구원), 474~499쪽).
97) 靳楓毅, 1982 · 83, 앞의 논문 ; 靳楓毅, 1987, 「夏家店上層文化及其族屬問題」『考古學報』2.
98) 朱永剛, 1987, 「夏家店上層文化的初步研究」『考古學文化論集(一)』(文物出版社) ; 朱永剛, 1997b, 「大 · 小凌河流域含曲刃短劍遺存的考古學文化及相關問題」『內蒙古文物考古文集(第2輯)』(中國大百科全書出版社) ; 烏恩岳斯圖, 2007, 앞의 책, 224~251쪽.
99) 李康承, 1979, 앞의 논문 ; 황기덕, 1987, 「료서지방의 비파형단검문화와 그 주민」『비파형단검문화에 관한 연구』(과학백과사전출판사) ; 박경철, 1999, 「遼西琵琶形銅劍文化'의 再認識」『先史와 古代』12 ; 김정배, 2000, 앞의 논문, 2~6쪽 ; 복기대, 2002, 『요서지역의 청동기시대 문화연구』, 219~263쪽 ; 이청규, 2005, 앞의 논문 ; 오강원,

그러나 십이대영자유형이 일부 비파형동검문화와 유관함이 인정되나 오히려 전통적인 매장방식과 청동기 유물 구성면에서 하가점상층문화와 더 가깝다고 보는 견해도 계속 제시되고 있다.[100]

이러한 논의와 관련하여 십이대영자유형이 하가점상층문화와 유사한 점을 살펴보자. 먼저 두 문화에는 석곽묘·석관묘·목곽묘·토광묘라는 공통의 묘제를 사용하는 공통점이 있다. 석곽(관)묘의 경우는 미누신스크 지방의 카라수크 석관묘가 東進하여 요서지역을 거쳐 요동지역으로 전파된 것으로 보는 것이 일반적이다.[101] 이런 측면에서 두 문화가 공통의 문화요소를 기반으로 성립된 것을 알 수 있다.

또한 두 문화의 유사점으로 매장습속으로서 동물 희생을 그 사례로 들기도 한다.[102] 하가점상층문화는 이른 시기의 임서 대정유적에서 鹿·麂·野馬·野牛·狼·狐·熊 등의 야생동물과 가축으로서 양뼈가 출토되었으며, 후기로 갈수록 가축화의 비율과 함께 목축의 비중이 점차 높아져가는 사회였다.[103] 대체로 동물뼈는 주로 무덤이 아니라 喀喇沁旗 大山前유적처럼 灰坑과 같은 제사유적에서 주로 출토되었다.[104] 무덤에서의 동물 희생

2006, 앞의 책, 23~27쪽 ; 조진선, 2010, 「요서지역 청동기문화의 발전과정과 성격」『요하문명의 확산과 중국 동북지역의 청동기문화』(동북아역사재단), 167~176쪽 ; 천선행, 2010, 「비파형동검 성립전후 요서지역 토기문화의 전개」『요하문명의 확산과 중국 동북지역의 청동기문화』, 240~250쪽.

100) 郭大順·張星德 저/김정열 옮김, 2008, 앞의 책, 884~889쪽 ; 송호정, 2008, 「요하유역 고대문명의 변천과 주민집단」『중국 동북지역 고고학 연구현황과 문제점』, 45~54쪽 ; 송호정, 2011, 「고고학으로 본 고조선」『한국사시민강좌』49, 7~9쪽.

101) 李鍾宣, 1976, 「韓國 石棺墓의 硏究」『韓國考古學報』1 ; 김정배, 1979, 「韓國 靑銅器文化의 起源에 관한 小考」『古文化』17, 10~14쪽.

102) 송호정, 2010a, 앞의 논문, 134~138쪽.

103) 王立新, 2004, 「遼西區夏至戰國時期文化格局與經濟形態的演進」『考古學報』3, 255~256쪽.

104) 中國社會科學院考古硏究所 外, 2004, 「內蒙古喀喇沁旗大山前遺址1998年的發掘」『考古』3, 35~39쪽.

은 狗頭·馬頭·牛 등이 출토된 周家地 45호묘[105]처럼 후기 단계에 가서야 나타난다. 그러나 정작 후기 단계의 핵심유적인 소흑석구[106]와 남산근유적[107]의 무덤에서는 동물 희생이 이루어지지 않았다. 따라서 하가점상층문화에서 목축의 비율이 높았지만 무덤에 말·소·개 등의 동물 희생은 보편적인 현상은 아니었다고 할 수 있다.

1기 단계의 십이대영자유형의 동물 희생의 사례로는 화상구유적을 들 수 있다.[108] 화상구 B지점 6호 목곽묘의 壁龕에 소머리뼈를 부장하였는데 벽감이라는 양식을 도용한 점이 매우 특이하다. 그리고 조양 원태자유적에서는 丙類로 분류된 4개의 무덤 중 2·29·56호에서 개와 돼지의 머리뼈가 부장되었다.[109] 이들 무덤은 2호묘에서 토기 2점에 청동대구 1점이, 나머지에서는 토기 1점 정도만 부장되는 정도로 부장품이 매우 빈약하다고 볼 수 있다. 그러나 십이대영자유형 1기 단계의 십이대영자·포수영자·난가영자 등 핵심적인 유적이라고 할 수 있는 무덤에서는 동물 희생이 나타나지 않는다. 물론 북표시 하가구나 건창 동대장자무덤처럼 십이대영자 2·3기 단계에서 일부 동물 희생이 보이나 전체적인 유적의 숫자에 비해 그 사례는 매우 적다고 할 수 있다.

이처럼 하가점상층문화와 십이대영자유형에서는 무덤 조영시 동물 희생이 보편적인 현상은 아니었던 것을 알 수 있다.[110] 따라서 무덤에서 동물 희생이라는 점에서 양자의 유사성을 언급하기는 어렵다고 할 수 있다.

그렇다면 양자가 청동기 부장 양상에서 어떻게 차이가 나는지를 살펴보

---

105) 中國社會科學院考古研究所內蒙古工作隊, 1984, 「內蒙古敖漢旗周家地墓地發掘簡報」 『考古』5.
106) 內蒙古文物考古研究所, 2009, 앞의 책.
107) 中國科學院考古研究所內蒙古工作隊, 1975, 「寧城南山根遺址發掘報告」 『考古學報』1.
108) 遼寧省文物考古研究所, 1989, 「喀左和尙溝墓地」 『遼海文物學刊』2.
109) 遼寧省文物考古研究所·朝陽市博物館, 2010, 앞의 책, 184쪽.
110) 오강원, 2006, 앞의 책, 437~438쪽.

자. 먼저 무기류의 조합에서 차이를 보인다. 십이대영자유형에서는 비파형동검·비파형동모가 기본을 이룬 반면에 남산근유형에서는 銎柄式銅劍·柳葉形銅矛·柳葉形銅鏃이 기본을 이룬다. 동검의 제작방식에 있어서도 비파형동검은 검병과 검신을 별도로 주조하는 別鑄式이지만, 공병식동검은 검병과 검신을 한 번에 주조하는 合鑄式이다. 후자에서도 비파형동검이 일부 보이나 그것은 전자의 영향을 받은 것이다.[111] 소흑석구 8501호묘에서 비파형동검 검신과 T자형검병을 함께 주조한 것은 후자에서 전자로의 영향력을 잘 보여주는 것이다.

공구류인 동부에 있어서도 전자는 선형동부가 제작되었던 반면에 후자에서는 直刃銎斧가 유행하였다. 의기류인 동경에서도 전자에서는 多鈕幾何文鏡이 제작된 반면에 후자에서는 單鈕無文鏡이 제작되었다. 장식품에 있어서도 전자에서는 후자에서 사용되지 않은 뱀·개구리·가오리 같은 독창적인 소재가 사용되었다.[112]

이 외에도 토기에 있어서 십이대영자유형은 鉢·壺·罐이 중심 기종이라고 할 수 있다. 십이대영자유형의 일부 유적에서 鬲이 출토되기는 하지만 하가점상층문화에서 출토되는 橋形環耳 혹은 盤耳가 부착된 鬲은 나타나지 않는다. 또한 경부가 발달한 高腹鬲이 출토된다는 점에서 위영자문화와 공통되면서도 하가점상층문화와는 분명하게 구분된다고 할 수 있다.[113]

이처럼 십이대영자유형은 하가점상층문화와 청동기의 공반관계, 제작방식, 토기양상 등 여러 면에서 차이가 크다고 할 수 있다. 따라서 양자는 상호간의 교류로 인해 유사성이 일부 보이지만 서로 다른 독립된 문화라고 할 수 있다.

---

111) 조진선, 2010, 앞의 글, 173쪽.
112) 李康承, 1979, 앞의 논문, 29~64쪽 ; 吳江原, 2007, 「비파형동검문화 십이대영자 단계 유물 복합의 기원과 형성 과정」『단군학연구』16, 111~116쪽.
113) 천선행, 2010, 앞의 논문, 243~247쪽.

그렇다면 십이대영자유형을 요동지역 비파형동검문화에 포함시켜서 이해할 수 있을까? 이와 관련하여 두 지역의 문화를 비교해 보자. 먼저 묘제상에서 십이대영자유형에서는 목관(곽)묘 · 석관(곽)묘 · 토광묘가 조영되었다. 이중 목곽묘는 조양 원태자 갑류묘(121 · 122 · 123 · 125 · 126 · 129호)와 객좌 화상구 B · C · D지점처럼 주로 초기 단계에만 나타나는 것으로 이전 시기 위영자문화의 영향을 강하게 받아서 조영된 것으로 보인다. 그리고 석관(곽)묘는 하가점하층문화와 위영자문화 단계에서는 사용되지 않았던 점을 본다면 이 무덤양식은 외래적인 요소로 볼 수 있다.

이에 비해 요동지역의 쌍방유형에서는 석관묘와 개석식 · 탁자식 지석묘가 조영되었다. 석관묘는 마성자문화 후기 단계부터 조영되기 시작하여 태자하유역을 중심으로 미송리형토기와 함께 주변으로 확산되었으며 서단산문화에도 영향을 주었다.[114] 지석묘는 요동 · 길림 · 한반도 전역에 고르게 분포한다는 점에서 요하 이동지역의 토착적인 묘제로 볼 수 있다.

십이대영자유형의 토기로는 鬲 · 壺 · 罐 · 甕 등이 있다. 이중 력은 초기 단계에 주로 나타나는 것으로 목관(곽)묘처럼 위영자문화의 영향을 받은 것으로 볼 수 있다. 이후에는 주로 호와 관이 많이 제작되었다. 이후 조양 원태자 丙類 · 丁類유적이나 오한기 수천 남구유적처럼 후기단계에 점토대토기가 제작되는데 이 토기가 요동지역에 영향을 끼쳤던 것으로 볼 수 있다.[115] 이와 달리 쌍방유형에서는 마성자문화 후기단계에 기원을 둔 미송리형토기가 요동지역에서 널리 제작되었으며 서단산형토기도 마성자문화에서 기원한 것으로 볼 수 있다.[116]

이처럼 십이대영자유형과 쌍방유형은 서로 기반한 문화의 토착적 전통

---

114) 이종수, 2007, 「서단산문화 석관묘의 특징과 기원에 대하여」 『선사와 고대』28.
115) 이성재, 2007, 「중국동북지역 점토대토기문화의 전개과정 연구」(숭실대학교 석사학위 논문).
116) 朱永剛, 1994, 「西團山文化源探索」 『遼海文物學刊』1, 66~69쪽.

이 다르기 때문에 묘제와 토기의 양상에서 그 차이가 많이 드러날 수밖에 없다. 두 지역이 문화적 친연성보다 차이를 강조한다면 두 문화를 계통이 다른 별개로 인식할 수도 있다.[117]

그렇다면 두 유형의 청동기 양상을 살펴보자. 십이대영자유형에는 비파형동검과 비파형동모와 같은 무기류, 선형동부 · 도자와 같은 공구류, 다뉴경과 각종 장식품과 같은 의기류, 그리고 거마구류의 청동기가 부장된다. 쌍방유형에도 그 종류와 수량에서 차이가 있지만 기본적으로 비파형동검 · 비파형동모 · 선형동부 · 다뉴경이 부장된다. 즉, 두 문화유형에서 청동기가 부장된 묘제에서 차이가 있을 뿐이지 무기류 · 공구류 · 의기류에 있어서 기본적인 공반관계가 유사하게 나타나는 것을 알 수 있다.

두 유형에서 발견되는 청동기부장묘에는 대부분 비파형동검이 부장되어 있다. 비파형동검은 비파형동검문화의 대표적인 무기라고 할 수 있다. 청동기사회에서 동검은 지배자의 군사적 힘을 상징하는 것으로 볼 수 있다. 두 유형에서 동일한 형식의 동검이 지배자의 군사력을 상징하는 것으로 같이 사용되었다면 양자 사이에 문화적 동질성을 충분히 상정할 수 있다.

십이대영자유형의 십이대영자 3호묘나 건평 포수영자 881호묘처럼 그 지역에서 청동기 부장량이 가장 많은 무덤에는 다뉴기하문경이 출토되었다. 이러한 다뉴기하문경은 쌍방유형의 본계 양가촌 석관묘와 심양 정가와자 6512호묘에서도 출토되었다. 주지하다시피 정가와자 6512호묘는 요동 지역에서 청동기 부장량이 가장 많은 최고지배자의 무덤으로 볼 수 있다. 이 다뉴경은 햇빛반사와 실물영상의 특수효과를 갖는 신성한 기물로서 최고의 종교적 상징물이라고 할 수 있다. 특히 거울 뒷면에 장식된 放射狀의 鋸齒文은 위세 효과를 극대화시키는 것이며 다른 청동기보다도 지배자의

---

117) 송호정, 2010, 앞의 논문, 128~134쪽.

巫的 · 司祭的 권위를 대표하는 일종의 神器라고 볼 수 있다.[118] 두 유형에서 이처럼 같은 종교적 위신재인 동경이 필요했다고 한다면 양자의 종교적 세계관도 비슷하였을 것으로 추정된다. 이런 점에서 양자 사이의 문화적 동질성을 엿볼 수 있다.

두 문화유형에서는 지배자의 군사적 권위를 상징하는 동검과 종교적 권위를 상징하는 동경이 공반되는 것을 알 수 있다. 고대사회에서 공동체가 구성원 간에 군사[전쟁]와 제사를 집단적 과제로 공유하는 이른바 戎祀共同體[119]였다는 점을 고려해 볼 때, 두 문화유형에서 같은 형식의 동검과 동경이 출토된다는 것은 군사적 · 종교적 측면에서 문화적 동질성을 보여주는 것으로 볼 수 있다. 물론 묘제나 토기와 같은 토착적인 측면에서 양자 사이에 문화적 차이가 드러나지만 동검이나 동경과 같이 청동기 구성 요소로 볼 때 두 유형을 하나의 문화권, 즉 비파형동검문화권으로 묶어서 이해할 수 있다고 본다.

(2) 전기비파형동검문화의 주체로서 예맥

이제까지 살펴본 십이대영자유형을 포함한 대릉하~서북한지역의 전기 비파형동검문화를 역사상 어느 집단이 남긴 것일까? 이것은 대릉하유역에서 요동 · 길림 및 서북한지역에 걸친 광범한 지역에 거주했던 주민집단을 어떤 세력으로 설정할 것인가의 문제라고 할 수 있다. 이와 관련하여 비파형동검문화과 그 주변 문화를 사료상에 보이는 종족집단 분포 범위와 일치시켜서 이해할 수 있다.

이러한 중국 동북지역 청동기문화의 주체에 대한 논의는 일본학계에

---

118) 이청규, 1999, 「東北亞地域의 多鈕鏡과 그 副葬墓에 대하여」 『韓國考古學報』40, 58쪽.
119) 增淵龍夫, 1970, 「春秋戰國時代の社會と國家」 『世界歷史4』, 154쪽 ; 이성구, 1989, 「춘추전국시대의 국가와 사회」 『강좌 중국사 I 』, 98쪽.

서 요령식동검문화를 東胡로, 세형동검문화를 고조선으로 비정하면서 시작되었다.[120] 이후 요령지역의 청동기문화를 요서와 요동으로 나누고 요서지역의 하가점상층문화를 대정·남산근·십이대영자유형으로 구분하면서 이 문화를 동호로, 요동지역 청동기문화를 東夷系로 보는 견해가 제시되었다.[121] 이 견해에서는 하북성북부지역의 옥황묘문화를 산융에 비정한다.[122] 이와 달리 하가점상층문화에서 십이대영자유형을 분리하고 전자를 산융에 후자를 예맥[123]으로 비정하는 견해가 제시되었다. 이러한 견해에서는 옥황묘문화를 白狄[124] 혹은 代[125]로 보기도 한다.

한편 북한학계에서는 요서지역의 청동기문화를 남산근유형과 십이대영자유형으로 구분하고 이를 부여·고구려의 조상인 發·東胡로 보았다. 그리고 이들을 요동지역의 고조선과 함께 고대 조선족이란 범주로 설명한다.[126] 남한학계에서는 하가점상층문화에서 십이대영자유형을 분리하여 하가점상층문화를 동호, 십이대영자유형을 예맥, 옥황묘문화를 산융으로 보는 견해와[127] 십이대영자유형을 포함한 하가점상층문화를 산융으로, 요동지역 청동기문화를 예맥으로 이해하는 견해가 제시되었다.[128]

120) 秋山進午, 1969, 「中國東北地方의 初期金屬器文化의 樣相(下)」『考古學雜誌』54-4.

121) 靳楓毅, 1982·83, 앞의 논문 ; 靳楓毅, 1987, 앞의 논문.

122) 靳楓毅, 1991, 「軍都山山戎文化墓地葬制與主要器物特徵」『遼海文物學刊』1.

123) 朱永剛, 1987, 앞의 논문 ; 朱永剛, 1997b, 앞의 논문.

124) 韓嘉谷, 1994, 「從軍都山東周墓談山戎·胡·東胡的考古學文化歸屬」『內蒙古文物考古文集(第1輯)』.

125) 林澐, 1995, 「東胡與山戎的考古探索」『環渤海考古國際學術討論會論文集』(知識出版社)(林澐, 1998, 『林澐學術文集』(中國大百科全書出版社)에 재수록).

126) 황기덕, 1987, 앞의 논문.

127) 吳江原, 1997a, 「西遼河上流域 靑銅短劍과 그 文化에 관한 研究」『韓國古代史研究』12 ; 吳江原, 1997b, 「冀北地域 有柄式 靑銅短劍과 그 文化에 관한 研究」『韓國古代의 考古와 歷史』(학연문화사) ; 吳江原, 1997c, 「山戎族과 그 文化에 관한 研究」『동서문화논총Ⅱ』; 吳江原, 2004, 「中國 東北地域 세 靑銅短劍文化의 文化地形과 交涉關係」『先史와 古代』20.

128) 송호정, 2008, 앞의 논문, 45~63쪽 ; 송호정, 2010b, 「고조선의 위치와 중심지 문제

이처럼 십이대영자유형을 비롯하여 중국 동북지역 청동기문화의 주체에 대해 논의는 각 문화권의 범위에 대한 이해와, 관련 종족 집단에 대한 기록의 부족으로 인해 복잡한 양상으로 전개되었다. 그러나 앞에서 살펴보았듯이 십이대영자유형이 하가점상층문화에 속하지 않는다. 따라서 하가점상층문화의 주체를 동호와 산융 중 어느 족속으로 볼 것인가에 따라 십이대영자유형을 포함한 비파형동검문화의 귀속 논쟁도 맞물려 진행된다.

이와 관련하여 사료상에 등장하는 동호에 대해 살펴보자.

① 成周의 회맹에서…東胡는 黃熊을, 山戎은 콩을 가지고 왔다.[129](『일주서』 왕회해)

② 晉文公이 戎翟을 물리치고…燕의 북쪽에 東胡와 山戎이 있다.[130](『사기』 흉노열전)

①은 주초에 周公이 三監의 난을 평정하고 洛邑에 成周를 세운 기념으로 성주회맹을 열면서 주변 이민족의 조공을 받는 장면을 묘사하는 대목이다. 여기에서 동호가 나오는데 사료상 가장 이른 기록이라고 할 수 있다. 그런데 『일주서』라는 책은 그 진위 여부가 매우 의심스럽다. 이 왕회해편에 등장하는 흉노를 비롯하여 수백 개의 주변 이민족들이 과연 주초에 실재했는지에 대해 의문이다. 또한 당시 주가 수백에 달하는 주변 이민족을 회맹에 참석시킬 정도로 세력이 있었는지도 의문이다. 실제 『周書』라고 하지만 왕회해편을 비롯하여 明堂·度訓·武稱篇 등은 전국시대 각 학파가 주대 조회 장면을 이상적으로 묘사해 놓은 것으로 볼 수 있다.[131] 따라서 『일주서』를 통해 동호의 존재를 서주시기까지 올려다 보기는 어렵다고 할 수 있다.

에 대한 고찰』『한국고대사연구』58, 31~45쪽.

129) 『逸周書』 第59 王會解, "成周之會…東胡黃熊 山戎菽".

130) 『史記』 卷110 匈奴列傳 第50, "晉文公攘戎…燕北有東胡山戎".

131) 朱順龍, 1994, 『中國學術名著提要(歷史卷)』, 221~223쪽.

②에서는 춘추시기 진문공대(기원전 636~628)에 연의 북쪽에 동호와 산융이 있었다고 기록되어 있다. 이를 통해 춘추시기부터 동호의 존재를 상정하고 하가점상층문화의 주체를 동호로 보는 견해가 있다. 그러나 과연 춘추 시기에 동호가 연의 북쪽에 있었는지에 대해서는 의문이다. 만약 동호가 ②의 기록처럼 춘추시기에 존재했다고 한다면 『춘추좌씨전』과 같은 연대기적 기록에 반드시 거론되었을 것이나 사실은 그렇지 않다. 『사기』 흉노열전에서 동호는 제환공이 산융을 공격하여 산융이 사라진 이후인 전국시기부터 본격적으로 활동하게 된다. ②처럼 동호가 산융과 같이 연의 북쪽에 있었던 것으로 기술된 것은 춘추시기 산융이 있던 지역을 전국시대 동호가 차지하자 연의 북쪽에 있던 대표적인 세력으로서 산융과 동호가 있었던 것으로 보았던 전국시대 이후의 인식이 漢代 司馬遷에게도 반영·기록되었기 때문인 것으로 추정된다.[132] 따라서 춘추시기 동호의 존재를 거론하기는 어렵다고 할 수 있다.

고고학적으로도 문헌상의 활약 시기와 차이가 있다. 하가점상층문화의 연대는 주초에서 춘추중기에 이른다. 특히 소흑석구 6501호, 남산근 101호 등 하가점상층문화의 가장 절정기라 할 수 있는 유적들은 기원전 8세기 전후로 편년된다. 그리고 기원전 7세기 이후 하가점상층문화는 급속도로 쇠퇴한다. 이처럼 춘추 중기에 쇠퇴하는 하가점상층문화의 주체로 전국중후기에 주로 활약하였던 동호로 보기에는 둘 사이의 시간적 격차가 너무 크다고 할 수 있다. 이러한 모순을 해결하고자 전국 중기까지 이어지는 십이대영자유형을 하가점상층문화의 한 지방 유형으로 간주하면서 하가점상층문화의 하한을 동호의 활약 시기와 일치시켜서 이해하는 견해가 있다.[133] 그

---

132) 翟德芳, 1994, 「試論夏家店上層文化的靑銅器」 『內蒙古文物考古文集(第1輯)』, 309~310쪽 ; 송호정, 1999, 앞의 논문, 62~65쪽 ; 김정열, 2011, 「하가점상층문화에 보이는 중원식 청동예기의 연대와 유입 경위」 『한국상고사학보』72, 76~77쪽.
133) 林澐, 1998, 앞의 책, 387~388쪽.

러나 앞에서 살펴보았듯이 십이대영자유형을 하가점상층문화의 지방유형으로 볼 수 없기 때문에 하가점상층문화의 하한을 전국시기로 내려 보는 것은 불가능하다. 따라서 하가점상층문화의 주체를 동호로 보기는 어렵다고 할 수 있다.

이 문제와 관련해서는 체질인류학적인 측면에서도 접근이 가능하다. 하가점상층문화 주민의 두개골 특징은 동아시아 몽골인종의 華北유형을 기본으로 하여 북아시아유형의 요소가 일부 섞인 혼혈유형이라고 한다.[134] 이에 비해 동호의 후예인 오환이나 선비는 북아시아 몽고인종에 속한다고 한다.[135] 또한 하가점상층문화가 소멸한 이후 형성된 林西 井溝子유적 출토 인골이 오환이나 선비와 같은 북아시아 몽고인종에 가장 가깝다는 체질인류학적 결과가 나왔다.[136] 연의 공격에 의해 동호가 흉노의 동쪽으로 밀려났던 것을 고려해 볼 때 정구자유적은 바로 동호가 남긴 유적으로 볼 수 있다.[137] 따라서 하가점상층문화를 동호의 유산으로 보기는 어렵다고 할 수 있다.[138]

다음으로 산융에 대해 살펴보자. 산융은 『사기』 오제본기부터 사료상에 나타나지만 夏代의 내용을 역사적 사실로서 그대로 받아들이기는 어렵다. 산융은 춘추시기에 들어서면서부터 구체적인 활약상이 나타난다. 『사기』 흉

---

134) 朱泓, 1989 「夏家店上層文化居民的種族類型及其相關問題」『遼海文物學刊』1 ; 朱泓, 1998, 「중국 동북 지구의 고대 종족」『박물관기요』13.

135) 朱泓, 2006, 「東胡人種考」『文物』8.

136) 朱泓·張全超·李法軍, 2007, 「內蒙古林西井溝子遺址西區墓葬出土人骨的人類學研究」『人類學學報』2(王立新·塔拉·朱永剛, 2010, 『林西井溝子-晚期青銅時代墓地的發掘與綜合研究-』(科學出版社), 281~309쪽에 재수록).

137) 王立新, 2005, 「探尋東胡遺存的一个新線索」『邊疆考古研究』3 ; 王立新·塔拉·朱永剛, 2010, 앞의 책, 29~31쪽.

138) 林澐, 1996, 「戎狄非胡論」『金景芳九五誕辰紀念文集』(吉林文史出版社)(2008, 『林澐學術文集(二)』(科學出版社), 3~6쪽에 재수록) ; 林澐, 2009, 「北方系 青銅器 研究」『湖西考古學』21, 13~15쪽.

노열전[139)]에 의하면 산융은 기원전 706년 연을 넘어 제를 공격하였다. 이후 기원전 664년에 산융이 연을 공격하자 연은 제에 도움을 요청한다. 이에 제환공은 산융을 정벌하기 시작하여 그 다음 해 6월에 정벌을 마무리하게 되었다.[140)] 이러한 산융 정벌은 제환공의 霸業 중 楚의 北上을 저지한 것과 함께 尊王攘夷의 대표적인 사례라고 할 수 있다.

이러한 제환공의 산융 정벌에 대한 기록은 『관자』·『국어』·『춘추좌씨전』·『사기』 등 여러 기록에 보인다. 그중에서 아래의 사료가 주목된다.

> ① 환공이 이에 북으로 영지를 벌하고 嵬山을 지나 고죽을 참하고 산융을 만났다.(『관자』 대광편)[141)]
> ② 제환공이 말하기를, "과인은 북으로 산융을 정벌하는데 고죽을 지났습니다."(『관자』 봉선편)[142)]

①에서는 제환공이 북벌하는 과정에 영지·고죽을 지나 산융을 만난 것으로 되어 있고, ②에서도 산융을 정벌하는데 고죽을 지나쳤다고 되어 있다. 즉, 산융을 정벌하기 위해서는 영지·고죽을 거쳐야만 하기 때문에 산융이 고죽보다 더 북쪽에 위치한다는 사실을 알 수 있다.[143)]

그렇다면 고죽의 위치를 확인한다면 산융의 위치도 좀더 구체적으로 접근할 수 있다. 고죽의 위치와 관련해서 『漢書』 地理志 遼西郡 令支縣條에 "有孤竹城"이라 되어 있고 『史記正義』에는 "括地志云 孤竹故城在平州盧龍縣南十二里 殷時諸侯孤竹國也"이라고 되어 있다. 이를 통해 보면 고죽의 위

---

139) 『史記』卷110 匈奴列傳 第50, "是後六十有五年 而山戎越燕而伐齊 齊釐公與戰于齊郊 其後四十四年 而山戎伐燕 燕告急于齊 齊桓公北伐山戎 山戎走".
140) 『春秋』莊公31年, "六月 齊侯來獻戎捷"；『史記』卷32 齊太公世家 第2, "二十三年 山戎伐燕 燕告急於齊. 齊桓公救燕 遂伐山戎 至于孤竹而還".
141) 『管子』大匡篇, "桓公乃北伐令支 下嵬之山 斬孤竹 遇山戎".
142) 『管子』封禪篇, "齊桓公日 寡人北伐山戎 過孤竹".
143) 韓嘉谷, 1994, 앞의 논문, 338~339쪽.

치는 대체로 오늘날 난하 동쪽인 하북성 천안·노룡현 일대로 비정된다. 또한 객좌 북동촌 1호 窖藏에서 孤竹銘 亞微罍가 출토된 것[144]으로 보아 주초에 고죽 세력을 포함한 은 유민의 일부가 대릉하유역으로 진출했다가 이 靑銅禮器를 묻고 퇴각한 것으로 보인다.[145] 물론 춘추시기의 고죽은 더 이상 은의 제후국이 아니라 도하, 영지와 함께 이미 戎族化되어서 제의 북벌 대상이 되었다.[146] 이러한 정황으로 보아 춘추시기 고죽의 위치를 하북성 천안·노룡현 일대로 볼 수 있다.

산융은 앞에서 살펴본 것처럼 고죽의 북쪽에 있었다. 춘추시기 고죽이 난하유역의 천안·노룡현 일대에 있었기 때문에 산융은 바로 칠로도산과 노로아호산 사이의 서요하유역에 분포하였던 것을 알 수 있다. 이 지역은 바로 하가점상층문화의 분포범위와 대체로 일치한다. 산융이 제환공의 북벌에 의해 기원전 7세기 중반 이후에 사라지는 점과 하가점상층문화가 춘추중기 이후에 급속히 쇠락하는 점도 서로 부합된다. 따라서 하가점상층문화는 바로 산융이 남긴 것으로 보아야 할 것이다.[147]

그렇다면 노로아호산 동남쪽의 대릉하유역에 있던 십이대영자유형의 주체를 누구로 이해할 수 있을지를 살펴보자. 이와 관련하여『관자』소광편에

葵丘會盟 때에 周 天子가 大夫 宰孔을 파견하여 桓公에게 고기[胙]를 보내며

144) 遼寧省博物館·朝陽地區博物館, 1973,「遼寧喀左縣北洞村發現殷代靑銅器」『考古』4.
145) 町田章, 1981,「殷周と孤竹國」『立命館文學』; 박대재, 2010,「箕子 관련 商周靑銅器 銘文과 箕子東來說」『선사와 고대』32.
146) 송호정, 1999, 앞의 논문, 23~25쪽 ; 배진영, 2006,「출토 자료로 본 孤竹」『이화사학 연구』33, 289~295쪽.
147) 朱永剛, 1987, 앞의 논문, 124~126쪽 ; 翟德芳, 1994, 앞의 논문, 309~310쪽 ; 韓嘉谷, 1994, 앞의 논문, 340~343쪽 ; 武家昌, 1995「山戎族地望考略」『遼海文物學刊』1, 65~66쪽 ; 林澐, 1998, 앞의 책, 387~394쪽 ; 송호정, 1999, 앞의 논문, 38~44쪽 ; 郭大順·張星德, 2005, 앞의 책, 508~5013쪽 ; 烏恩岳斯圖, 2007, 앞의 책, 215~217쪽.

… 桓公이 말하기를, "내가 乘車로 회합함이 세 번이고, 兵車로 회합함이 여섯 번이니, 모두 아홉 차례나 제후들을 규합하여 천하를 바로잡았소. 북쪽으로는 孤竹・山戎・穢貉에 이르러 秦夏를 사로잡았소."[148]

　라고 되어있다. 이 부분은 기원전 651년에 열린 규구회맹시 주왕이 제환공에게 제사고기[胙]를 보내자 환공의 下拜 여부에 대한 논의 과정에서 자신의 위력을 과시하기 위해 그간 자신의 군사적 위업을 언급하고 있는 부분이다.

　이 중 제환공은 자신의 군사적 정벌이 북쪽으로 고죽・산융과 함께 예맥까지 이르렀다고 언급하고 있다. 그러나 제환공의 북벌에 대한 다른 기록에서는 예맥에 대한 언급이 없다. 따라서 이 부분은 제환공이 산융 정벌시 고죽과 영지를 함께 정벌한 것은 사실이지만 이후 자신의 업적을 극대화시키는 과정에서 정벌하지도 않았던 예맥을 포함시켰던 것 즉, 윤색된 부분으로 생각된다.[149]

　여기에서 주목할 만한 것은 바로 기원전 7세기 예맥의 존재이다. 제환공의 북벌의 대상에 예맥이 언급되었다는 사실을 통해 당시 예맥이라는 실체가 존재했다는 것을 추론할 수가 있다. 제환공의 북벌의 성과가 과장된 것은 사실이지만 그런 과장이나 윤색에 역사적 사실과 전혀 무관한 내용을 첨가하기는 어려웠을 것이다. 즉, 당시 예맥이라는 실체가 존재했기 때문에 제환공의 북벌의 성과가 과장되면서 예맥이 포함된 것으로 볼 수 있다.

　그렇다면 당시 예맥은 어디에 있었을까? 제환공이 고죽과 산융을 정벌하는 과정에서 일부 과장이 섞여 있지만 예맥까지 이르렀다고 하였다. 즉, 제환공의 일련의 북벌 과정을 고려해 볼 때 예맥이 고죽・산융과 완전히 동떨어진 지역에 있다고 생각하기 보다는 그들과 인접한 지역에 있을 가능성

---

148)　『管子』卷8 小匡 第20. "葵丘之會 天子使大夫宰孔 致胙于桓公曰…桓公曰 餘乘車之會三 兵車之會六 九合諸侯 一匡天下 北至于孤竹山戎穢貉 拘秦夏 西至流沙西虞".
149)　박준형, 2013, 「古朝鮮과 春秋 齊와 교류 관계」『백산학보』95, 51~54쪽.

이 높다고 할 수 있다. 앞에서 살펴본 것처럼 당시 고죽은 난하유역인 천안·노룡현 일대에, 산융은 고죽의 북쪽에 있는 칠로도산과 노로아호산 사이에 있었다. 따라서 예맥은 난하유역과 노로아호산에서 멀리 벗어나지 않는 지역에 있었을 것이다.

당시 난하유역은 하북성 북부지역의 옥황묘문화가 분포하고 있었으며, 노로아호산 이서지역에는 산융의 하가점상층문화가 분포하고 있었다. 그리고 난하 이동지역과 노로아호산과 인접한 지역인 대릉하유역에는 십이대영자유형의 문화가 있었다. 이런 점으로 볼 때 십이대영자유형이 있는 대릉하유역에 예맥이 있었던 것으로 볼 수 있다. 이렇게 예맥이 대릉하유역에 있었다고 한다면 결국 십이대영자유형의 비파형동검문화를 담당한 세력은 바로 예맥이라고 할 수 있다.[150]

그렇다면 요동~서북한지역에 있었던 비파형동검문화도 예맥이 남긴 것으로 볼 수 있을까?『관자』소광편 이후 예맥이 사료상에 등장하는 것은『사기』이다.『사기』흉노열전에는 기원전 209년 흉노가 동호를 격파하고 그 영토가 동쪽으로 濊貊朝鮮과 접하게 되었다[151]고 한다. 그리고『염철론』비호편에는 고조선이 변경을 넘어 연[한초의 제후국으로서 연]의 동쪽 땅을 빼앗았다[152]고 되어 있으며『사기』조선열전에는 한초에 고조선과 패수를 경계로 삼았다[153]고 하였으며, 이를『전한기』에는 한이 遼水를 塞로 삼았다[154]고 하였다. 이러한 정황으로 보아 당시 패수는 遼水인 渾河로 볼 수 있

---

150) 翟德芳, 1994, 앞의 논문, 309~310쪽 ; 韓嘉谷, 1994, 앞의 논문, 340~343쪽 ; 林澐, 1998, 앞의 논문, 387~394쪽 ; 박경철, 1999, 앞의 논문, 245~254쪽 ; 김정배, 2000, 앞의 논문, 70~79쪽.
151) 『史記』卷110 匈奴列傳 第50, "東接穢貊朝鮮".
152) 『鹽鐵論』卷7 備胡 第38, "大夫曰 往者 四夷俱强 並爲寇虐 朝鮮踰徼".
153) 『史記』卷115 朝鮮列傳 第55, "漢興 爲其遠難守 復修遼東故塞 至浿水爲界 屬燕".
154) 『前漢紀』孝武皇帝紀5 卷第14, "漢興以爲其遠難守 故遼水爲塞".

다.[155] 이처럼 한과의 경계를 혼하로 본다면 진개의 공격 이전에 대체로 요동지역에는 예맥이 거주했던 것으로 볼 수 있다.

『사기』흉노열전에는 "東拔穢貊朝鮮以爲郡"이라고 하여, 고조선에는 낙랑·진번·임둔군을 설치하고 예맥에는 현도군을 설치하였다고 되어 있다. 현도군이 함경도 동해안 일대에서 압록강유역까지 이르렀던 것[156]으로 보아 이 지역에 예맥이 분포하였던 것을 알 수 있다. 또한 『삼국지』부여전에는 "國有故城名濊城 蓋本濊貊之地"라고 하여, 부여는 예(족)가 세운 국가이며 이 예는 예맥이라고도 했다는 것을 알 수 있다. 이 예[예맥]가 세운 부여의 선조문화가 바로 길림지역의 서단산문화이다.[157] 이런 점에서 예[예맥]은 길림지역까지 분포하였던 것을 알 수 있다.

이처럼 대릉하~서북한지역에는 예 혹은 예맥이라고 하는 종족집단이 거주했던 것을 알 수 있다. 이 지역에는 크게 4개의 유형으로 구분되는 비파형동검문화가 있다. 이들 각각의 유형은 토착적 특징을 지닌 독자적인 하나의 고고문화로도 구분할 수도 있다. 그러나 이러한 문화유형은 주변의 하가점상층문화나 옥황묘문화와는 질적으로 다른 문화체계로서, 비파형동검·비파형동모·선형동부·다뉴기하문경이라는 공통의 문화요소를 공유하고 있었다. 이런 점에서 대릉하~서북한지역의 4개 유형을 비파형동검문화라는 상위의 문화에 속하는 (문화)유형으로 구분해서 이해하고자 한다.

---

155) 박준형, 2012, 「기원전 3~2세기 고조선의 서계의 변화」『사학연구』108, 8~14쪽.
156) 和田淸, 1955, 「玄菟郡考」『東亞史研究(滿洲篇)』; 김미경, 2002, 「第1玄菟郡의 位置에 대한 再檢討」『實學思想研究』24.
157) 李健才, 1985, 「關于西團山文化族屬問題的探討」『社會科學戰線』2 ; 이종수, 2009, 『松花江流域 初期鐵器文化와 夫餘의 文化起源』(주류성).

2. 예맥사회에서 지배집단의 성격과 고조선의 등장

1) 전기비파형동검문화의 지역 · 유형별 지배집단의 존재 양상과 성격

요하유역의 초기청동기문화에서는 하가점하층문화의 錦縣 水手營子무덤에서 連柄銅戈 · 銅柄戈가 출토되고[158] 고태산문화의 彰武 平安堡유적에서 耳環과 刀子가 출토된 것[159]처럼 대부분의 청동기는 나파형귀걸이 · 반지 · 刀子 · 화살촉 등과 같은 작은 소품 중심이며 그 수량도 매우 적다.[160] 이에 비해 기원전 1000년기에 들어서면서 이 청동기문화에는 비파형동검 · 비파형동모 · 동촉 등의 무기류, 선형동부 · 끌 · 도자 등의 공구류, 재갈과 같은 마구류, 다뉴기하문경 · 단추 등 장신구와 의기류 등 다양한 종류의 청동기가 제작되었다.

이러한 변화를 통해 전기비파형동검문화에서는 초기 청동기문화 단계에 비해 청동기에 대한 수요가 그만큼 증가했다는 것을 알 수 있다. 이러한 청동기 수요의 증가는 단순한 양적 증가뿐만 아니라 그것을 독점적으로 제작 · 사용할 수 있는 지배집단이 늘어났다는 것을 보여준다. 이를 통해 전기비파형동검문화가 지배자의 권력을 상징하는 청동기를 필요로 하고 그것을 통해 지배집단이 성장할 수 있는 사회로 이미 발전했다는 것을 알 수 있다.

그렇다면 지배자의 무덤에 부장된 청동기의 종류와 수량은 그 지배자의 권력의 크기와 일정하게 부합된다고 볼 수 있다. 따라서 전기비파형동검문화 단계의 청동기부장묘의 부장 양상을 서로 비교한다면 개별 문화유형 내에서 지배집단 사이의 권력의 차이뿐만 아니라 (문화)유형간 지배집단의 차이도 밝혀낼 수 있을 것이다. 이런 점에서 전기비파형동검문화 단계의 문화

---

158) 齊亞珍 · 劉素華, 1991,「錦縣水手營子早期青銅時代墓葬」『遼海文物學刊』1, 102~103쪽.
159) 遼寧省文物考古研究所 · 吉林大學考古學系, 1992,「遼寧彰武平安堡遺址」『考古學報』4.
160) 董新林, 1996,「高台山文化研究」『考古』6, 52~53쪽.

유형별로 청동기부장묘의 부장 양상[무기류·공구류·마구류·의기류 등]과 그 조합관계를 비교할 필요가 있다.[161]

한편 전기비파형동검문화 단계의 모든 지배계급 무덤에 청동기가 부장되었던 것은 아니다. 대표적으로 요동반도와 서북한지역의 탁자식 지석묘에는 청동기가 거의 부장되지 않는다. 그러나 해성 석목성, 개주 석붕산, 황해도 은율 관산리 등의 대형 탁자식 지석묘는 그 규모뿐만 아니라 주변을 아우를 수 있는 구릉의 정상에 위치한 무덤의 입지에서도 알 수 있듯이 그 지역 지배집단의 무덤이라고 쉽게 생각할 수 있다.

이처럼 전기비파형동검문화 단계의 대릉하~서북한지역에는 지역별·유형별로 묘제가 서로 다르기 때문에 묘제에 따라 그 지배집단의 성격 또한 다를 수밖에 없을 것이다. 따라서 먼저 지역별·유형별 묘제를 통해 지배집단의 양상과 그 성격을 파악해 보고 이러한 지배집단이 유형별로 어떠한 차이가 있으며 그것이 어떠한 의미가 있는지를 살펴볼 필요가 있다.

(1) 대릉하유역의 십이대영자유형

먼저 대릉하유역 십이대영자유형의 청동기부장묘의 양상을 살펴보자. 십이대영자 1호묘의 경우에는 비파형동검·검병두식·동촉 등의 무기류, 선형동부·도자·銅鑿·銅錐의 공구류, 말재갈, 동경·Y형장식·人面裝飾 6·동물장식·단추 등의 의기류와 有孔礪石·그물추 등의 석기, 방추차와 도기편이 발견되었다.[162] 십이대영자 2호묘도 1호묘와 출토 양상이 거의 같다. 건평 포수영자 881호묘에서도 비파형동검·비파형동모·동촉의 무기류, 선형동부·동착·도자의 공구류, 鑾鈴·馬面장식의 마구류, 다뉴기

---

161) 이청규, 2007, 「계층 사회와 지배자의 출현−남한에서의 고고학적 접근−」『계층 사회와 지배자의 출현』(한국고고학회 편, 사회평론), 20~22쪽.

162) 朱貴, 1960, 「遼寧朝陽十二臺營子靑銅短劍墓」『考古學報』1.

하문경·鏡形飾의 의기류와 勺·盒·扣 등의 기타 청동기와 석부·石珠· 골촉 등이 출토되었다.[163] 이처럼 두 유적에서는 무기·공구·마구·의기 류 등 청동기 기종의 대부분이 출토되었다. 이러한 청동기 부장상은 십이대 영자유형에서 가장 풍부한 사례로 A급으로 분류할 수 있다. 이러한 사례로 는 금서 오금당유적을 들 수 있다. 하지만 이 유적은 앞의 두 사례에 비해 부장품의 양이 상대적으로 적다.

다음으로는 위의 기종 중에서 어느 한 기종이 부장되지 않는 사례를 들 수 있다. 건평 대랍한구 851호묘에서는 비파형동검·비파형동모·동촉의 무기류와 선형동부·도자·銅鑿의 공구류, 다뉴기하문경·鏡形飾의 의기 류와 석부, 骨鑣가 출토되었다.[164] 건평 난가영자 901호묘에서는 비파형동 검·검병두식의 무기류, 동부·刀·刻刀의 공구류, 鴨形장식·팔찌·방울 의 의기류와 석기·골기 약간이 출토되었다. 이러한 부장양상은 청동마구 류가 부장되지 않는다는 점에서 B급 무덤으로 분류할 수 있다. 이러한 무덤 으로는 조양 소파적, 화상구 D지점 17호 등의 유적을 들 수 있다.

이어서 무기류와 공구류(C-1), 무기류와 의기류(C-2), 공구류와 의기 류(D-3)만이 부장되는 무덤을 살펴보자. 조양 원태자 79YM1호에서는 비 파형동검·검파두식·양익촉의 무기류, 동도의 공구류와 발·관과 같은 토 기류, 마제석기, 골촉·골침 등이 출토되어서 C-1급으로 볼 수 있다.[165] C-2급으로는 조양 원태자 129호, 부신 호두구 5호를 둘 수 있고, C-3급으 로는 조양 원태자 123호를 들 수 있다.

다음으로 무기류(D-1), 공구류(D-2), 의기류(D-3) 등 한 기종만 부장 한 경우이다. 조양 동령강 1호묘에서는 비파형동검·검병두식·석촉이, 화

---

163) 李殿福, 1991,「建平孤山子·楡樹林子靑銅時代墓葬」『遼海文物學刊』2, 3~6쪽.
164) 李殿福, 1991, 앞의 논문, 1~3쪽.
165) 遼寧省文物考古硏究所·朝陽市博物館, 2010, 앞의 책, 168~169쪽.

II. 예맥사회의 전기비파형동검문화와 고조선의 등장 ·69·

상구 B지점 6호묘에서는 비파형동검 1점만이 부장되었다. 이러한 유적은 D-1급으로 구분할 수 있다. 이런 유적으로 조양 장보영자 토광묘, 부신 호두구 2호묘, 건평 노와보 7202호묘 등이 있다. D-2급 무덤으로는 청동도와 토기류만 부장된 객좌 화상구 B지점 22호묘를 들 수 있다. D-3급 무덤으로는 節約3, 쌍환, 圓泡6, 管形飾3 등을 부장한 원태자 122호[166]를 들 수 있다.

이외에 청동기가 부장되지 않은 원태자 125호 같은 무덤을 E급으로 분류할 수 있다. 물론 E급 무덤에도 석기와 골기 등을 부장한 무덤(조양 원태자 125호, 객좌 화상구 D지점 16·20호)과 부장품이 전혀 없는 무덤(조양 원태자 121호, 객좌 화상구 B지점 5호)으로도 세분할 수 있지만 청동기 부장 무덤의 등급을 주로 다루고 있기 때문에 더 이상 세분하지 않았다.

이처럼 십이대영자유형의 무덤을 청동기 무장품의 종류와 수량 등을 고려하여 네 등급으로 나누고 청동기를 부장하지 않은 무덤까지 포함하여 모두 5등급으로 나누어 살펴보았다. 이중 A급인 조양 십이대영자 1·2호묘와 건평 포수영자 881호묘는 십이대영자유형에서 가장 풍부한 부장 양상을 보여준다. 그리고 이 무덤에서는 일정한 지리적 공간에서 최고 실력자의 상징물로 볼 수 있는 다뉴경이 부장되었다.[167] 물론 건평 대랍한구 851호묘는 청동마구가 출토되지 않아 B급으로 분류했지만 마구류인 골제재갈[骨鑣]이 있기 때문에 A급으로도 볼 수 있는 무덤이다.

---

166) 조양 원태자 122호에서는 청동기는 아니지만 骨製재갈이 출토되어 C급으로도 분류될 가능성이 있다. 다만 여기에서는 청동기만을 기준으로 했기 때문에 D급으로 분류하였다.

167) 이청규, 1999, 「東北亞地域의 多鈕鏡과 그 副葬墓에 대하여」『韓國考古學報』40 ; 이청규, 2000, 「'國'의 形成과 多鈕鏡副葬墓」『先史와 古代』14.

유적 등급	부장 청동기 기종				해당유적
	무기류	공구류	의기류	마구류	
A	○	○	○	○	조양 십이대영자 1·2호, 건평 포수영자 881호, 금서 오금당
B	○	○	○		건평 대랍한구 851호, 건평 난가영자 901호, 조양 소파적, 객좌 화상구 D 17호
C 1	○	○			조양 원태자 79YM1호, 조양 목두구 1호
C 2	○		○		조양 원태자 129호, 부신 호두구 5호
C 3		○	○		조양 원태자 123호
D 1	○				조양 동령강1호, 조양 장보영자, 화상구 B 6호, D 13호, 부신 호두구 2호, 건평 노와보 7202호
D 2		○			객좌 화상구 B 22호, D 12호
D 3			○		조양 원태자 122·126호, 객좌 화상구 C 10호
E					조양 원태자 121·125호, 객좌 화상구 B 5호, D 16·20호

한편 다뉴경이 부장되지 않은 B급 무덤은 최고 지배층은 아니지만 상위층의 무덤으로 볼 수 있다. 그리고 D급의 무덤은 지배자의 권위를 상징하는 비파형동검 관련 유물이 부장된다는 점에서 지배집단의 하위층에 속하는 것으로 보인다. C급은 B급과 최하위 D급 사이의 중간 지배층의 무덤으로 보인다. 그리고 D급보다 하위층을 이루는 E급 무덤을 설정할 수 있다.

십이대영자유형에서는 지배자의 권위를 상징하는 동검부장묘가 대릉하유역에 고르게 분포되어 있다(그림1-1 참조). 이것은 이 지역에 다양한 지배집단이 분포해 있다는 것으로 볼 수도 있다. 이러한 동검부장묘 내에서 그 부장양상에 따라 크게 4등급으로 나눌 정도로 큰 차이가 있다는 것은 지배집단 사이에서도 위계가 있는 것으로 볼 수 있다.

지배집단 사이의 위계와 관련하여 다뉴기하문경 부장묘가 주목된다. 십이대영자유형에서 다뉴기하문경은 조양 십이대영자 3호, 건평 포수영자 881호, 건평 대랍한구 851호묘에서 출토되었다. 십이대영자 3호묘 출토 동경은 뒷면 전체에 연속 Z자형의 雷文이 새겨져 있는 것으로 다뉴기하문경의 가장 이른 형식이라고 할 수 있다.[168] 그러나 3호묘는 정식 발굴이 안되고 유물 몇 점만 수습되었기 때문에 부장양상을 정확히 알 수 없다. 이와 달리 A급인 1·2호묘에서는 전형적인 연속 Z자형의 다뉴기하문경은 아니지만 동경 외반부 전체에 연속적인 무늬가 새겨져 있는 다뉴경이 2개씩 부장되어 있다. 이 다뉴경은 형식상 전형적인 다뉴기하문경에 속하는 것은 아니지만 기본적으로 거울의 속성을 갖춘 의기류이다. 이런 점에서 3호묘도 1·2호묘처럼 A급 무덤이었을 가능성이 높다고 할 수 있다. 이처럼 최고 지배자의 무덤으로 간주되는 다뉴경 부장묘가 가장 밀집된 조양지역을 십이대영자유형의 중심으로 볼 수 있다.[169]

이러한 조양지역의 양상을 내부적으로 좀더 살펴보자. 십이대영자유적은 원태자유적과 직선 거리로 1km정도 떨어져 있다. 이 정도 거리면 두 유적이 같은 세력권에 있다고 볼 수 있다. 그런데 십이대영자유적에서는 A급 무덤이 있었던 반면에 원태자유적에서는 그보다 하위인 C·D·E급 무덤이 있다. 이것은 같은 세력권 안에서도 서로 무덤을 조영하는 집단이 공간적으로 구분되었다고 볼 수 있다. 그 구분이 단순한 공간적 차이가 아니라 무덤의 등급이 달라지는 것이라고 한다면, 이미 조양지역에서는 내부적으로 A급 무덤 조영세력과 C·D·E급 무덤 조영 세력으로 분화되어 있다는 것을 알 수 있다. 이러한 차이는 지역 내에서 지배집단 사이의 위계화가 이루어졌다는 것을 보여준다고 볼 수 있다.

이처럼 십이대영자유형에는 조양·건평·객좌·금서·부신 등지에 다양한 지배집단이 존재했으며 그들 사이에는 위계를 세울 정도로 청동기 부장양상에서 차이가 있었다. 또한 같은 지역사회 내에서도 집단 간의 위계화

---

168) 조진선, 2010, 앞의 논문, 174~176쪽.
169) 김정학, 1987, 「고고학상으로 본 고조선」『한국상고사의 제문제』(한국정신문화연구원), 78~80쪽 ; 이청규, 2005, 앞의 논문, 35~38쪽.

가 진행되었다. 따라서 십이대영자유형에서는 지배집단 사이와 그 지배집단 내부에서 분화가 이루어진 중층적 위계화가 나타났다고 볼 수 있다.

(2) 요동지역의 쌍방유형

쌍방유형의 지배집단의 존재양상에 대해 살펴보자. 쌍방유형의 묘제에는 석관묘와 개석식 및 탁자식 지석묘가 있다. 이중 석관묘는 요양·본계 등 태자하유역 이북의 요북지역에서 주로 조영되었다. 반면에 지석묘는 요남지역의 碧流河·哨子河에서 요북지역의 渾河와 輝發河 사이에 분포한다.[170] 이중 요남지역에는 대형 탁자식 지석묘와 개석식 지석묘가, 요북지역에서는 소형 탁자식 지석묘와 개석식 지석묘가 주로 분포하며 밀집도가 요남지역에 비해 떨어지며 유물상에서도 시기가 상대적으로 늦다.[171] 따라서 쌍방유형은 석관묘 중심의 요북지역과 지석묘 중심의 요남지역을 나누어서 지배집단의 존재양상을 살펴볼 필요가 있다.

먼저 요북지역부터 살펴보자. 이 지역의 청동기부장묘를 십이대영자유형의 분류 방식을 적용해 보자. 먼저 무기류와 공구류의 조합으로 부장된 무덤으로는 청원 문검 1·2호 석관묘를 들 수 있으며 무기류로 비파형동검, 공구류로 선형동부의 청동기, 그리고 미송리형토기·석촉·뼈송곳 등이 출토되었다. 이러한 조합의 무덤으로는 요양 이도하자 1호 석관묘, 무순 축가구 4호 석관묘, 서풍 성신촌 석관묘,[172] 부풍둔 석관묘를 들 수 있다. 무기류와 의기류의 조합으로 부장된 무덤으로는 본계 양가촌 석관묘를 들 수 있으며, 비파형동검·검병두식의 무기류와 다뉴조문경의 의기류가 부장되었

---

170) 하문식, 1999, 앞의 책, 162~164쪽.
171) 許玉林, 1994, 『遼東半島石棚』(遼寧科學技術出版社), 66~69쪽.
172) 서풍 성신촌 석관묘에서 청동 공구류가 출토되지 않았지만 선형동부 거푸집이 부장된 점을 고려하여 공구류인 선형동부가 부장된 것으로 간주하였다. 쌍방 6호 개석식 지석묘와 보란점 벽류하 개석식 지석묘 출토 선형동부 거푸집도 마찬가지 사례로 적용하였다.

다. 이러한 두 조합의 청동기를 부장한 무덤은 십이대영자유형에 비추어 볼 때 C급 무덤으로 분류할 수 있다.[173]

다음으로 무기류나 공구류 등 어느 종류의 청동기를 부장한 무덤을 살펴보자. 먼저 무기류만을 묻은 무덤으로는 무순 대갑방 석관묘를 들 수 있으며 비파형동검과 미송리형토기가 부장되었다. 공구류만 부장된 무덤으로는 무순 축가구 1호 석관묘를 들 수 있으며 선형동부와 토기만이 부장되었다. 이러한 무덤으로는 무순 대화방 1호 석관묘, 서풍 충후둔 석관묘를 들 수 있다. 이처럼 무기류나 공구류 하나만을 부장한 무덤은 십이대영자유형에 비추어 볼 때 D급 무덤으로 분류할 수 있다.

한편 요북지역의 석관묘에는 청동기 없이 석기·골기·토기 등이 부장된 무덤이 많다. 대표적으로 서풍현 동구 석관묘군에서는 미송리형호 1점에 석도·석부와 같은 석기 한두 점이 부장되는 사례가 대부분이다 (2~7·10·13~15·18호).[174] 요양 이도하자 2호 석관묘에서는 토기만 부장되었으며, 무순 축가구 2·3호 석관묘에서도 미송리형호·관, 석부가 부장되었다. 이처럼 청동기가 부장되지 않은 석관묘는 서풍 소방대원내 석관묘, 금산둔 석관묘, 청원 土口子 中學 석관묘, 이가복 석관묘, 무순 대화방 소청도·팔보구 석관묘, 신빈현 홍산 8101·8102호 석관묘, 청원 두호둔진 백회창 석관묘 등 주로 태자하 이북 지역의 석관묘 분포지역에 많이 나타난다.[175] 이 무덤들은 E급으로 분류될 수 있다.

이처럼 요북지역의 청동기부장묘는 무기류와 공구류, 무기류와 의기류

---

173) 개주 패방 단산 1호 개석식 지석묘에서는 부장품 중 청동기로는 비파형동검과 鏤孔銅飾이 출토되었다. 비파형동검은 검끝부분이 사라져 정확한 형태를 알 수 없지만 전형비파형동검일 가능성이 높다고 한다(하문식, 1999, 앞의 책, 248쪽). 만약 이러한 추정이 맞다면 이 지석묘는 C-2급 무덤일 가능성이 높다. 본고에서는 후기비파형동검일 가능성도 배제할 수 없기 때문에 일단 논의의 대상에서 제외하였다.

174) 遼寧省文物考古研究所, 鐵嶺市博物館, 2011, 앞의 논문.

175) 佟達·張正巖, 1989, 「遼寧撫順大伙房水庫石棺墓」『考古』2.

가 조합을 이룬 C급 무덤과 무기류나 공구류 중 하나만을 부장하는 D급 무덤으로 구분된다. 여기에 청동기가 부장되지 않은 E급 무덤까지를 포함한다면 무덤은 세 등급으로 나눌 수 있게 된다. 이러한 등급은 십이대영자유형의 A·B급에 비하면 현저하게 차이가 나는 것을 알 수 있다.

이중 청동기가 가장 많이 부장되어 있는 C급 무덤이 요북지역의 최고 지배층의 무덤이라고 볼 수 있다. 그런데 이 C급 무덤 중에서 요양 이도하자 1호 석관묘는 20여기의 석관묘군 중의 하나에 속하며, 무순 축가구 4호 석관묘도 D·E급 무덤과 혼재되어 있다. 이들 무덤이 십이대영자유형의 A급의 무덤처럼 최고지배자의 무덤으로서 독립적으로 조영되지 않은 상황으로 보아 다른 지배자들과 질적으로 구분되는 압도적인 지배력을 관철시키지는 못한 것으로 보인다. 그러나 서풍현에서 성신촌·부풍둔유적처럼 청동기를 부장할 수 있는 세력집단과 동구·금산둔유적처럼 아예 청동기를 부장하지 못하는 집단과 구분될 정도로 지역사회 내에서 분화가 이루어졌던 것을 알 수 있다. 즉, 쌍방유형의 요북지역은 십이대영자유형처럼 지배집단 사이와 그 집단 내부의 분화가 확연하게 드러나지 않지만 중층적 위계화가 어느 정도 진행된 양상을 확인할 수 있다.

요북지역의 석관묘 중에서 주목되는 것이 본계 양가촌 석관묘이다. 이 무덤에서는 전형적인 비파형동검·검파두식과 함께 다뉴기하문경이 출토되었다. 앞에서 살펴본 것처럼 대릉하유역에서 다뉴기하문경은 조양 십이대영자유적처럼 A급 무덤에서만 출토되는 최고지배자의 상징물이었다. 양가촌유적은 다른 C급 석관묘와 부장품의 수량면에서는 크게 차이가 나지 않지만 다뉴기하문경이 부장되었다는 점에서 다른 유적과 차이가 난다고 할 수 있다.

다음으로 요남지역의 지배집단의 존재양상을 살펴보자. 요남지역의 대표적인 묘제로는 탁자식 지석묘와 개석식 지석묘가 있다. 이중에서 탁자식 지석묘가 대부분의 지역에 분포하는 반면에 개석식 지석묘는 보란점 벽류하 · 쌍방, 개주 패방, 수암 백가보자, 봉성 동산 · 서산 지석묘 등 소수의 지역에서만 나타난다. 탁자식 지석묘는 대체로 물줄기 근처에 있으면서 주변지역에서 조망하기 좋은 구릉지대에 조성되어 있다. 이중에서 지석 높이가 2~3m에 이르는 금현 소관둔, 와방점 대자, 해성 석목성, 개주 석붕산, 대석교 석붕욕 등 대형 탁자식 지석묘 주위에 壇을 설치하여 무덤으로서 기능뿐만 아니라 祭壇으로서 기능을 갖추고 있는 것을 알 수 있다.[176] 이에 비해 개석식 지석묘는 5~6기씩 군집해 있는 것이 특징이다.

이처럼 대형 탁자식 지석묘는 일반 구성원과 무덤 구역을 분리해서 독자적으로 조영되었으며, 지석묘 제작을 위한 인력 동원 능력 등을 감안해 볼 때, 이 무덤의 피장자는 그 지역 지배집단의 최고 수장층의 무덤이었을 것으로 볼 수 있다. 그러나 탁자식 지석묘에서 출토되는 유물은 토기와 석기 등 극히 소량의 유물이 부장되어 있다. 이러한 유물상은 무덤의 규모와 제작 과정에서 동원될 수 있는 노동력 등 지배자의 권위와 잘 부합되지 않는 측면이 있다.[177]

이와 관련하여 개석식 지석묘의 부장양상을 살펴보다. 개석식 지석묘는 탁자식 지석묘에 비해 수적으로 소수이지만 동검을 비롯한 청동기가 부장되어 있다. 이중 가장 대표적인 쌍방 6호 개석식 지석묘를 들 수 있다. 이 무덤에는 비파형동검, 선형동부 거푸집 한 쌍, 미송리형호2와 옹1이 출토되었다. 이 무덤은 청동기로 무기류와 공구류를 부장한다는 점에서 C-1급 무덤으로 분류할 수 있다. 또한 모두 11기의 개석식 지석묘가 발견된 보란점 벽류하 지석묘군이 있다. 이중 21호묘는 선형동부 거푸집이 발견되어 D-2급으로 분류할 수 있다. 또한 개주 패방에서는 비파형동검 일부와 청동장식품 일부가 출토되어 C-2급으로 분류할 수 있다. 이외에 수암 백가보자 12

---

176) 하문식, 1999, 앞의 책, 280~283쪽.
177) 이청규, 2011, 앞의 논문, 236~237쪽.

호 개석식 지석묘에서 비파형동검의 일부가 출토되어 D-1급으로 분류할
수 있다.[178]

1-2 | 쌍방유형 청동기부장묘의 등급별 분류

유적 등급		부장 청동기 기종				해당 유적	
		무기류	공구류	의기류	의기류	요북지역	요남지역
C	1	○	○			청원 문검 1·2호, 요양 이도하자 1호, 무순 축가구 4호, 서풍 성신촌·부풍둔	보란점 쌍방 6호
	2	○		○		본계 양가촌	개주 패방
D	1	○				무순 대갑방	수암백가보자, 개주 패방
	2		○			무순 축가구, 대화방 1호, 서풍 충후둔,	보란점 벽류하
E						서풍 금산둔, 동구 2~7·10·13~15·18호, 청원 이가보, 무순 대화방 소청도	대부분의 지석묘

이런 점에서 요남지역 지배집단은 탁자식 지석묘 조영세력과 개석식 지
석묘 조영세력으로 구분할 수 있다. 그 중에서 전자에서는 지석 2~3m에,
상석이 7~8m나 되는 대형 탁자식 지석묘를 조영하였지만 그 부장품은 토
기와 석기류에 불과하다. 이에 비해 개석식 지석묘는 보란점·개주·수
암·봉성 등 일부 지역에서 조성되어 상대적으로 소수이지만 비파형동검·
선형동부·청동장식품 등 지배자의 권위를 상징하는 청동기가 부장되어 있
다. 이런 점에서 요남지역의 비파형동검문화는 소수인 개석식 지석묘 조영
집단에 의해 주도되었던 것으로 보인다. 이것은 동검과 같은 지배자 개인
위주의 청동 위신재를 부장하는 개인 성향의 청동기부장묘집단[개석식 지
석묘 조영집단]이 대형 기념물을 제작하고 의례행위를 하는 집단 성향의 토

---

178) 하문식, 1999, 앞의 책, 248

착집단[탁자식 지석묘 조영집단] 속에서 전기비파형동검문화를 주도했던 것으로 볼 수 있다.[179]

지금까지 쌍방유형의 지배집단의 존재양상을 석관묘 중심의 요북지역과 지석묘 중심의 요남지역으로 나누어 살펴보았다. 표2에서 알 수 있듯이 청동기 부장 개석식 지석묘가 요동반도 남부 지역에 국한되어 있는 반면에 청동기 부장 석관묘는 태자하 이북 지역인 요북지역에 집중적으로 분포되어 있다. 수적으로도 청동기 부장 개석식 지석묘에 비해 청동기 부장 석관묘가 압도적으로 많다. 이처럼 쌍방유형의 비파형동검문화는 요북지역의 석관묘 조영세력이 중심이었다고 볼 수 있다. 이에 비해 요남지역에서는 탁자식 지석묘 조영집단 사이에 개석식 지석묘 조영세력을 중심으로 비파형동검문화를 수용했던 것으로 볼 수 있다.

(3) 요동반도 남단의 강상유형

강상유형의 청동기부장묘의 부장 양상을 통해 이 지역의 지배집단의 성격을 살펴보자. 강상유형의 적석묘는 비파형동검 1점과 약간의 석기가 부장된 것이 대부분이다. 대표적으로 旅順口區 三澗堡鎭 蔣家村 적석묘, 江西鎭 小潘家村 적석묘, 雙砣子 적석묘, 雙台溝村 적석묘, 金州區 亮甲店鎭 趙王村 적석묘 등이다.[180] 이들 유적은 십이대영자유형의 청동기부장묘 등급 분류 방식에 의하면 모두 D급이라고 할 수 있다.

이에 비해 강상묘는 7호묘를 중심으로 23개의 묘실을 갖춘 적석묘이다. 중심 무덤인 7호묘가 도굴되어 정확하게 부장양상을 파악하기는 어렵지만 발굴된 결과에 의하면 청동기 중 무기류로 비파형동검, 비파형동모, 청동촉

---

179) 김승옥, 2007, 「분묘 자료를 통해 본 청동기시대 사회조직과 변천」 『계층 사회와 지배자의 출현』, 109~116쪽.
180) 許明綱, 1993, 「大連市近年來發現靑銅短劍及相關的新資料」 『遼海文物學刊』 1, 8~11쪽.

이, 의기류로 청동팔찌, 비녀, 그물모양장식, 기타 장식, 고리, 청동덩어리가 출토되었다. 또한 선형동부·동착·동추·동포를 제작할 수 있는 거푸집도 4건이 출토되었다. 전체적으로 마구류를 제외한 무기류, 공구류, 의기류가 모두 출토된 점으로 본다면 B급으로 볼 수도 있지만, 이들은 23개 묘실의 출토품을 모두 포함했을 때의 경우이다. 개별 무덤 중에서는 청동기가 전혀 부장되지 않은 E급부터 무기류만 있거나 무기류와 공구류 혹은 무기류와 의기류가 함께 부장된 C급까지 있다.

강상묘의 전체적인 구조가 7호무덤을 중심으로 방사선으로 배치된 것으로 보아 순장[181]은 아니더라도[182] 나머지 무덤이 7호 무덤에 대한 종속적으로 배치되어 있다는 측면을 부인할 수는 없을 것이다. 이러한 구조에 의한다면 7호 무덤은 나머지 C·D급 무덤의 주인공보다 우월적인 지위에 있었을 것으로 보인다. 즉, 강상무덤을 통해 볼 때 강상유형에서는 지배집단 내부에 이미 분화가 이루어졌고 그 사이에 우열관계가 형성되어 있었던 것으로 볼 수 있다.[183]

이처럼 강상유형에는 D급에 해당하는 1~2기로 이루어진 적석묘가 대부분인 반면에 강상묘에는 C급 이상의 무덤이 집약되어 있다. 또한 강상유형은 공간적으로 요동반도 남단이라는 한정된 지역이지만 비파형동검을 부장한 D급 적석묘의 밀집도가 요동지역의 雙房유형에 비해 매우 높게 나타난다고 볼 수 있다. 또한 이 지역은 묘제·토기 양식에 있어서 雙房유형과 달리 독자적인 전통을 고수하였던 곳이다. 이러한 강상유형에서 전체적으로 C급 이상의 강상묘 조영집단이 중심적인 역할을 했던 것으로 보인다. 이러한 양상은 광범위한 지역을 대상으로 하는 雙房유형보다 대련지역이라는

181) 사회과학원력사연구소, 1991, 『조선전사2』(과학백과사전종합출판사), 65~70쪽.
182) 권오영, 1993, 앞의 논문.
183) 박진욱, 1988, 『조선고고학전서(고대편)』(과학백과사전종합출판사), 17~22쪽.

한정된 공간 내에서 지배집단 사이의 분화가 좀더 심화되었던 것으로 볼 수 있다.

(4) 서북한지역의 신흥동유형

신흥동유형의 지석묘를 통해 지배집단의 존재양상에 대해 살펴보자. 서북한지역의 지석묘는 5~6기 내지 10여기를 단위로 한 지역에 수십기가 연이어 조성되어 있는 것이 일반적이다. 특히 평양을 중심으로 평안남도와 황해도 일대에는 수천 개의 지석묘가 분포한다. 이중 남포시 룡강군 석천산 주변의 석천동과 와동·추동 일대에서는 400여기의 지석묘가, 황주군 침촌리 및 사리원시 광석리 일대의 정방산 기슭에는 500여기 지석묘가 있다. 수백기의 군을 이룬 개천군 묵방리, 연탄군 오덕리, 용연군 석교리, 판교군 자하리 등의 지석묘군은 그 밀집도로 보아서 한 지역집단의 공동묘지였던 것으로 추정된다.[184]

이러한 대형 지석묘군은 대체로 몇 기 또는 10여기를 단위로 하는 작은 무리로 이루어져 있다. 청진동 지석묘군은 약 30m 사이에 ㄱ자형으로 줄지은 6기의 개석식 지석묘로 이루어져 있다. 북쪽의 1·2·3호 무덤과 남쪽의 4·5·6호 무덤이 8~9m 사이를 두고 떨어져 있는데 이중 남쪽 3개의 무덤은 개석 밑의 석관은 한 개이지만 그 주변의 적석은 서로 연결되어 이른바 일종의 墓域을 연상시킨다. 또한 천진동 서쪽에 있는 긴동 지석묘군에도 8기 지석묘가 남북으로 일직선상에 배치되어 있는데 북쪽의 1호 고인돌관 탁자식이고 나머지 2~6호 지석묘는 석관 주변의 적석이 연결되어 묘역시설을 이루고 있다.[185] 이처럼 하나의 묘역 시설 안에 줄지어 있는 작은 무덤군은 무덤군을 일정한 지역집단과 관련지어 볼 경우 그곳에 속한 한 가

184) 황기덕, 1965, 앞의 논문, 11~13쪽.
185) 황기덕, 1965, 앞의 논문, 11~13쪽.

족 단위의 작은 무덤군으로 볼 수 있다.[186]

기본적으로 지석묘 소재지는 장기간에 걸친 지석묘사회의 존재를 보여줌과 동시에 유력한 수장의 소재지에 존재한다고 추정된다. 석광준은 묘역을 설정하고 적석을 한 무덤을 침촌리형(1・2・3・4유형)으로 분류했는데,[187] 이 단계의 지석묘에서는 같은 무덤구역 안에서 지석묘 사이에 차이가 뚜렷하지 않다. 이는 당시에 지석묘를 쓴 주민들 내부에 빈부차가 크지 않았다는 것을 반영하는 것으로 볼 수 있다.[188]

그런데 침촌리형이 개별 무덤화되면서 묵방리형으로 변화하고 같은 시기의 한 지석묘군 가운데 유달리 큰 탁자식(오덕리형) 지석묘가 등장한다.[189] 연탄군 두무리 도동 10호, 금교동 5호, 사리원시 광석리 4호 지석묘들은 구조로 보아 이웃 지석묘와 본질적인 차이는 없어도 개석의 크기 및 매장부의 크기가 크고 정교하게 손질되어 있다. 이들 중에는 덮개돌이 8m가 넘는 것도 있다. 이처럼 같은 지석묘 묘역 내에 웅장한 개석이 있는 무덤과 그런 것이 없는 무덤이 있고, 개석이 큰 무덤에 부장품이 비교적 많다는 사실은 지석묘사회 후기 단계에 이르러 공동체 주민들 사이에 지배자가 출현하였고, 피장자 사이에도 어느 정도 신분상의 차이가 있었음을 반영하는 것이라고 볼 수 있다.[190] 이것은 요동지역의 지석묘가 처음에는 소형의 군집을 이루어 조영되다가 한편으로는 주체부를 지하로 만드는 개석식 지석묘[大石蓋墓]로 변하고, 다른 한편으로는 족장묘로서 거대화되는 탁자식 지

---

186) 황기덕, 1987, 「우리나라 청동기시대의 사회관계에 대하여」『조선고고연구』2, 5~7쪽 ; 송호정, 1999, 「고조선 국가형성 과정 연구」(서울대학교 박사학위논문), 115~116쪽.

187) 석광준, 2002, 앞의 책, 24~41쪽.

188) 송호정, 2000, 「지석묘 사회와 고조선」『한국 지석묘 연구 이론과 방법－계급사회의 발생－』(주류성), 234~237쪽.

189) 석광준, 2002, 앞의 책, 241~252쪽.

190) 송호정, 2003, 앞의 책, 226~227쪽.

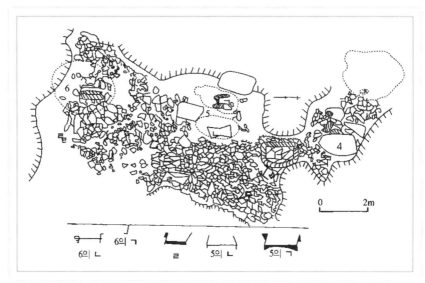

1-13 | 황주군 침촌리 천진동 지석묘군

석묘[大支石墓]로 변화한 것[191]과 같은 변화 과정이라고 할 수 있다.

이처럼 서북한지역의 신흥동유형에서는 대형 탁자식 지석묘의 분포로 볼 때 이미 지역별로 지배집단이 성장했던 것을 알 수 있다. 그러나 대부분이 일정지역에 군집하고 있고 부장품이나 크기에서도 크게 차이가 나지 않는 경향을 보인다. 이것은 지석묘 사회가 일정한 자연 촌락을 범위로 하는 지역공동체를 벗어나지 못한 단계임을 알 수 있다.[192]

이러한 신흥동유형에 비파형동검을 비롯한 청동기문화가 어느 정도 발달해 있었을까? 이와 관련해서는 황해도 연안군 금곡동 주거지 니탄층에서 비파형동검이 출토되었다. 그리고 무덤에서는 평남 상원군 용곡리 지석

---

191) 田村晃一, 1996, 「遼東石棚考」『東北アジアの考古學(第二, 權域)』, 117쪽 ; 王嗣洲, 1996, 「試論遼東半島石棚與大石蓋墓的關係」『考古』2, 74~77쪽.
192) 송호정, 2000, 앞의 논문, 242쪽.

묘군의 방울뫼 4호에서는 청동단추가, 5호 탁자식 지석묘에서는 비파형동모가 출토되었다. 5호 지석묘에서 출토된 비파형창끝은 그 형태가 傳보령 출토 및 원광대 소장 비파형동모와 가장 가까우며, 그 동모는 영길 성성초 1976AM11호묘 출토품과 제일 비슷하다.[193] 따라서 5호묘와 성성초 무덤의 시기가 비슷할 것으로 추정된다. 이들 무덤은 앞에서 적용한 청동기부장묘 등급 분류 방식에 의하면 D급 무덤이라고 할 수 있다.

용곡리 일대에는 현재 180여기의 지석묘가 있고 파괴된 것까지 합하면 250여기가 넘는다. 이중 방울뫼 지석묘군에는 44기가 있다. 남북으로 50m 범위안에 7~10m 간격을 두고 20여기의 무덤이 떼를 지어있으며(1지점), 1지점의 북쪽 200m 떨어진 곳에 20여기의 무덤이 떼를 지어 있다(2지점). 1지점에서 발굴된 11기의 무덤은 5호묘를 중심으로 하여 동북과 서북, 북쪽에 4기(6·7·8·9호) 서남과 남쪽에 4기(1·2·3·11호), 서쪽에 2기(4·10호)가 분포되어 있어서 5호묘를 옹위하고 있는 형상이라고 한다.[194] 출토 유물상에서 나머지 무덤에서는 대부분 석기와 토기가 출토된 반면에 5호묘에서는 비파형동모가 출토되었다. 물론 4호묘에서도 청동단추가 출토되기는 했지만 5호묘에서는 지배자의 권위와 관련이 있는 별도끼날 3개가 청동무기와 함께 출토되었다. 이런 점에서 5호묘가 이 지석묘군에서 중심적인 역할을 했다고 볼 수 있다.

이처럼 신흥동유형에서는 전기비파형동검문화가 아주 드물게 나타난다. 이것은 앞에서 살펴본 것처럼 팽이형토기를 사용하는 신흥동유형이 초기부터 요동지역의 비파형동검문화를 주도했던 미송리형토기 사용집단과 거리를 두었던 것과 관련이 있다고 할 수 있다. 따라서 신흥동유형에서 비파형동검문화는 크게 발전할 수 없었다. 그러나 룡곡리 지석묘군에서 알 수

---

193) 국립중앙박물관, 1992, 「韓國의 遼寧式銅劍文化」『韓國의 青銅器文化』, 128쪽.
194) 석광준, 2009, 앞의 책, 42~43쪽.

있듯이 중심적인 지배집단을 중심으로 일부 비파형동검문화를 수용한 것을 확인할 수 있을 정도이다.

신흥동유형에서는 다른 유형과 달리 전기비파형동검문화 관련 유물의 부장 사례가 현재까지 조사된 사례로는 2건 밖에 없다. 따라서 다른 유형처럼 청동기부장묘의 등급 분류 방식으로 접근하기는 어렵다고 할 수 있다. 그러나 대형 탁자식 지석묘가 등장하고 룡곡리 지석묘의 배치 상태 등으로 볼 때 이미 신흥동유형은 내부적으로 지배세력이 등장하고 그들 사이에 어느 정도의 분화과정이 이루어졌던 것으로 추정해 볼 수 있다.

(5) 지역 · 유형별 지배집단의 성격과 관계

지금까지 대릉하~서북한지역의 유형별 지배집단의 존재양상을 살펴보았다. 4개의 유형은 표3에서 알 수 있듯이 비파형동검문화 관련 유물의 부장 양상에서 그 차이가 매우 크게 나타난다. 그러나 그와 별도로 유형별로 지배집단이 토착적 기반을 바탕으로 성장하고 있었던 것을 확인할 수 있었다. 십이대영자유형에서는 비파형동검문화를 바탕으로 지배집단이 성장할 수 있었으나, 쌍방유형의 요남지역과 신흥동유형에서는 비파형동검문화보다는 지석묘와 같은 토착적 · 지역적 기반을 바탕으로 지배집단이 성장할 수 있었다.

그렇다면 대릉하~서북한지역의 4개 유형에서 성장한 지배집단 사이의 관계를 어떻게 설정할 수 있을까? 이와 관련해서는 석관묘 조영집단, 탁자식 및 개석식 지석묘 조영집단이 모두 청동기시대에 청동기문화를 바탕으로 성장한 지배세력이라는 점에 주목할 필요가 있다. 따라서 개별 지역집단 내에서 지배집단의 성장이 청동기문화의 발전 정도와 긴밀하게 연관될 수밖에 없을 것이다.

이런 점에서 청동기사회에서 청동기가 갖는 의미를 새겨볼 필요가 있다. 청동기를 생산하기 위해서는 원료 취득과 합금 · 주조에 이르는 과정에서 專業的인 匠人의 역할이 필요하다. 그들이 직접 식량생산에 종사하지 않아도 될 정도의 사회적 분업과 직능이 어느 정도 발달한 제도적 장치가 전제되어야 한다. 또한 청동기는 武器·儀器·裝身具 등의 기종에서 알 수 있듯이 생활필수품이 아니라 일부 구성원들만을 위한 정치적·군사적 권위의 상징물이다. 따라서 이러한 청동기는 그 사회가 정치적으로 불평등한 구조였다는 것을 단적으로 보여준다.[195]

전기비파형동검문화의 청동기부장묘에서 가장 많이 부장된 청동기는 검병·劍柄頭飾을 포함한 비파형동검이다. 이러한 동검은 비파형동모·동촉과 함께 비파형동검문화에서 중요한 무기체계를 구성하고 있다. 이처럼 비파형동검문화에서 무기류가 가장 많이 부장되었다는 것은 각 지역집단 내에서 군사적 위세를 필요로 하는 세력이 존재했다는 것을 간접적으로 보여준다.[196] 신흥동유형이나 한반도 남부의 지석묘사회에서 동검 대신 마제석검을 부장했던 것은 동검을 비롯한 청동기가 그 사회에서 얼마나 귀중한 것이었는지를 단적으로 보여준다.

이처럼 청동기사회에서 기본적으로 지역집단을 아우르고 지배이데올로기를 형성하는 것은 청동기를 독점적으로 제작·사용하는 집단이라고 할 수 있다. 따라서 대릉하~서북한지역에서 유형별로 지배집단이 어느 정도의 청동기문화를 보유하고 있었는지를 비교해 볼 필요가 있다. 그리고 이를 통해 유형별 지배집단의 성격과 그들 사이의 관계를 살펴볼 수 있을 것이다.

앞에서 대릉하~서북한지역 전기비파형동검문화의 청동기 부장 양상을 무기류·공구류·마구류·의기류로 구분하고 각 유형별 청동기부장묘를 A·B·C·D등급과 청동기를 부장하지 않는 E급으로 구분하였다. 이를 표로 정리하면 아래와 같다.

---

195) 이청규, 2005, 앞의 논문, 7~10쪽.
196) 이청규, 2011, 「고조선과 요하문명」『한국사시민강좌』49, 85~88쪽.

전기비파형동검 문화 유형	청동기부장묘 등급				非청동기 부장묘
	A	B	C	D	E
십이대영자유형	○	○	○	○	○
쌍방유형			○	○	○
강상유형			○	○	○
신흥동유형				○	○

　　십이대영자유형에서는 A~E까지 다섯 등급의 무덤이 모두 나타났다. 이 중 부장품이 가장 풍부한 A · B급 무덤은 이 유형에서만 나타난다. 또한 같은 D급 무덤이라고 하더라도 청동기 한두 점만 부장되는 것이 대부분인 쌍방유형의 D급 무덤과는 달리, 이 유형에서는 조양 동령강 1호묘처럼 비파형동검 · 검파두식 · 동촉 등의 무기류가 부장되어 있다. 즉, 같은 등급이라고 하더라도 유형별 부장량의 차이가 심하게 드러난다고 볼 수 있다.

　　또한 다뉴경이 부장된 조양지역과 건평지역은 비파형동검문화권에서 청동기가 가장 풍부하게 부장된 지역이라고 할 수 있다. 이처럼 청동기 부장 양상이 다양하고 가장 풍부한 부장묘가 집중한다는 점에서 십이대영자유형이 전기비파형동검문화권의 중심이라고 볼 수 있다. 또한 십이대영자유형의 비파형동검문화가 쌍방 · 강상유형에 영향을 준다는 점에서도 십이대영자유형이 전기비파형동검문화의 중심이라고 할 수 있다.

　　쌍방유형에서는 C · D급 청동기부장묘와 청동기가 부장되지 않은 E급 무덤이 나타났다. 이러한 양상은 십이대영자유형에서 A~E급 무덤 모두가 나타나는 것과는 큰 차이라고 할 수 있다. 또한 같은 C급이라고 하더라도 부장품의 수량면에서 십이대영자유형의 것보다 적다. 청동기부장묘가 C급과 D급으로 구분된다는 점에서 지배집단 내에서의 위계화가 진행되었다고 볼 수는 있지만 십이대영자유형만큼 그 분화 및 위계화가 심화되지는 않았던 것으로 보인다. 이것은 요북지역의 석관묘를 조영했던 집단을 중심으로 십이대영자유형의 비파형동검문화를 받아들이고 그것이 쌍방유형 전체로 확산되는 과정이 있었기 때문에 상대적으로 비파형동검문화의 발전 정도가 늦었던 것으로 볼 수 있다.

강상유형은 쌍방유형처럼 C·D급 청동기부장묘와 청동기가 부장되지 않은 E급 무덤이 나타난다는 점에서 두 유형이 비슷하다고도 볼 수 있다. 그러나 쌍방유형에서는 본계 양가촌 석관묘의 다뉴기하문경을 제외하면 의기류가 거의 부장되지 않은 반면에, 강상묘에서는 누공패식·팔찌·비녀 등 다양한 종류의 의기류가 부장되어 있다. 이것은 같은 C급 무덤이라고 하더라도 쌍방유형과 차이가 크다고 할 수 있다. 전체적으로 같은 등급의 부장묘가 있다는 점에서 지배집단의 분화 정도가 쌍방유형과 비슷한 수준으로도 볼 수 있지만, 강상묘의 의기류 부장 사례를 볼 때 쌍방유형보다 지배집단 내의 위계화가 좀더 진행되었던 것으로 보인다.

쌍방유형이나 강상유형은 넓은 의미의 요동지역 비파형동검문화권으로도 볼 수 있다. 이 두 유형에서는 십이대영자유형만큼은 아니지만 기본적으로 지배집단 내에서 이미 위계화가 진행되었으며 비파형동검문화의 발달 정도도 비슷하게 나타난다. 십이대영자유형이 비파형동검문화의 중심이라고 했을 때, 쌍방유형과 강상유형은 그 중심에서 벗어난 1차 주변 지역이라고도 볼 수 있다.

신흥동유형에서는 지극히 적은 수의 D급 무덤과 대다수의 E급 무덤으로 이루어져 있다. 이 유형에서는 팽이형토기를 제작하는 집단이 지석묘를 조영하면서 독자적인 문화를 유지하였다. 이러한 팽이형토기 사용 집단은 미송리형토기를 사용하는 쌍방유형과는 일정한 거리를 두면서 비파형동검문화를 받아들이는 데에 소극적이었던 것 같다. 그러나 용곡리 방울뫼 지석묘군에서 알 수 있듯이 지석묘 축조 집단 내에서도 중심적인 세력이 나타난 점을 확인할 수 있다. 신흥동유형은 전반적인 비파형동검문화의 수용 및 발전 정도를 비교해 보았을 때 전기비파형동검문화의 2차 주변 지역이라고 볼 수 있다.

지금까지 살펴본 것처럼 전기비파형동검문화는 유형별로 불균형적인 발전 단계에 있었다. 그리고 유형별 문화를 구성하고 있는 지역별 지배집단 사이에서도 청동기 부장양상에서 큰 차이가 있었다. 이것은 지배집단 간의 세력 차이로 볼 수 있으며 이미 집단 간의 위계화가 이루어진 것을 보여준다고 할 수 있다. 또한 조양·서풍지역의 사례처럼 지역집단 내부에서도 무덤구역을 달리 조영할 정도로 이미 집단 간의 분화가 이루진 곳도 있다. 전기비파형동검문화에서 유형별로, 지역집단별로 발전 단계상에 차이가 나는 것은 이 문화의 담당자인 예맥사회가 내부적으로 중층적 위계화가 이루어질 정도로 이미 분화되었다고 볼 수 있다.

2) 예맥사회애서 고조선의 등장과 의미

(1) 고조선과 예맥의 관계

여기에서는 대릉하~서북한지역 전기비파형동검문화와 그중 청동기문화가 가장 발전한 십이대영자유형과의 관계를 어떻게 이해해야 할지를 살펴보자. 이와 관련하여 주목되는 것이 『관자』에 언급된 고조선이다. 『관자』에서는 중국 동북지역에 거주하는 대표적인 정치체로서 고조선이 언급되었으며 제환공은 고조선의 특산품인 문피를 얻고자 했다. 그렇다면 비파형동검문화의 담당자였던 예맥과 문피를 생산하는 고조선과는 어떠한 관계였는지 살펴보는 것이 필요하다고 본다. 즉, 예맥과 고조선의 관계 문제라고 할 수 있다.

먼저 예맥에 대해서 살펴보자. 중국 문헌에 보이는 예맥은 예와 맥처럼 단칭 혹은 예맥처럼 연칭으로 혼재되어 나타난다. 이러한 예맥에 대해 예와 맥이 별개라고 보거나,[197] 예맥을 하나의 범칭으로 보기도 한

---

197) 三上次男, 1951, 「穢人とその民族的性格について(一)」『朝鮮學報』2; 리지린, 1963,

다.[198] 또한 예맥은 맥의 일종이며[199] 예는 예맥의 약칭[200]이라는 견해도 제시되었다. 이러한 논의는 예맥을 같은 종족으로 볼 것인지[同種說],[201] 별개의 종족으로 볼 것인지[異種說][202]와도 맞물려 있다.[203]

이러한 예맥에 대한 논의는 예맥의 분포와 이동 문제와도 긴밀하게 연결되어 있다. 선진문헌에 보이는 예맥은 중국의 북방[섬서~하북성 부근]에서부터 연의 동북쪽 요령지역까지 넓은 지역에 걸쳐서 나타난다. 반면에 『사기』·『삼국지』 등에 보이는 예맥은 대체로 요동, 길림, 한반도 중북부지역에 분포된 것으로 나타난다.

이러한 예맥의 분포에 대한 이해는 크게 둘로 나뉜다. 먼저 서주시기 북방의 예·맥(혹은 맥)이 요동지역으로 이동하여 예맥을 형성하였고 다시 이

『고조선연구』(과학원출판사) ; 金貞培, 1968, 「濊貊族에 관한 연구」『白山學報』5 ; 金在鵬, 1974, 「穢貊考」『朝鮮學報』70 ; U. M. Butin(이항재·이병두 옮김), 1990, 『고조선-역사·고고학적 개요-』, 55~93쪽 ; 孫進己(林東錫 譯), 1992, 『東北民族源流』, 214~220쪽) ; 楊軍, 1996, 「穢與貊」『烟台師範學院學報(哲社版)』4期 ; 王建新·劉瑞俊, 2001, 「先秦時期의 穢人與貉人」『民族研究』4期 ; 박준형, 2002, 「濊貊의 形成過程과 古朝鮮」『學林』22 ; 김한규, 2004, 『遼東史』, 91~121쪽 ; 박경철, 2005, 「고조선·부여의 주민구성과 종족」『북방사논총』6 ; 金澤均, 2006, 「濊貊 문제의 文獻的 再檢討」『白山學報』76.

198) 李丙燾, 1976, 「玄莬郡考」『韓國古代史研究』 ; 文崇一, 1958, 「濊貊民族文化及其史料」『中央研究院 民族學研究所集刊』5 ; 金廷鶴, 1978, 「中國文獻에 나타난 東夷族」『한국사23-총설: 한국민족-』(국사편찬위원회).

199) 那珂通世, 1894, 「貊人考」『史學雜誌』5-5 ; 白鳥庫吉, 1934, 「濊貊民族의 由來를 述べて 夫餘高句麗及び百濟의 起源に及ぶ」『史學雜誌』54-12 ; 황철산, 1963, 「예맥족에 대하여(1)」『고고민속』2.

200) 池内宏, 1946, 「佟佳江流域의 先住民と濊·濊·貊濊의 略稱」『史學雜誌』57-2·3 ; 三品彰英, 1953, 「濊貊族小考」『朝鮮學報』4 ; 송호정, 2007, 「高句麗의 族源과 濊貊」『고구려발해연구』27.

201) 三品彰英, 1953, 앞의 논문 ; 尹武炳, 1966, 「濊貊考」『白山學報』1 ; 金貞培, 1968, 앞의 논문 ; 芮逸夫, 1955, 「韓國古代民族考略」『中韓論集』1 ; 都興智, 2005, 「濊貊淺論」『博物館研究』2, 16쪽.

202) 李玉, 1984, 『高句麗民族形成과 社會』(교보문고) ; 三上次男, 1951, 앞의 논문.

203) 盧泰敦, 1986, 「高句麗史研究의 現況과 課題-政治史 理論-」『東方學志』52, 193~197쪽.

예맥에서 고조선·부여·고구려가 형성됐다고 보는 견해[住民移動說]를 들 수 있다.[204] 이와 달리 선진시기 맥은 북방이민족의 범칭으로서 요하 이동의 맥과는 별개이며 요동지역의 예맥만이 한국사와 관련이 있다고 보는 견해[分布說]가[205] 있다.[206] 최근에는 중국인들의 동북방에 대한 인식이 확대되면서 동북방에 거주하던 예(족)에 북방이민족의 범칭인 맥이 결합되어 예맥이라는 용어가 만들어졌으며[207] 예맥은 예의 蔑稱이라는 견해도 제기되었다.[208]

이처럼 예맥에 대한 견해 차이가 나타나는 것은 구체적인 실체로서의 예·맥과 범칭으로서 만맥, 호맥, 맥을 엄밀하게 구분하지 않고 이해했기 때문에 발생한 측면이 있다. 후자를 전자에 포함시켜서 예맥의 범위를 무리하게 확대시켜서 이해하거나, 전자까지 모두 범칭으로 이해하여 예맥을 축소시켜서 인식했던 것이다. 또한 서주시기 섬서지역의 맥과 전국시기 요동지역의 맥을 동일한 실체로 인정하다 보니 이동이라는 개념으로 설명할 수

204) 和田淸, 1947, 「周代の蠻貊について」『東洋學報』28-2 ; 金庠基, 1948, 「韓·濊·貊移動考」『史海』創刊號(朝鮮史研究會) ; 金在鵬, 1974, 앞의 논문 ; 金光洙, 1983, 「高句麗 古代 集權國家의 成立에 관한 研究」(연세대학교 박사학위논문), 6~15쪽 ; 李玉, 1984, 앞의 책 ; 許憲范, 1985, 「濊貊遷徙考」『民族研究』4 ; 박준형, 2001, 앞의 논문 ; 이성규, 2003, 「고대 중국인이 본 한민족의 원류」『한국사시민강좌』32, 112~122쪽.

205) 三品彰英, 1953, 앞의 논문 ; 文崇一, 1958, 앞의 논문 ; 노태돈, 1999, 「고구려의 기원과 국내성 천도」『한반도와 중국 동북3성의 역사와 문화』(서울대학교출판부), 315~317쪽 ; 余昊奎, 2002, 「高句麗 初期의 梁貊과 小水貊」『韓國古代史研究』25, 103~115쪽 ; 김현숙, 2007, 「고구려의 종족기원과 국가형성과정」『大邱史學』89, 4~11쪽 ; 송호정, 2007, 앞의 논문, 108~115쪽 ; 조영광, 2010, 「초기 고구려 종족계통 고찰-예맥족을 중심으로-」『동북아역사논총』27, 174~184쪽.

206) 노태돈, 1999, 앞의 논문, 313~320쪽.

207) 余昊奎, 2002, 앞의 논문 ; 여호규, 2011, 「高句麗의 種族起源에 대한 일고찰-夫餘別種說과 貊族說의 정합적 이해를 중심으로-」『사림』38, 130~137쪽 ; 송호정, 2007, 앞의 논문, 112~115쪽 ; 조영광, 2010, 앞의 논문, 174~184쪽.

208) 吉本道雅, 2008, 「中國先秦時代의 貊」『京都大學文學部研究紀要』47 ; 吉本道雅, 2009, 「濊貊考」『京都大學文學部研究紀要』48.

밖에 없었던 한계가 있다고 본다. 그러나 이동 여부는 좀더 실증적으로 검증할 필요가 있다.

이러한 선진시기의 예맥을 북방지역의 예맥과 요령·길림지역의 예맥으로 나누어 살펴볼 필요가 있다. 『시경』 한혁편에 언급된 追와 맥은 섬서~하북지역에 있는 韓侯에 예속된 존재로서 "성을 쌓고 해자를 파고 밭을 다스리고 세금을 정하였으며, 왕에게 비가죽과 붉은 표범, 누런 말곰 가죽 바치었네"[209]라고 하여 문피를 생산하였던 매우 구체적인 실체로 나타난다. 그러나 이후 춘추시기에 접어들면서 북방지역의 맥은 대체로 蠻貊[210]과 같이 이민족의 범칭으로 사용되었다.[211] 전국시대부터는 맥이 胡와 결합되어 胡貊[212]이라는 용어가 북방민족의 범칭으로 사용되었으며 한대 이후에도 호맥의 용례는 계속 이어졌다.[213] 또한 『사기』 조세가에서 '諸貊'이라고 하여 북방지역의 범칭으로서 사용된 맥의 용례를 확인할 수 있다.

예도 북방지역에 있었던 것으로 추정된다. 일반적으로 『여씨춘추』 시군람편에 인용된 "非濱의 동쪽인 夷穢의 지방에서는 大解와 陵魚가 난다"[214]라는 구절을 이용하여 非자를 北의 誤[215]로 보면서 북쪽 바닷가[北海]의 동

---

209) 『詩經』 大雅 韓奕篇, "溥彼韓城 燕師所完 以先祖受命 因時百蠻 王錫韓侯 其追其貊 奄受北國 因以其伯 實墉實壑 實畝實籍 獻其貔皮 赤豹黃羆".

210) 『詩經』 魯頌 閟宮篇, "淮夷蠻貊 及彼南夷 莫不率從";『論語』 卷15 衛靈公, "子曰 言忠信 行篤敬 雖蠻貊之邦 行矣";『中庸』, "是以 聲名 洋溢乎中國 施及蠻貊".

211) 박준형, 2008, 「濊·貊의 분포 양상과 그 이해」『인문학보』34(강릉대학교 인문학연구소), 186~196쪽.

212) 『戰國策』 卷3 秦策1, "北有胡貉代馬之用";『墨子』 兼愛篇中, "以利燕代胡貉與西河之民";『荀子』 彊國篇, "北與胡貉爲隣".

213) 『史記』 卷87 李斯列傳 第27, "地非不廣 又北逐胡貉 南定百越 以見秦之彊";『鹽鐵論』 復古, "有司思師望之計 遂先帝之業 志在絕胡貉 擒單于".

214) 『呂氏春秋』 卷20 恃君覽篇 第8, "非濱之東 夷穢之鄉 大解陵魚".

215) "畢沅曰 非疑當作北 猶言北海之東也"(陳奇猷校釋, 1984, 『呂氏春秋校釋(下)』, 1327쪽). 三上次男, 1966, 『古代東北アジア史研究』, 357쪽 ; 三品彰英, 1953, 앞의 논문, 6쪽 ; 황철산, 1963, 앞의 논문, 23쪽 ; 金貞培, 1997, 「고조선의 국가형성」『한국사4』, 71쪽 ; 宋鎬晸, 1999, 앞의 논문, 77쪽.

쪽, 즉 발해만의 동부에 기원전 3세기 이전 예의 거주지였던 것으로 이해한다.[216] 이 사료의 인용한 부분만 해석한다면 그럴 수도 있지만 문장과 문단 전체를 살펴보면 상황은 달라진다.

① 非濱의 동쪽으로 夷穢의 땅과 大海·陵魚·其·鹿野·搖山·揚島·大人 등의 종족이 사는 곳에는 대부분 君主[君]가 없다.
② 揚州와 漢水의 남쪽으로 百越 일대의 敝凱諸·夫風·餘靡의 땅과 縛婁·陽禺·驪兜 등의 나라에는 대부분 군주가 없다.
③ 氐·羌·呼唐·離水의 서쪽으로 僰人·野人·篇笮의 물가와 舟人·送龍·突人 등의 고장에는 대부분 군주가 없다.
④ 雁門의 북쪽으로 鷹隼·所鷙·須窺 등의 나라와 饕餮·窮奇의 땅과 叔逆이 사는 곳과 儋耳가 사는 곳에는 대부분 군주가 없다. 이러한 것이 四方에서 君主가 없는 곳들이다.[217]

위의 4문장에서 非濱, 揚州·漢水,[218] 氐·羌·呼唐·離水,[219] 鴈門[220]은 주의 사방 경계를 나타낸다.[221] 그리고 이 문장은 전체적으로 宗周[鎬]의 사방 경계 밖에 있는 족속들에게는 군주[임금]가 없다는 것을 강조하고 있다. 또한 인용한 사료 뒷부분에서는 天子·君·官長의 필요성과 역할을

216) 三品彰英, 1953, 앞의 논문, 6쪽 ; 三上次男, 1966, 앞의 책, 357쪽 ; 송호정, 2007, 앞의 논문, 109쪽 ; 조영광, 2010, 앞의 논문, 183쪽.
217) 『呂氏春秋』卷20 恃君覽篇 第8, "①非濱之東 夷穢之鄕 大解陵魚其鹿野搖山揚島大人之居 多無君 ②揚漢之南 百越之際 敝凱諸夫風餘靡之地 縛婁陽禺驪兜之國 多無君 ③氐羌呼唐離水之西 僰人野人篇笮之川 舟人送龍突人之鄕 多無君 ④雁門之北 鷹隼所鷙須窺之國 饕餮窮奇之地 叔逆之所 儋耳之居 多無君 此四方之無君者也".
218) 漢水는 湖北省을 관통하여 長江에 합류된다.
219) 離水는『漢書』地理志 金城郡 白石縣條에 "離水出西塞外 東至枹罕入河"라고 하여 甘肅省 서쪽으로 흘러 黃河에 연결된다. 따라서 周의 서쪽 경계를 나타내는 江으로 사용된 것이다.
220) 鴈門은『漢書』地理志의 雁門郡과 같은 것으로, 지금의 山西省 북쪽에 위치한 곳이다.
221) "此四節文字 係說周四疆外之國 下文揚漢係周之南疆 離水係周之西疆 鴈門係之北疆 此文渭濱正是周之東疆"(陳奇猷校釋, 1984, 앞의 책, 1327쪽).

강조하고 있다. 따라서 大海와 陵魚를 魚類로 이해하면 그 다음 부분이 해석이 안되고 전체적으로 다음 문장들과 對句 형식이 이루어지지 않는다. 따라서 '大解·陵魚·其[共人][222]·鹿野·搖山·揚島·大人'을 모두 족속명[223]으로 보아야만 전체적으로 문장이 부드럽게 해석된다.

또 전국후기에 사용된 濱字는 물가[水際]의 범칭으로서 海濱으로 사용될 경우에는 '○海之濱'처럼 반드시 海자가 동반된다.[224] 海 이외의 사례로 쓰인 '○濱'은 하천 연안을 지칭하는 것이 일반적이다.[225] 따라서 非濱을 北海=渤海로 볼 수는 없다. 이 非字는 北의 誤가 아니라 渭의 誤字이다.[226] 非와 渭의 音이 비슷하여 바뀐 것이다. 따라서 非濱은 北濱[227]이 아니라 渭濱의 誤인 것이다. 姜太公이 渭水[228]의 물가에서 낚시질을 했다고 하여 그를 東夷之士라고 불렀고[229] 『한비자』에서는 문왕이 渭濱에 있는 강태공을 천거했다[230]고 하였다. 이렇게 보았을 때 이 사료는 "渭濱의 동쪽으로 夷·穢의 땅과 大解·陵魚·其·鹿野·搖山·揚島·大人 등이 사는 곳에는 대

---

222) 陳奇猷는 呂調陽의 說(呂調陽日 其當作共 逸周書王會解共人玄貝 是也)이 옳다고 여기지만 人字가 빠졌다고 보았다(陳奇猷校釋, 1984, 앞의 책, 1328쪽).
223) 木村誠, 1998, 「倭人の登場と東アジア」『古代を考える－邪馬臺國－』, 30~31쪽.
224) 『孟子』離婁上, 萬章下, 盡心上에 '北海之濱', 『孟子』離婁上, 盡心上, 『莊子』外篇 天地, 『國語』吳語에 '東海之濱'의 사례가 있다(吉本道雅, 2009, 앞의 논문, 4쪽 주10번).
225) 『書經』禹公에 '泗濱', 『國語』齊語에 '嶽濱', 『國語』晋語4와 『韓非子』喩老에 '渭濱', 『呂氏春秋』愼人, 『韓非子』難一, 『管子』版法海에 '河濱', 『戰國策 秦策3에 '渭陽之濱'의 사례가 있다(吉本道雅, 2009, 앞의 논문, 4쪽 주11번).
226) 木村誠은 非를 北과 渭, 두 가지 해석을 모두 제시하였으나, 이 사료를 『呂氏春秋』의 저작연대에 의해 戰國末에서 秦代에 이르는 시기의 東夷諸族을 설명하는 것으로 보았다(木村誠, 1998, 앞의 논문, 30~31쪽).
227) 北濱이라는 단어는 사용된 예가 없다("畢改'非'爲'北' 無據 且稱北濱爲'北'濱'亦未聞"(陳奇猷校釋, 1984, 앞의 책, 1327쪽)).
228) 渭水는 甘肅省 渭源縣에서 발원하여 陝西省 중부를 지나, 涇河와 합류하여 黃河로 흘러 들어간다.
229) 『呂氏春秋』孝行覽 第2, "太公望 東夷之士也 欲定一世而無其主 聞文王賢 故釣於渭以觀之".
230) 『韓非子』喩老 第21, "文王擧太公於渭濱者 貴之也".

부분 君이 없다"라고 해석할 수 있다.

위 내용을 통해서도 그것이 모두 전국시대의 사실이 아니라는 것을 알 수 있다. 周의 사방에 거주하는 족속들에게는 君이 없다고 하였다. 여기서 君은 天子보다 서열이 낮은 제후국의 君主 정도로 해석할 수 있다. 그러나 전국시대에는 고조선에 否王·準王이 있었고, 흉노에는 單于가, 동호에는 동호왕[231]이 있었다. 또한 위에서 거론된 대부분의 종족들은 전국시대 말경에는 사서상에 그 존재가 나타나지 않기 때문에 夷穢之鄕에 君이 없다고 하는 것은 성립되지 않는다. 따라서 위 사료는 서주시대의 사실을 반영하는 전국시대의 기록으로 볼 수 있다. 따라서 위 사료는 서주시기 위빈의 동쪽에 (東)夷와 穢가 거주하였다는 것으로 이해해야 할 것이다.

이러한 예의 흔적은 北魏 酈道元(469~527)이 쓴 『水經注』 濁漳水條에도 있다.

> 또 동북으로 章武縣 서쪽을 지나고 또 동북으로 平舒縣 남쪽을 지나 동쪽으로 바다에 들어간다.(淸·漳水는 章武縣 故城 서쪽으로 지나가는데 옛 濊邑이다. 枝瀆[支流]가 나오는데 濊水라 한다. 동북으로 參戶亭을 지나 2개의 支流로 나뉜다. … 또 동북으로 2개로 나뉘는데 한 물줄기는 오른쪽에서 나와 澱이 되고, 다른 한 줄기는 呼池로 들어가는데 이를 濊口라고 한다. 淸·漳水는 섞여 흐르다가 동쪽으로 흘러 바다로 들어간다.)[232]

위 사료는 탁장수의 흐름에 대한 역도원의 주석이다. 이 주석에서 한대 幽州 勃海郡 章武縣에 濊邑·濊水·濊口라는 지명이 있다는 것을 알 수 있다. 이들은 현재 하북성 文安·大成·任丘 일대로 북경과 천진의 아래쪽에

---

231) 『史記』 卷110 匈奴列傳 第50, "東胡王愈益驕 西侵".
232) 『水經注』 卷10 濁漳水, "又東北過章武縣西 又東北過(東)平舒縣南 東入海(淸漳逕章武故城西 故濊邑也 枝瀆出焉 謂之濊水 東北逕參戶亭 分爲二瀆…又東北 分爲二水 一水右出爲澱 一水北注呼池 謂之濊口 淸漳亂流 而東注于海)".

위치해 있다. 이와 관련하여 『여씨춘추』 시군람편(B)에서는 서주시기 종주의 동쪽을 夷穢之鄕이라 하였다. 선진시기 동이가 주로 산동성과 강소성 북부 일대에 거주하였던 사실[233]을 비추어 볼 때 산동성 북쪽인 하북성지역에 예가 거주하였을 가능성은 매우 높다.[234] 이런 정황으로 볼 때 하북성 중남부 일대에 예읍·예수·예구라는 지명이 남아 있는 것은 어쩌면 당연할지도 모른다. 결국 예가 이 지역에 장기간 거주하였기 때문에 나타난 결과라고 볼 수 있다.[235]

이처럼 예와 맥은 서주시기에 중국 섬서~하북성지역에 있었던 구체적인 실체로 존재하였던 것을 확인할 수 있다. 이후 춘추시기부터 맥은 그 실체가 사라지고 대신 만맥으로, 전국 이후부터는 호맥으로 북방민족의 범칭으로서 존재했던 것을 알 수 있다. 예는 『시경』 한혁편의 追를 濊로 인정하지 않는다고 하더라도 『여씨춘추』와 『수경주』를 통해서 서주시기 그 존재를 확인할 수 있다. 그러나 춘추전국시기를 거치면서 예의 존재는 지명으로만 남긴 채 그 실체는 사라졌던 것으로 볼 수 있다. 즉, 섬서~하북지역의 춘추전국시기 예·맥의 존재는 사라지고 맥이라는 범칭만 남고 이것이 한대 이후까지 남아 있었던 것으로 볼 수 있다.[236]

한편 중국의 섬서~하북성지역이 아닌 연의 동북쪽에서도 예맥의 존재를 확인할 수 있다. 『관자』 소광편에는 "北至于孤竹山戎穢貉"이라고 되어 있다. 이 구절은 예맥에 관한 가장 오래된 기록으로 그것이 설령 후인이 첨가한 구절이라고 해도 그 기록은 매우 사실성을 갖고 있다고 볼 수 있

---

233) 李成珪, 1991, 앞의 논문, 97~98쪽.
234) 오현수, 2013, 『詩經』 「韓奕」篇의 韓城과 韓侯」 『백산학보』96, 25쪽.
235) 許憲范, 1984, 앞의 논문, 36쪽 ; 李成珪, 2003, 「고대 중국인이 본 한민족의 원류」 『한국사시민강좌』32, 115~116쪽.
236) 박준형, 2008, 앞의 논문.

다.[237] 앞에서 살펴본 것처럼 이 기록을 통해 기원전 7세기에 예맥이 고죽과 산융의 이동지역에 있었던 것을 확인할 수 있다.

『산해경』 해내서경에는 "貊國在漢水東北 地近于燕 滅之"라고 하여 맥국이 나온다. 이 맥국을 연의 북방지역에 있는 어떠한 종족[정치체]로 보면서 북방민족의 범칭으로서 맥의 사례로 이해하는 견해도 있다.[238] 그러나 한수 동북쪽에 있으면서 전국 燕에 가깝다고 한 구체적인 정황을 묘사하고 있다. 또한 해내서경에서는 맥국을 언급하기에 앞서 "東胡在大澤東 夷人在東胡東 貊國在漢水東北…"이라고 하여 당시 연의 북방에 있던 대표적인 세력인 東胡를 구체적으로 언급하고 있다. 또한 『說文解字』 魚部에 "鮮 魚也 出貊國"이라고 하여 鮮魚가 맥국에서 산출되는 것으로 되어 있다. 즉, 맥이 북방민족의 범칭이라고 한다면 허신이 선어의 구체적인 출산국을 맥국으로 설명하지는 않았을 것이다. 따라서 여기에서 맥은 동호의 동쪽에 있던 구체적인 실체로서 맥으로 보아야 할 것이다.[239] 다만 연에 가까웠고 연에 의해 멸망되었다고 한 점으로 보아 이 맥국이 고조선을 지칭했을 가능성은 있지만 『산해경』 해내북경에서 조선을 구체적으로 언급하고 있는 것으로[240] 보아 맥국을 고조선으로 보기는 어렵다고 할 수 있다. 연이 고조선을 공격할 당시에 예맥사회에는 고조선뿐만 아니라 진번이란 정치체도 있었던 점을 고려해 볼 때, 맥국은 그러한 예맥사회에서 성장한 정치체의 하나였던 것으로 추정된다. 여기에서 주목하고자 하는 것은 전국시기에 동북지역에서 맥의 존재를 확인할 수 있다는 것이다.

한편 『일주서』 왕회해편에는 서주초 성주회맹에 첨석한 동북지역의 한

---

237) 송호정, 1999, 앞의 논문, 78쪽.
238) 조영광, 2010, 앞의 논문, 181~182쪽.
239) 오현수, 2013, 「『山海經』 '朝鮮' 조문의 성서 시기 연구」 『인문과학연구』37, 강원대학교 인문과학연구소.
240) 『山海經』 海內北經, "蓋國在鉅燕南 倭北 倭屬燕 朝鮮在列陽東 海北山南 列陽屬燕".

종족으로서 穢人이 나온다. 『일주서』의 서지학적인 문제로 인해 이 기록을 서주시대의 사실로 받아들이기는 어렵지만, 대체로 『일주서』가 전국시기 이후에 저술된 점을 고려한다면 전국시기에 동북지역에서 예(인)의 존재를 확인하는 정도로 이해할 수는 있는 것이다.[241]

한대에는 『사기』 흉노열전에서 "直上谷以往者 東接穢貉朝鮮"이라고 하여 흉노가 예맥·조선과 접경하고 있는 상황을 보여준다. 화식열전에서는 "東綰穢貉朝鮮眞番之利"라고 하여 전한대 연이 동쪽으로 예맥·조선·진번의 이익을 독점하고 있다고 한다. 이처럼 전한대의 예맥은 고조선·진번 등과 함께 고조선의 주변에 있는 구체적인 종족집단(혹은 세력집단)이었던 것을 알 수 있다.

이처럼 춘추중기부터 사료상에 보이는 연의 동북쪽에 있는 예맥은 한대 이후까지 구체적인 실체로 확인된다.[242] 만약 섬서~하북지역에서 예와 맥이 이동하였다면 고고학적으로 섬서~하북지역의 고고유물이 비파형동검문화에 나타나야 하는데 앞에서 살펴본 것처럼 그러한 유물은 출토되지 않았다. 따라서 섬서~하북지역의 예와 맥이 연의 동북지역으로 이동하여 예맥을 형성하였다고 보기는 어렵다.[243] 즉, 예맥은 섬서~하북지역과 연의 동북지역의 예맥으로 처음부터 이원적으로 분화되었으며, 고조선·부여·고구려의 국가형성과 관련이 있는 것은 연의 동북지역에 있었던 예맥이라

---

241) 조영광, 2010, 앞의 논문, 182쪽 ; 오현수, 2013, 『逸周書』「王會解」篇의 성서 시기 연구」『한국민족문화』46, 부산대학교 한국민족문화연구소.
242) 박준형, 2008, 앞의 논문, 175~186쪽.
243) 필자는 이전에 섬서~하북지역의 맥이 제환공의 북벌을 즈음하여 요동지역으로 이동하고 그곳에 거주하던 예와 결합하여 예맥을 형성했던 것으로 이해하였다 (박준형, 2002, 앞의 논문). 그러나 섬서~하북지역의 맥(혹은 예맥)과 연의 동북지역에 있는 예맥은 지역적으로 서로 구분되며 그 발전 방향도 달랐던 것으로 맥의 이동에 의해 형성된 것이 아님을 밝힌다(박준형, 2008, 앞의 논문, 196~198쪽). 춘추시기 이전 예맥의 분화에 대해서는 별도의 논고를 준비 중에 있다.

고 할 수 있다.

예맥과 고조선의 관계를 살펴보기에 앞서 먼저 부여·고구려와 예맥의 관계부터 살펴보자. 부여는『삼국지』동이전 부여조에는

> 부여의 창고에…그 도장에 '濊王之印'이란 글귀가 있고 나라에 濊城이라는 옛 성이 있는데 아마도 본래 예맥의 땅이었는데 부여가 그 가운데에서 왕이 되었다.[244]

라고 되어 있다. 여기에서 부여에 선대의 보물 중에 '예왕지인'이 있고 예성이라는 옛 성이 있다는 것으로 보아 부여라는 국가의 주민집단이 濊人이라는 것을 알 수 있다. 그리고 '예맥의 땅'이라고 한 것으로 보아 예(인)을 예맥이라고도 한 것을 알 수 있다. 이처럼 예를 예맥이라고도 한 것은 후한 荀悅(148~209)이『한서』를『(前)漢紀』로 개편하면서『한서』의 薉君南閭[245]를 穢貊君南閭[246]라고 옮긴 것에서도 알 수 있다.

고구려와 예맥의 관계에 대해서는『한서』왕망전에서는

> 遼西大尹 田譚이 (高句麗兵을) 추격하다가 살해당했다. 州郡에서는 죄를 高句麗侯 騶에게 돌렸다. 嚴尤가 奏言하기를, "貉人이 법을 어겼으나 추를 따라서 발생한 것은 아닙니다. 그들에게 다른 마음이 있다면 마땅히 주군에게 명하여 위안해야 할 것입니다. 지금 함부로 그들에게 큰 죄를 씌우면 마침내 반란이 일으킬까 두렵습니다. 부여의 무리 중에는 반드시 따라 응하는 자들이 있을 것인데 흉노를 아직 누르지 못한 터에 부여·예맥이 다시 일어난다면 이는 큰 걱정거리입니다."고 하였다. 왕망이 그들을 위안하지 않자 예맥이 드디어 반란을 일으켰다.[247]

---

244) 『三國志』卷30 烏丸鮮卑東夷傳 第30, "其印文言濊王之印 國有故城名濊城 蓋本濊貊之地 而夫餘王其中".
245) 『漢書』卷6 武帝紀 第6, "東夷薉君南閭等口二十八萬人降 爲蒼海郡".
246) 『前漢紀』孝武皇帝紀3 卷第12, "東夷穢貊君南閭等口二十八萬人降 以爲蒼海郡".
247) 『漢書』卷99中 王莽傳 第69中.

라고 되어 있다. 여기에서 고구려병을 貊人이라고 한 것으로 보아 고구려인 =맥인 즉 고구려가 종족적으로 맥족이라는 것을 알 수 있다. 또한『후한서』 고구려전에서는 "句驪一名貊(耳) 有別種 依小水爲居 因名曰小水貊"라고 하 여 고구려가 맥(족)이었으며 이 중에는 소수맥처럼 여러 갈래의 맥이 있었 던 것을 알 수 있다.

그렇다면 고조선과 예맥의 관계를 살펴보자. 사료상에 보이는 예맥 과 고조선의 연칭 사례는『사기』흉노열전에 "直上谷以往者 東接穢貊朝鮮" (①),『사기』화식열전에 "北隣烏桓夫餘 東綰穢貉朝鮮眞番之利"(②),『한서』 지리지에 "玄菟樂浪 武帝時置 皆朝鮮濊貉句驪蠻夷"(③) 등이 있다. 여기에 서 예맥은 고조선 혹은 고조선·진번·(고)구려 등 이미 국가적 성장을 이 룬 정치체들과 나란히 기술되어 있다. 앞에서 예맥[혹은 예와 맥]은 부여와 고구려라는 정치체를 구성하는 종족집단인 것을 살펴보았다. 그렇다면 고 조선과 함께 언급된 예맥도 바로 고조선이라는 정치체를 구성하는 종족집 단이라고 볼 수 있다.

이처럼 漢代의 문헌에 보이는 고조선이란 정치체의 종족구성은 부여· 고구려의 사례처럼 예맥이라고 볼 수 있다. 그렇다면 기원전 7세기『관자』 에 언급된 고조선과 예맥의 관계도 한대의 그것과 크게 차이가 나지 않을 것이라고 본다. 물론 고조선에 대해서는『관자』규탁편과 경중갑편에 나오 고, 예맥에 대해서는 소광편에 나오기 때문에 양자가 서로 연칭되지는 않는 다. 그러나 같은 시기에 고조선과 예맥이 모두 언급되었다고 한다면 고조선 은 바로 예맥사회에서 가장 먼저 성장한 정치체로 볼 수 있다. 이러한 고조 선은 예맥이라는 종족집단에서 가장 먼저 정치적으로 성장한 것으로, 예맥 사회라는 전체집합 속의 한 부분집합이라고 볼 수 있을 것이다.

(2) 고조선 중심지의 위치

여기에서는 예맥사회에서 성장한 고조선이 어디에 있었는지를 살펴보

자. 이러한 고조선의 중심지에 대한 논쟁은 전근대는 물론 근대역사학이 성립된 이후 지금까지도 요동설·평양설·이동설로 나뉘어 계속 진행 중이다.[248] 이러한 논의는 문헌뿐만 아니라 고고학 성과와 맞물리면서 좀더 복잡한 양상으로 전개되고 있다.

고조선에 대해 중국문헌에서 가장 먼저 언급된 『관자』 경중갑편에는 "然後八千里之發朝鮮可得而朝也"라고 하여 고조선이 제에서 8천리 떨어져 있다고 되어 있다. 그러나 이것은 吳越, 禺氏, 崑崙도 모두 제에서 8천리 떨어져 있다고 되어 있다. 실제 오월이 제와의 거리라 8천리가 되지 않는다. 이런 점에서 8천리는 단순히 멀리 떨어져 있다는 상징적 의미로 볼 수밖에 없다. 이처럼 『관자』를 통해서 기원전 7세기 단계 고조선의 위치를 정확히 알 수는 없다.

『산해경』 해내북경에는 "朝鮮在列陽東 海北山南 列陽屬燕"라고 하여 조선이 열양의 동쪽에 있으며 바다의 북쪽, 산의 남쪽에 있다고 하였으며 이 열양은 燕에 속한다고 되어 있다. 여기에서 열양을 列口와 같이 列水와 관계되는 지명으로 보아 진번군의 列口縣인 황해도 은율군으로 보거나,[249] 海를 北海=발해로 보면서 고조선을 발해 연안에서 찾아야 한다는 견해[250]도 있다. 그러나 '海北山南'은 막연한 표현으로 구체적으로 어느 바다이고

---

248) 이와 관련된 대표적인 논문은 다음과 같다. 서영수, 1988, 「고조선의 위치와 강역」 『한국사시민강좌』2 ; 서영수, 1999, 「고조선의 대외관계와 강역의 변동」 『동양학』29 ; 노태돈, 1990, 「고조선의 중심지의 변천에 대한 연구」 『한국사론』23 ; 오강원, 1996·97, 「고조선 위치비정에 관한 연구사적 검토(1·2)」 『백산학보』48·49 ; 송호정, 2000, 「고조선 중심지 및 사회성격 연구의 쟁점과 과제」 『한국고대사논총』10 ; 송호정, 2010b, 앞의 논문 ; 조법종, 2002, 「고조선의 영역과 그 변천」 『한국사론』34(국사편찬위원회) ; 박선미, 2006, 「근대사학 이후 고조선사 연구의 현황과 쟁점」 『한국사학보』23 ; 오영찬, 2007, 「고조선 중심지 문제」 『한국고대사연구의 새동향』.

249) 李丙燾, 1933, 「浿水考」 『靑丘學叢』13, 114~115쪽.

250) 리지린, 1963, 『고조선연구』, 14~16쪽.

어느 산인지 확실하지 않다.[251] 따라서 『산해경』의 기록은 개략적인 상황을 이해할 수 있을 뿐 이를 통해 고조선의 구체적인 위치를 논하기는 어렵다고 할 수 있다.[252]

또한 『전국책』 연책에도 "北說燕文侯曰 燕東有朝鮮遼東 北有林胡樓煩 西有雲中九原 南有呼沱易水 地方二千餘里"라고 되어 있다. 이 기록은 蘇秦 이 燕文侯(기원전 361~333)에게 연은 주변 세력에게 둘려 쌓여 있는 형국 으로 그 영토가 2천리 정로로 그 중 동쪽에는 고조선과 요동이 있다는 것을 설명하는 부분이다. 여기에서도 기원전 4세기 후반에 고조선이 연의 동쪽 에 있다는 개략적인 상황을 알 수 있을 뿐 고조선의 구체적인 위치를 확인 할 수는 없다.

이처럼 선진문헌에 언급된 고조선 관련 기록을 통해서는 고조선의 대략 적인 위치만을 추정할 수 있을 뿐 구체적인 위치를 확인하기는 어렵다. 고 조선에 대해서는 『사기』 조선열전, 『한서』 지리지, 『위략』 등 한대 이후의 문 헌에 좀더 구체적으로 서술되어 있다. 따라서 고조선의 중심지에 대한 검토 는 위만조선 시기에서 거슬러 올라가면서 살펴볼 필요가 있다.

한은 고조선을 멸망시킨 후에 낙랑·진번·임둔·현도 4군을 설치하였 다. 이중 『한서』 지리지 낙랑군조에 낙랑군인 조선현이 있고, 평양지역에 나 무곽무덤·귀틀무덤·벽돌무덤으로 이어지는 무덤군에서 많은 한대 유물 이 출토되었다는 점에서 평양지역이 조선현이 있었던 지역이라는 것을 알 수 있다. 그리고 평남 온천군 성현리 토성 인근에서 점제현 신사비가 발견 되고, 평양 정백동 345호묘에서 기원전 45년 〈낙랑군 호구부〉가 출토된 점 [253] 등에서 낙랑군을 포함한 고조선의 중심을 요동지역에서 찾기는 어렵다

251) 정찬영, 1963, 「고조선에 관한 몇 가지 문제들에 대하여」 『고조선에 관한 토론 론문집』, 159~160쪽.
252) 송호정, 1999, 앞의 논문, 19쪽.
253) 손영종, 2006, 「락랑군 남부지역(후의 대방군지역)의 위치-락랑군 초원4년 현별

고 할 수 있다.

이처럼 멸망 이전 고조선의 중심을 평양지역으로 보는 데에는 평양설이나 이동설에서 이견이 없다. 그러나 연의 침략 이전에 고조선의 중심이 어디에 있었느냐에 대해서는 의견이 나뉜다.[254] 이와 관련하여 기록을 살펴보면 아래와 같다.

① 연의 전성기에 비로소 眞番・朝鮮을 경략하여 복속시키고 관리를 두고 鄣塞를 쌓았다. 秦이 燕을 멸한 뒤에는 (그곳을) 遼東外徼에 소속시켰다. 漢이 흥기하니 그곳[遼東外徼]이 멀고 지키기 어려우므로 다시 요동의 故塞를 수리하고 浿水에 이르러 경계로 하여 燕에 소속시켰다.(『사기』 조선열전)[255]

② 그 후 자손이 점점 교만하고 포학해지자 연이 장수 진개를 보내 그 서방을 공격하여 2천여 리의 땅을 빼앗고 滿番汗에 이르러 경계로 삼았다. 마침내 고조선은 쇠약해졌다.(『위략』)[256]

③ 그 후 연에는 현명한 장수 秦開가 있었는데 (東)胡에 인질로 가 있었다. (동)호가 그를 깊이 신임하였다. 진개가 돌아와서 동호를 습격하여 패주시키자 동호는 천여리 밖으로 물러났다. 형가와 함께 진왕 정을 죽이러 갔던 진무영은 진개의 손자이다. 연은 또한 장성을 쌓았는데 造陽에서 襄平에 이르렀으며, 上谷・漁陽・右北平・遼西・遼東郡을 설치하여 胡를 막았다.(『사기』 흉노열전)[257]

④ 대부가 말하기를, "…연이 동호를 습격하여 패주시키고 천리의 땅을 넓혔으

호구다소□□ 통계자료를 중심으로-」『력사과학』198 ; 손영종, 2006, 「료동지방전한 군현들의 위치와 그후의 변천(1)」『력사과학』198 ; 윤용구, 2007, 「새로 발견된 樂浪木簡-樂浪郡 初元四年 縣別 戶口簿-」『한국고대사연구』46 ; 윤용구, 2009, 「平壤出土〈樂浪郡初元四年縣別戶口簿〉研究」『木簡과 文字 研究』3.

254) 연의 침략 이전 고조선의 중심지에 대한 구체적인 논의는 Ⅲ장 2절을 참조.

255) 『史記』卷115 朝鮮列傳 第55, "自始全燕時 嘗略屬眞番朝鮮 爲置吏 築鄣塞 秦滅燕屬遼東外徼 漢興 爲其遠難守 復修遼東故塞 至浿水爲界 屬燕".

256) 『三國志』卷30 烏丸鮮卑東夷傳 第30 韓傳 所引『魏略』, "後子孫稍驕虐 燕乃遣將秦開攻其西方 取地二千餘里 至滿番汗爲界 朝鮮遂弱".

257) 『史記』卷110 匈奴列傳 第50, "其後燕有賢將秦開 爲質於胡 胡甚信之 歸而襲破走東胡東胡卻千餘里 與荊軻刺秦王秦舞陽者 開之孫也 燕亦築長城 自造陽至襄平置上谷漁陽右北平遼西遼東郡以拒胡".

며, 遼東[遼水의 誤[258])]을 건너 고조선을 공격하였다.…"(『염철론』 벌공편)[259]

『사기』 조선열전(①)에서는 연의 전성기에 진번과 고조선을 공격하여 장새를 쌓았다는 내용이 있다. 이와 관련하여 『위략』(②)에서는 연장 진개가 공격하여 고조선이 서방 2천리의 땅을 빼앗기고 연과 만번한을 경계로 삼았다고 되어 있다. 그러나 『사기』 흉노열전(③)에서는 진개의 공격이 동호에만 한정된 것처럼 서술되어 있다. 반면에 『위략』(②)에서는 진개의 공격으로 고조선이 2천리의 땅을 잃은 것으로 되어 있다. 그러나 『염철론』 벌공편(④)을 살펴보면 진개의 공격이 동호에서 그친 것이 아니라 고조선까지 이어졌던 것을 알 수 있다. 즉, 진개의 공격 사실이 『사기』 흉노열전에서는 동호와의 관계만으로 서술된 것이고, 『위략』에서는 고조선과의 관계만 서술된 것으로 볼 수 있다.

위 사실을 종합해 보면 연은 동호를 공격한 이후 다시 고조선을 공격하여 만번한을 고조선과의 경계로 삼게 되었다고 볼 수 있다. 여기에서 만번한은 『한서』 지리지 요동군조에 있는 문현과 번한현이 있는 천산산맥 이서 지역으로 비정된다.[260] 따라서 진개의 공격 이후 연이 세운 5군 중에 요동군이 고조선의 영역과 관련이 있다고 할 수 있다.[261] 그리고 연이 요수를 건너 공격함으로써(④) 고조선이 그 중심지에 타격을 입자 평양지역으로 그 중심을 옮길 수밖에 없었다고 보는 것이 중심지이동설의 요지이다.[262]

그렇다면 진개의 공격 이전 고조선의 중심지가 줄곧 요동지역에 있었을

---

258) 度遼東이 度遼水의 誤記라는 점은 Ⅲ장 2절을 참조.

259) 『鹽鐵論』卷8 伐功 第45, "大夫曰…燕襲走東胡 辟地千里 度遼東而攻朝鮮".

260) 서영수, 1988, 앞의 논문, 41~42쪽. 고조선의 중심지 이동과 연과의 경계였던 만번한에 대해서는 Ⅲ장 2절에서 자세히 검토할 것이다.

261) 이병도, 1976, 「위씨조선흥망고」 『한국고대사연구』, 67~70쪽 ; 노태돈, 1990, 앞의 논문, 32~33쪽.

262) 서영수, 1988, 앞의 논문, 40~45쪽 ; 노태돈, 1990, 앞의 논문, 31~36쪽.

까? 이것은 『관자』에 언급된 기원전 7세기대 고조선이 과연 요동지역에 있었던 것으로 볼 수 있느냐의 문제이다. 이와 관련하여 더 이상 문헌상의 접근이 어렵기 때문에 고고학적으로 접근할 필요가 있다.

청동기시대에 지역집단을 아우르면서 지배권력을 장악하는 것은 청동기를 독점적으로 생산·사용하는 집단이라고 할 수 있다.[263] 고조선은 예맥사회가 본격적인 청동기문화로 진입하면서 가장 성장한 정치체였다. 따라서 고조선은 대릉하~서북한지역의 청동기문화의 발전양상과 밀접하게 관련된다고 볼 수 있다. 이런 점에서 대릉하~서북한지역 전기비파형동검문화에서 문화의 중심지역이 아닌 요동지역의 쌍방유형을 기원전 7세기 고조선의 중심지와 직접 연결시키기는 어렵다고 판단된다.

이런 점에서 대릉하유역의 십이대영자유형을 주목할 필요가 있다. 대릉하~서북한지역의 전기비파형동검문화는 청동기부장묘의 등급에 따라 중심지역과 1차, 2차 주변지역으로 나뉘어져 있다. 그중 청동기문화가 가장 발전되고 지배집단의 발전이 가장 두드러지게 나타나는 곳이 바로 십이대영자유형이었다. 십이대영자유형 중에서 당시 최고 지배층만이 사용했던 것으로 추정되는 다뉴기하문경이 부장된 A급 무덤이 가장 밀집되어 있는 곳이 조양지역이다.[264] 예맥사회에서 가장 먼저 정치적 성장을 이룬 정치세력이 고조선이라고 한다면, 그 고조선은 바로 조양지역의 전기비파형동검문화를 기반으로 성장한 정치체라고 할 수 있을 것이다.

(3) 고조선의 춘추 제와 교류

『관자』에는 고조선이 춘추 제와 교류를 시사하는 기록이 있다. 이 기록

263) 송기호, 2003, 「서평 : 송호정 저, 『한국고대사 속의 고조선사』」 『역사교육』87, 323~325쪽 ; 이청규, 2003, 「고조선에 대한 고고학적 연구-『한국 고대사 속의 고조선사』(송호정, 푸른역사, 2003)에 대한 비평-」 『역사와 현실』48, 289~293쪽.
264) 이청규, 2005, 「청동기를 통해 본 고조선과 주변사회」 『북방사논총』6, 35~38쪽.

을 통해 고조선과 제의 교류가 어떠한 성격을 띠고 있었는지도 살펴보고자 한다. 나아가 이를 통해 주변 국가에서 고조선을 어떻게 인식했는지도 검토해 보고자 한다.

이와 관련해서 『관자』 규탁편과 경중갑편에는 고조선 관련 기록을 살펴보면 아래와 같다.

A-1) 桓公이 管子에게, "내가 들건대 海內에 귀중한 玉幣 7가지가 있다는데 그것들에 대해 들을 수 있겠소"라고 물었다. 관자가 대답하기를, "陰山의 礝瑉이 그 하나요, 燕의 紫山 白金이 하나요, 發 · 朝鮮의 文皮가 하나요, 汝水 · 漢水의 右衢의 黃金이 하나요, 江陽의 珠가 하나요, 秦 明山의 曾靑이 하나요, 禺氏 邊山의 玉이 하나입니다"라고 하였다.(『관자』 권23 규탁편 제78)

A-2) 桓公이 "四夷가 복종하지 않는 것은 아마도 잘못된 정치가 천하에 퍼져서 그런 것으로 이로 인해 과인이 상하게 될까봐 걱정되는데 이를 위해서 과인이 행할 방법이 있겠소"라고 물었다. 管子가, "吳 · 越이 朝觀하지 않는데 청컨대 珠象을 폐물[幣]로 삼는 것은 어떻습니까? 發 · 鮮이 조근하지 않는데 청컨대 文皮 · 毤服을 폐물로 삼는 것은 어떻습니까? 禺氏가 조근하지 않는데 청컨대 白璧을 폐물로 삼는 것은 어떻습니까? 崑崙이 조근하지 않는데 청컨대 璆琳 · 琅玕을 폐물로 삼는 것은 어떻습니까? 쥐어도 손에 보이지 않고 머금어도 입에 보이지 않으면서도 (가치가) 천금을 넘어서는 것이 珠입니다. (값을 제대로 계산해 준다면) 8천리 떨어진 오 · 월도 조근할 것입니다. 한 장의 표범가죽으로서 천금을 넘어서는 것이 바로 文皮 · 毤服입니다.[265] (값을 제대로 계산해 준다면) 8천리 떨어진 발 · 조선도 조근할 것입니다. 품어도 가슴에 드러나지 않고 끼어도 겨드랑이에서 드러나지 않으면서도 천금을 넘어서는 것이 白璧입니다. (값을 제대로 계산해 준다면) 8천리 떨어진 禺氏도 조근할 것입니다. 비녀 ·

---

265) 원문에는 "一豹之皮 容金而金也"로 되어 있는데 여기에는 약간의 오탈이 있다. 앞뒤 문장이 對句형식인 점을 비추어 "한 장의 표범가죽으로서 천금을 넘어서는 것이 바로 文皮 · 毤服입니다"라고 바로 잡았다(박준형, 2004, 고조선의 대외 교역과 의미 『북방사논총』2, 70~72쪽).

귀걸이로 천금을 넘어서는 것이 璆琳·琅玕입니다. (값을 제대로 계산해 준다면) 8천리 떨어진 崑崙도 조근할 것입니다. 그러므로 이러한 보물을 주관하는 사람이 없고 이러한 활동[事]이 연결되지 않고, 원근의 나라가 서로 통하는 것이 없으면 四夷는 조공하지 않을 것입니다"라고 말하였다.(『관자』 권23 경중갑편 제80)

A-1)에서는 발·조선의 문피가 해내의 7대 玉幣 중의 하나라고 되어 있다. A-2)에서는 제환공은 관중에게 四夷가 복종하지 않는 이유를 묻자, 이에 관중은 오·월, 발·조선, 우씨, 곤륜 등 사이가 조근하게 하려면 그들의 특산품인 珠象, 文皮·毤服, 白璧, 璆琳·琅玕을 제에서 폐물[幣]로 사용할 것을 권유하면서 그것이 얼마나 귀중한 것인지 설명한다. 그리고 마지막으로 제가 이러한 특산품의 유통을 잘 조절한다면 사이가 조근할 것이라고 하였다.

그렇다면 『관자』 경중갑편(A-2)을 통해서 고조선이 제와 교류를 했다고 볼 수 있을까? 위 기록은 내용상으로 사이의 조근 방법을 논한 것이지 그들이 모두 제에 조근했다고 볼 수는 없다. 다만 고조선과 제의 교류를 간접적으로 시사받을 수 있을 뿐이다. 따라서 양자 사이의 교류 사실을 확인하기 위해서는 제에서 문피의 수요와 용도, 고조선 문피의 특징 등 여러 측면을 함께 고려해 보아야 할 것이다.

이와 관련하여 『관자』 규탁편(A-1)에서는 고조선의 문피를 海內 7대 玉幣 중의 하나로 소개하고 있다. 이것은 고조선의 문피가 춘추 중기에 이미 중국사회 널리 알려졌으며 7대 옥폐의 하나로 거론될 정도로 유명했다는 것을 보여 준다. 이것은 고조선의 문피가 이미 중국사회에 유통되었고 그 가치가 입증되었기 때문에 나올 수 있는 표현이라고 볼 수 있다.

그렇다면 이러한 문피가 어떻게 사용되었는지 살펴보자. 『관자』 규탁편에는

B) (천자가) 명하기를 제후의 자제가 인질로 올 때, 모두 雙虎皮로 만든 옷을, 경대부는 표피로 소매를 한 옷을, 나머지 대부는 표피로 깃을 한 옷을 입으라고 하였다.[266]

라고 하였다. 여기에서는 제후들의 자제가 주왕실의 인질로 올 때 雙虎皮로 만든 옷을 입고 그보다 낮은 경대부는 소매만 표피로 한 옷을, 일반 대부는 옷깃에 표피를 달도록 하였다. 즉, 제후의 자제, 경대부, 대부 등 신분에 따라 의복의 재료와 장식이 달랐다. 이처럼 주왕실과 제후국 간의 의례에 있어서 호피와 표피가 일정하게 사용되었던 것을 알 수 있다.

또한 문피는 제후들 간의 조빙시에도 폐물로 사용되었다. 이와 관련하여 『관자』 패형편에는

C) 이에 호랑이·표범의 가죽과 무늬 있는 비단을 제후에게 보내고 제후는 무늬없는 비단과 사슴 가죽으로 보답하니 이에 명령이 천하에 시행되었다.[267]

라고 되어 있다. 제환공은 자기를 방문하는 제후들에게 虎豹皮와 무늬있는 비단을 보내고 제후들에게는 鹿皮와 무늬없는 비단을 받았다. 이처럼 호표피는 제환공이 패자로서 제후들에게 답례로 사용하였던 것이다. 즉, 호랑이와 표범이 백수의 제왕이라는 상징적인 의미와 주왕실을 대신하는 패자로서의 이미지가 서로 부합될 수 있었던 것이다.

이처럼 중국사회, 특히 패자국인 제로서는 안정적인 문피 공급이 필요하였을 것이다. 이러한 호표피는 중국사회에서도 생산이 가능하였다. 그러나 『관자』 규탁편(A-1)처럼 당시 중국에서 최고급 문피로 여겼던 것은 바로 고조선산 문피였다. 이것은 아마도 고조선산 문피의 특징과 관련과 관

---

266) 『管子』卷23 揆度 第78, "令諸侯之子將委質者 皆以雙武之皮 卿大夫豹飾 列大夫豹幨".
267) 『管子』卷9 覇形 第22, "於是以虎豹皮文錦使諸侯 諸侯以縵帛鹿皮報".

런지어 살펴볼 필요가 있다. 현재 아시아지역을 중심으로 분포하는 호랑이는 8개의 亞種이 있다. 이중 시베리아 호랑이[學名 : Panthera tigris longipilis]는 바이칼호에서 연해주·만주·한국 등지에서 서식하는 호랑이를 말한다. 추운 지역에서 서식하는 시베리아 호랑이는 다른 지역의 것에 비해 털빛이 더 곱다. 표범의 분포 범위도 시베리아 호랑이의 그것과 비슷하다. 다른 지역의 표범 무늬가 검은 반점인 것에 비해 시베리아 표범의 무늬는 검은 반점 속에 갈색이 들어있는 매화무늬이다. 이처럼 시베리아 호랑이와 표범의 생물학적 특징으로 인해 고조선의 문피는 중국에서 7대 옥폐로 여겨질 정도로 품질이 우수했다고 볼 수 있다. 패자인 제환공이 원했던 문피는 바로 이러한 고조선의 최고급 문피였다고 할 수 있다.

이처럼 패자였던 제환공은 제후들에게 답례로 문피를 사용했으며, 고조선에서는 당시 최고급 문피를 생산했다. 물론 제환공이 사용했던 문피를 모두 고조선에서 공급받아 사용했을 것이라고 단정할 수는 없다. 하지만 패자로서 제환공이 당시 최고급 문피인 고조선산 문피를 조공받고 싶어했던 것을 보면 실제 고조선과 제가 교류했을 가능성이 전혀 없다고 볼 수는 없을 것이다.

그렇다면 패자인 제환공이 문피의 공급만을 위해서 고조선과 교류를 원했던 것일까? 이와 관련해서는 『관자』 경중갑편(A-2)에 언급된 朝[朝覲]의 의미를 살펴볼 필요가 있다. 관중은 고조선뿐만 아니라 吳·越, 禺氏, 崑崙 등과도 관계도 모두 朝로 표현했다. 그렇다면 제환공이 고조선을 포함한 사이의 조공이 왜 필요했는지를 먼저 살펴보아야 할 것이다.

제환공은 기원전 679년 송환공·진선공·위혜공·정여공과 함께 甄에서 회맹하면서 제후들 사이에서 패권을 잡았다.[268] 이후 초의 북상을 저지

---

268) 『史記』卷32 齊太公世家 第2, "七年 諸侯會桓公於甄 而桓公於是始霸焉".

한 제환공은 기원전 667년에 노·송·정 등의 제후들과 幽에서 회맹을 개최하였다. 이 회맹에서 제환공은 周惠王으로부터 정식으로 패자로 인정받게 된다.[269]

패자로 인정받은 제환공은 연을 공격한 산융을 정벌하였다. 이어서 고죽·영지를 정벌함으로써 북벌을 완수하였다. 그리고 衛와 邢을 침범한 狄人을 격퇴하고 자신의 영토를 할애해서 위와 형을 재건해 주었다. 또 노장공이 죽고 사후문제로 公族 간에 내분이 발생하자 희공을 옹립시켜 노를 안정시켰다. 또한 적인이 송을 침입하자 송을 구출하였다. 그러자 기원전 653년에는 제후들이 천자에게 바칠 조공품목을 제환공에게 문의하기까지 이른다.[270] 제환공은 주왕을 대신하여 약소 제후국을 보호하고[存亡繼絶] 중원을 이적으로부터 지켜내는[尊王攘夷] 패자로서의 역할을 한 것이다.

이처럼 주왕을 대신하여 패자의 역할을 수행하였던 제환공은 기원전 651년 葵丘會盟에서의 행동은 매우 주목할 만하다. 『史記』 封禪書에는

D) 秦繆公 9년 제환공은 覇者가 되어 葵丘에 제후들을 모아놓고 封禪을 하고자 하였다. 管仲이 "옛날에 泰山과 梁父山에서 봉선한 자는 72명이나 되나 신이 기억하는 사람은 12명뿐입니다.…周成王은 泰山에서 封하고 社首山에서 禪하였는데, 이들은 모두 천명을 받아 제왕이 된 연후에 봉선할 수 있었습니다"라고 하였다. 환공이 말하기를, "과인은 북쪽으로 山戎을 정벌하여 孤竹을 통과하였고, 서쪽으로는 大夏를 정벌하여 流沙를 건넜으며, 말을 묶고 전차를 들어 卑耳山을 올랐으며, 남으로는 小陵에 이르고 熊耳山에 올라 長江과 漢水를 바라볼 수 있었소. 세 번의 군사회의와 6번의 평화회의 등 모두 9번이나 제후들을 소집하여 天下를 구제하여 제후들 중에 나를 거스르는 자가 없소. 이것이 옛날 三代가 천명을 받은 것과 무엇이 다를 바가 있겠는가"라고 하였다. 이에 관중은 말로써는 환공을 설

---

269) 『春秋左氏傳』卷第3 莊公27年 傳, "王使召伯廖 賜齊侯命".
270) 『春秋左氏傳』卷第5 僖公 7年 傳, "諸侯官受方".

득할 수 없음을 간파하고 제단을 설치하는 일로써 말하기를, "옛날에 봉
선할 때에는 鄗上의 기장과 北里의 벼로써 祭品으로 삼았으며, 長江과 淮
水유역의 세 모서리 띠[茅]로서 자리를 삼았습니다. 동해에서 比目魚를,
서해에서 比翼鳥를 받쳐왔으며 또한 요청하지도 않았는데 스스로 받쳐온
희귀한 물건이 15가지나 되었습니다. 지금은 봉황과 기린이 오지 않으며,
嘉穀도 익지 않고 들녘에는 쑥과 명아주만이 무성하며, 올빼미들만이 수
차례 날아들 뿐입니다. 이런 상황에서 봉선하려는 것은 부적합한 줄로 압
니다"라고 말하였다. 이에 환공은 그만두었다.[271]

라고 되어 있다. 여기에서 환공은 자신의 업적을 三代의 왕들이 천명을 받
은 것처럼 과신하면서 封禪禮를 거행하려고 했다. 이에 관중은 一茅三脊의
藉, 동해의 比目魚, 서해의 比翼鳥와 같은 遠方의 瑞祥物과 15가지 이상 주
변 이민족의 특산품이 와야만 봉선이 가능하다고 하면서 제환공의 봉선을
제지하였다.

당시 중원 제후들은 모두 패자인 제환공을 따르고 있었다. 그래서 자신
의 업적이 三代의 왕들과 견줄만하다고 판단한 제환공은 봉선하려고 했던
것이다. 그러나 봉선을 위해서는 제후들의 복종뿐만 아니라 遠方의 瑞祥物
과 주변 사이의 특산품이 필요하였다. 이러한 특산품은 바로 주변 이민족의
조공을 통해서만 가능했던 것이다. 당시에는 아직 주변 이민족이 제환공 자
신에게 복종하지 않았다. 따라서 제환공으로서는 자신이 봉선에 나아가기
위해서는 이러한 이민족의 조공이 반드시 필요하였던 것이다.

『관자』 경중갑편에서 언급된 吳·越은 남방을, 發·朝鮮은 동방을, 禺

---

271) 『史記』卷32 齊太公世家 第2, "寡人兵車之會三 乘車之會六 九合諸侯 一匡天下
昔三代受命 有何以異於此乎 吾欲封泰山 禪梁父 管仲固諫不聽 乃說桓公以遠方珍怪物至
乃得封 桓公乃止";『管子』卷16 封禪篇 第50, "于是管仲睹桓公不可窮以辭
因設之以事曰 古之封禪 鄗上之黍 北里之禾 所以爲盛 江淮之間 一茅三脊 所以爲藉也
東海致比目之魚 西海致比翼之鳥 然后物有不召而自至者十有五焉 今鳳凰 麒麟不來
嘉谷不生 而蓬蒿藜莠茂 鴟梟數至 而欲封禪 毋乃不可乎 于是桓公乃止".

氏는 북방을, 崑崙은 서방을 대표하는 이민족이었다. 이중『관자』규탁편 (A-1)에 언급된 해내 7대 옥폐와 대비해 보면, 吳‧越의 珠象은 江陽의 珠에, 發‧朝鮮의 文皮‧毤服은 發‧朝鮮의 文皮에, 禺氏의 白璧은 禺氏 邊山의 玉에 각각 해당된다.[272] 아마도 이들의 특산품은 해내 7대 옥폐에 포함된 것을 보면『사기』봉선서(D)에서 관중이 봉선에 나아가기 위해 필요한 '15가지 이상 주변 이민족의 특산품' 중에 포함되었던 것으로 보인다.

이처럼 제환공은 봉선을 위해서는 이민족의 조공이 반드시 필요하였다. 『관자』경중갑편(A-2)의 내용은 바로 이러한 조공의 해결책을 논한 것이라고 볼 수 있다. 이에 대해 관중은 고조선을 포함한 주변 이민족의 특산품을 폐물로 사용하고 가격을 높이 매겨줌으로써 그들이 자연스럽게 특산품을 팔기 위해 조근할 것이라고 보았다. 결국 고조선의 문피는 바로 제환공의 패업을 위해서 반드시 필요했던 조공품 중의 하나였던 것이다.

결국 제환공은 봉선을 위한 이민족의 조공과 조빙시 답례품으로 사용할 최고급 문피가 필요하였다. 제환공은 이러한 두 가지 문제를 고조선과의 교류를 통해서 해결하고자 했던 것으로 볼 수 있다.『관자』경중갑편에서 제환공이 고조선과 함께 조공받기를 원했던 吳‧越은 남방을, 禺氏는 북방을, 崑崙은 서방을 대표하는 이민족이었다. 그렇다면 고조선은 바로 연의 동북쪽을 대표하는 이민족이었다고 볼 수 있을 것이다.

이러한 고조선과 제의 관계를 어떻게 이해해야 할까?『관자』경중갑편 (A-2)의 내용을 文面 그대로 읽어보면, 고조선을 포함한 四夷를 복종케 하는 방법으로 그들의 특산품을 폐물로 삼고 고가에 매입한다면 그들이 자연스럽게 朝觀할 것이라고 하였다. 이 내용이 사실이라면 고조선과 제의 교류는 조공의 형식이 될 것이고, 문피는 고조선이 제에 받치는 조공품일 것이다.

---

272) 松田壽男, 1957,「蘇子の貂裘と管子の文皮」『早稻田大學大學院文學硏究科紀要』3 (1987,『松田壽男著作集 第三卷－東西文化の交流Ⅰ－』에 재수록).

그런데 고조선과 제의 관계를 조공으로 볼 수 있을지는 의문이다. 『관자』경중갑편에서 관중이 고조선을 포함하여 不服하는 吳·越, 禺氏, 崑崙를 조공케 하는 방법에 주목할 필요가 있다. 관중은 珠象, 文皮·毤服, 白璧, 璆琳·琅玕 등이 매우 고가의 제품이기 때문에 이들을 제후들의 빙문시 폐물로 사용할 것을 권하였다. 그리고 이들을 폐물로 사용하면 안정적인 수요가 발생할 것이고 고가에 이 제품들을 구입하면 不服했던 四夷가 자연스럽게 조근할 것이라고 본 것이다.

만약 관중의 말처럼 이들의 제품을 고가에 매입하여 그들이 조공해 왔다면 이것은 臣屬의 표현으로 정기적으로 받치는 공물이라는 조공의 원래 의미와는 전혀 다르다. 당시 제환공은 봉선을 위해서 주변 이민족의 조공이 필요하였고, 관중은 이러한 조공을 위해서 그들의 특산품을 고가에 매입하여 폐물로 사용하는 방법을 추천했던 것이다. 이러한 관계를 文面 그대로의 조공이라고 볼 수 없다. 중원 제후국이 주변 이민족과의 교류를 모두 조공이라고 하는 데 이것은 자국중심적 세계관에서 나올 수밖에 없는 개념이라고 할 수 있다.[273] 따라서 고조선은 제에 조공한 것이 아니라 대등한 입장에서 교류를 했던 것으로 볼 수 있다.[274]

이러한 고조선이 과연 어느 정도의 발전 단계에 있었던 것으로 볼 수 있을까? 일반적으로 당시 춘추 오패 중의 하나였던 제와 문피 교류를 할 정도로 고조선이 상대적으로 발전된 국가체로 인식하는 경향이 있다.[275] 아마

273) 김병준, 2010, 「3세기 이전 동아시아 국제질서와 한중관계-조공·책봉의 보편적 성격을 중심으로」『동아시아 국제질서 속의 한중관계사-제언과 모색-』(동북아역사재단), 32~54쪽.
274) 박준형, 2013, 앞의 논문, 54~61쪽.
275) 김철준, 1977, 「고조선사회의 정치세력의 성장」『한국사』2, 국사편찬위원회(1990, 『한국고대사연구』, 124쪽) ; 윤내현, 1993, 「고조선의 경제적 기반」『백산학보』41 ; 이종욱, 1993, 『고조선사연구』, 132~138쪽 ; 김정배, 1997, 「고조선의 문화와 사회경제」『한국사4』, 139~140쪽 ; 서영수, 1999, 「고조선의 대외관계와 강역의 변동」

도『관자』경중갑편에 고조선과 함께 언급된 오월·곤륜·우씨와 같은 수준의 발전단계를 상정하는 것으로 보인다. 그러나 머지않아 중원의 제후국으로 인정받는 오월과 고조선을 같은 수준의 정치체로 보기는 곤란하다.

이와 관련해서는 고조선의 주변에 있었던 융족들의 상황과 비교해 보자.『사기』흉노열전에 의하면 "이들(융족)은 각기 떨어져 골자기에 살고 있었고, 각각 군장이 있었다. 가끔 100여 개의 융족이 합치는 일은 있어도 하나로 통일되지는 못하였다"[276]고 한다. 춘추시기 융족은 100여 개가 합치는 일이 있어도 통일되지 못하였다고 한 점으로 보아 개별 융족들은 각기 우두머리를 지닌 집단들이 계곡에 흩어져 완만한 연합체를 이루고 있었던 것으로 추정된다.[277]

이러한 융족의 동쪽에 있었던 예맥과 고조선도 융족의 상황과 크게 다르지 않을 것으로 추정된다. 대릉하유역의 예맥과 고조선도 통일적인 국가를 형성했다고 보기는 어려울 것이다. 다만 조양·건평·금서·객좌·부신 등 지역별로 청동기부장묘가 고르게 나타나는 것으로 보아 지역별로 지배집단이 고르게 분포하고 있었을 것으로 볼 수 있다. 다만 그들 지배집단 사이에 청동기 부장양상이 우세한 세력이 존재했던 것은 사실이고 그중 가장 대표적인 세력이 바로 고조선이었다고 볼 수 있을 것이다. 그러나 이러한 고조선을 중심으로 예맥사회가 통일된 힘을 발휘되는 단계는 아니었다고 할 수 있다.

마지막으로 언급하고 싶은 것은『관자』라는 사료에 언급된 고조선에 대한 인식의 문제이다. 선진문헌 중에 고조선이 언급된 것은『관자』가 가장 빠르다. 주지하듯이『관자』는 춘추시대의 사실을 반영하는 전국시대 이후의

『동양학』29, 단국대학교 동양학연구소, 106~108쪽.

276) 『史記』卷110 匈奴列傳 第50, "各分散居谿谷 自有君長 往往而聚者百有餘戎 然莫能相一".

277) 송호정, 1999, 앞의 논문, 125쪽.

기록이다. 『관자』가 주로 제환공대의 사실을 담고 있다는 점에서 기원전 7세기 중반 고조선의 실체를 확인할 수 있다.

『관자』에 고조선이 언급되었다고 해서 고조선이 이 시점에 '성립'되었다고 볼 수는 없다는 점이다. 고조선 사람들은 자신의 역사를 문자 자료로 남기지 못했지만, '집단 기억'을 통해 자신들의 역사를 전승해 왔다. 이것이 삼국시대를 거쳐 고려시대에 단군신화라는 형태로 문자화되었던 것이다. 『관자』에 언급된 고조선은 중국인들의 인식상에 포착된 것이 기원전 7세기라는 것이지 고조선이 이 시점에 성립되었다고 보기는 어렵다. 따라서 고조선은 중국인들에게 알려진 기원전 7세기를 하한으로 그보다 훨씬 이전에 성립되었다고 볼 수 있다.

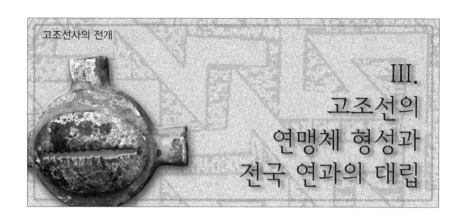

III.
고조선의
연맹체 형성과
전국 연과의 대립

1. 대릉하～서북한지역 후기비파형동검문화의 변화 양상과 성격

1) 대릉하유역 후기비파형동검문화의 변화 양상과 특징

대릉하유역의 전기비파형동검문화는 기원전 5세기를 전후로 후기비파형동검문화로 변화해 간다.[1] 여기에서는 전기비파형동검문화의 중심이었던 십이대영자유형이 어떠한 변화를 겪게 되는지 살펴보고자 한다. 그리고 그것을 주변 문화와 비교해 봄으로써 대릉하유역 후기비파형동검문화의 특징을 파악해 보겠다.

(1) 대릉하유역 후기비파형동검문화의 변화 양상

대릉하유역의 후기비파형동검문화를 대표하는 유적으로는 喀左 南洞

---

1) 비파형동검문화를 전기와 후기로 구분하는 것에 대해서는 장 1절을 참조.

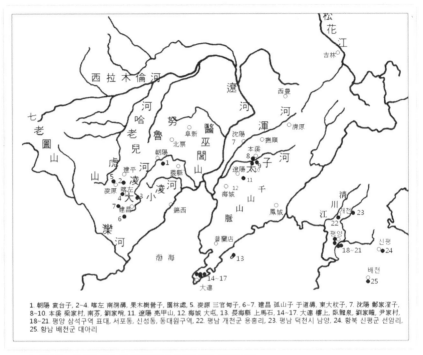

1. 朝陽 袁台子, 2~4. 喀左 南洞溝, 果木樹營子, 園林處, 5. 凌源 三官甸子, 6~7. 建昌 弧山子 于道溝, 東大杖子, 7. 沈陽 鄭家窪子,
8~10. 本溪 梁家村, 南芬, 劉家哨, 11. 遼陽 亮甲山, 12. 海城 大屯, 13. 長海縣 上馬石, 14~17. 大連 樓上, 臥龍泉, 劉家疃, 尹家村,
18~21. 평양 삼석구역 표대, 서포동, 신성동, 동대원구역, 22. 평남 개천군 용흥리, 23. 평남 덕천시 남양, 24. 황북 신평군 선암리,
25. 황남 배천군 대아리

2-1 | 대릉하~서북한지역 후기비파형동검문화 주요 유적 지도

溝유적과 凌源 三官甸子유적을 들 수 있다. 남동구유적에서는 낮은 구릉
지대에 이층대를 갖춘 1기의 석곽묘가 발견되었다.[2] 부장품으로는 비파형
동검·銅戈·刀子·銅簋·鳥形帶鉤·대롱장식·가오리장식·재갈·차
축두·陶罐·石斧·관옥 등이 있다. 이 중 동검은 T자형검병이 장착되었
고 검신에 돌대가 남아있는 전형적인 변형비파형동검이다. 이것은 십이대
영자유형의 전통이 그대로 남아 있는 것을 알 수 있다. 이와 달리 동과·차
축두·동궤는 전형적인 중원계통의 것이다. 동궤는 하북성 唐山市 賈各庄
18호묘 출토품과 거의 같고, 동과는 고각장 8호묘 출토품과 유사하다고 한

2) 遼寧省博物館·朝陽地區博物館, 1977, 「遼寧喀左南洞溝石槨墓」『考古』6.

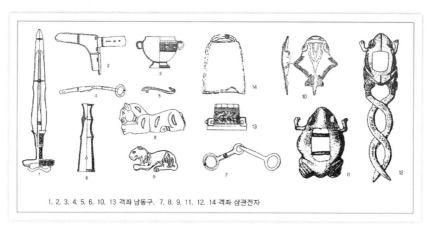

2-2 | 남동구유형의 청동기

다.[3] 고각장유적이 戰國早期인 기원전 5세기로 편년되는 점을 볼 때 남동
구유적도 대체로 기원전 5세기 전반경으로 볼 수 있다.

능원 삼관전자유적에서는 구릉 사면에 조성된 2기의 석곽묘가 발견되
었다.[4] 2기 모두 파괴되었지만 두향은 동향이고 시신 허리부분에서 변형비
파형동검이 수습된 것이 확인되었다. 부장품은 한꺼번에 수습되었는데, 변
형비파형동검 · 동과 · 양익식촉 · 삼릉식촉 · 도자 · 세장형동부 · 동착 · 동
탁 · 개구리장식 · 호랑이장식 · 동포 · 재갈 · 鼎 등의 청동기와 호랑이장식,
사슴장식과 같은 금제품이 출토되었다. 이외에도 壺 · 送風管과 같은 陶器
와 瑪瑙管, 동부용범과 같은 석기가 출토되었다.

2기의 무덤에서 출토된 비파형동검은 검신에 돌기가 약간 남아 있으면
서 T자형검병이 장착된 것으로 남동구의 검과 형태상 비슷한 점에서 십이
대영자유형의 전통이 잘 계승되고 있는 것을 알 수 있다. 이와 달리 호랑

---

3) 安志敏, 1953, 「河北省唐山賈各庄發掘報告」『考古學報』6冊, 87~107쪽.
4) 遼寧省博物館, 1985, 「遼寧凌源三官甸青銅短劍墓」『考古』2.

이·사슴과 같은 전형적인 북방계 청동기문화의 요소도 보인다. 한편 동정과 동과는 중원계통의 것이다. 동과는 남동구 출토품과 유사한 점으로 보아[5] 남동구유적처럼 기원전 5세기 전반경으로 볼 수 있다.

이처럼 남동구와 삼관전자유적은 비파형동검·선형동부를 부장하는 십이대영자유형의 전통을 계승하면서도 중원계와 북방계 요소가 나타난다. 이러한 대릉하유역의 후기비파형동검문화의 유형을 '남동구유형'으로 분류하기도 한다.[6] 그런데 십이대영자유형의 중심이었던 조양지역에서 후기 단계의 주목할 만한 유적이 발견되지 않는다는 것이다. 뒤에서 살펴볼 조양 원태자유적에서 전국 조기의 유적이 일부 발견되기는 하지만 남동구나 삼관전자유적에 비할 청동기 부장 양상이 현저하게 떨어진다. 이런 점에서 십이대영자유형의 중심지역이었던 조양이 더 이상 중심적인 역할을 하지 못하고 능원이나 객좌와 같은 주변지역에서 후기비파형동검문화를 주도했던 것으로 볼 수 있다.

대릉하유역의 후기비파형동검문화는 기원전 4세기대에 들어서면서 대표적으로 동검에서 형태상 변화가 일어난다. 비파형동검이 돌기가 사라지고 검신이 細長해지는 반면에 하단부는 여전히 弧形을 이루는 형태적 변화가 나타난다. 이러한 동검은 비파형동검과 세형동검의 중간적 속성을 지니고 있어서 중간형동검,[7] 중세형동검,[8] 초기세형동검,[9] 요령식세형동검[10]

---

5) 王成生, 2003, 「遼寧出土銅戈及相關問題的研究」『遼寧考古文集』(遼寧人民出版社), 220쪽.

6) 오강원, 2004, 「중국 동북지역 세 청동단검문화의 문화지형과 교섭관계」『선사와 고대』20, 88~90쪽 ; 이청규, 2008, 「중국 동북지역과 한반도 청동기문화 연구의 성과」『중국 동북지역 고고학 연구현황과 문제점』(동북아역사재단), 232~239쪽.

7) 정찬영, 1962, 「좁은놋단검(세형동검)의 형태와 그 변천」『문화유산』4 ; 이청규, 1993, 「청동기를 통해 본 고조선」『국사관논총』42.

8) 오강원, 2002, 「요녕~서북한지역 중세형동검에 대한 연구」『청계사학』16·17.

9) 박순발, 1993, 「우리나라 초기철기문화의 전개과정에 대한 약간의 고찰」『고고미술사론』3 (충북대학교 고고미술사학과) ; 송호정, 2000, 「기원전 5~4세기 초기 세형동검문화의 발생과 고조선」『선사와 고대』14.

10) 이후석, 2008, 「중국 동북지역 세형동검문화 연구―요령식세형동검을 중심으로―」『숭실사학』21.

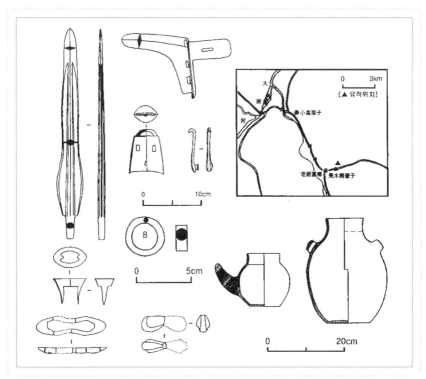

2-3 | 객좌 과목수영자(노야묘) 유적 유물

등 다양하게 분류되만 본고에서는 편의상 초기세형동검으로 부르고자 한다.[11]

이와 관련된 대표적인 유적으로 喀左 果木樹營子(老爺廟) 토광묘유적을 들 수 있다.[12] 작은 구릉으로부터 평지로 뻗은 완사면에 위치한 유적은 주민의 전언에 의하면, 두향은 동향이고 단인장이며 앙신직지장이라고 한다. 유물로는 초기세형동검 · 검병두식 · 곡봉형대구 · 원주형장식 · 銅鈴 · 銅環 · 銅戈 등의 청동기와 우각형파수부관 · 肩雙耳壺 등 토기가 있다. 동검

---

11) 여기에서는 편의상 초기세형동검이라고 부르기로 한다.
12) 劉大志 · 柴貴民, 1993,「喀左老爺廟鄕靑銅短劍墓」『遼海文物學刊』2.

은 이전 시기에 비해 좀더 세장해진 것으로 가장 이른 형식의 초기세형동검
이라고 할 수 있다. [13] 이미 대릉하유역에서 초기세형동검문화로 전환이 서
서히 이루어지고 있다는 것을 알 수 있다. [14]

　석관묘의 전통이 강한 대릉하유역에서 중원계 묘제인 토광묘에 중원계
동과가 출토된 것이 주목된다. 이것은 중원식 문화 요소가 토광묘라는 葬
法과 함께 비파형동검문화에 유입된 것으로 볼 수 있다. [15] 喀左 黃家店 土
城子 토광묘[16]와 建昌 孤山子 于道溝 토광묘[17]가 바로 그러한 사례라고 할
수 있다.

　중원계 문물 수용의 양상은 토광묘뿐만 아니라 토착적인 석곽묘에서도
나타난다. 객좌 園林處에서 발견된 1기의 석곽묘에서는 초기세형동검 · 肩
雙耳壺 · 옹형점토대토기 · 陶鼎 · 陶盆 등이 출토되었다. [18] 특히 석곽묘 바
닥에 깐 小石板은 당산 고각장, 객좌 미안구 1호묘, [19] 조양 원태자 29호묘
[20]에서도 보이는 것으로 전국 연의 영향을 받은 것이다. 또한 陶鼎도 연의
영향을 받은 것이다. [21] 이러한 점들을 고려할 때 원림처 석곽묘는 대체로
기원전 4세기대로 판단된다. [22] 한편 곽목수영자 토광묘처럼 견쌍이호가 출

---

13) 오강원은 과목수영자 출토 동검을 중세형동검 A I 식으로(오강원, 2002, 앞의 논문,
　　10~13쪽), 이후석은 요녕식세형동검 1단계인 과목수영자식(I a식)으로 분류하였
　　다(이후석, 2008, 앞의 논문, 61~63쪽).
14) 송호정, 1999, 「古朝鮮 國家形成 過程 硏究」(서울대학교 박사학위논문), 128~130쪽.
15) 송호정, 2000, 앞의 논문, 115~117쪽.
16) 郭大順 · 武家昌, 1980, 「1979年朝陽地區文物普查發掘的主要收穫」『遼寧文物』1 ; 靳
　　楓毅, 1982, 「論中國東北地區含曲刃靑銅短劍的文化遺存(上)」『考古學報』4.
17) 遼寧省文物考古硏究所 · 葫蘆島市博物館 · 建昌縣文管所, 2006, 「遼寧建昌于道溝戰國墓
　　地調査發掘簡報」『遼寧省博物館館刊』1(遼海出版社).
18) 傅宗德 · 陳莉, 1988, 「遼寧喀左縣出土戰國器物」『考古』7.
19) 朝陽地區博物館 · 喀左縣文化館, 1985, 「遼寧喀左大成子眉眼溝戰國墓」『考古』1.
20) 遼寧省文物考古硏究所 · 朝陽市博物館, 2010, 『朝陽袁台子』(文物出版社), 68 · 188쪽.
21) 정대영, 2005, 「중국 동북지방 청동기시대 석관묘제와 장속의 지역성」『북방사논총』3, 8
　　7~89쪽.
22) 이성재, 2007, 「중국동북지역 점토대토기문화의 전개과정 연구」(숭실대학교 석사학위

토된 것을 보면 북방계 문화와도 교류 관계를 엿볼 수 있다.[23]

전국 연과의 교류 양상은 建昌 東大杖子유적에 좀더 잘 나타난다.[24] 이 유적은 구릉 말단부 완사면에 위치하며 54기의 무덤이 열을 지어 배치되어 있다.[25] 이중 13기가 발굴되었는데 무덤은 모두 장축 동서향이다. 무덤은 생토 이층대 시설의 묘광에 중국식 관곽을 사용하였으며, 묘광 입구부터 관곽 위쪽까지 강돌로 채운 적석목관(곽)묘이다. 즉, 중국식 목관(곽)묘에 대릉하유역의 전형적인 석곽묘의 속성이 결합된 형태라고 할 수 있다. 또한 머리쪽 적석부에 소이빨을 포함한 상하악골을 순생하였다는 점에서 중국식 장법과는 차이가 있다.[26]

14호묘의 경우 출토품은 머리쪽 부장칸과 목곽 안쪽 가운데 부분으로 분산되어 있다. 전자에는 洗·匜·豆·雙聯壺·鼎·𣪘·銜·斧·鉞 등 禮器, 車馬具 20여 점이, 후자에는 금도금한 T자형 청동검병과 검병두식이

논문), 27~29쪽.

23) 鄭君雷, 2001,「戰國時期燕墓陶器的初步分析」『考古學報』3, 228~229쪽.

24) 國家文物局主編, 2001,「遼寧建昌東大杖子戰國墓地勘探與試掘」『2000中國重要考古發現』(文物出版社), 57~61쪽.

25) 요령성 건창현 동대장자유적은 2011년부터 종합적으로 발굴되었다. 2012년 12월 당시에 이미 알려진 137기와 발굴중인 43기, 파괴된 25기를 종합하면 200기 이상의 무덤이 있는 것으로 추측된다(華玉冰 外, 2012,「遼寧建昌東大杖子戰國墓地」『2011中國重要考古發現』(文物出版社), 72~78쪽). 이 유적은 아직 정식 발굴보고서가 발간되지 않아 정확하게 유적의 성격을 파악하기 힘들지만 부분적인 발굴 자료 소개(萬欣 外, 2012.2.3,「遼寧建昌東大杖子飾金靑銅短劍的發現和意義」『中國文物報』), 유적발굴 소개자료 등이 있어 개략적으로 유적의 상황을 파악해 볼 수 있다. 이중 封石墓로 분류되는 JDM13호에서는 초기세형동검, 단경호와 동과, 동모, 마구, 예기 등이, JDM17호에서는 금도금 초기세형동검, 요령식동과와 중원식동모, 동과, 거마구, 예기 등이, M35호에서는 요령식동과 등이 출토되었다. 이 유적은 전국중후기 요서지역 유적 중에서 초기세형동검 4건, 요령식동과 3건와 단경호, 파수부호와 같은 토착계 토기 등 가장 많은 초기세형동검문화요소를 갖추고 있다는 점에서 주목된다(遼寧省文物考古研究所 外, 2012. 4,『遼寧建昌東大杖子戰國墓地』).

26) 오강원, 2006,「요령성 건창현 동대장자 적석목관곽묘군 출토 비파형동검과 토기」『과기고고연구』12, 6~10쪽.

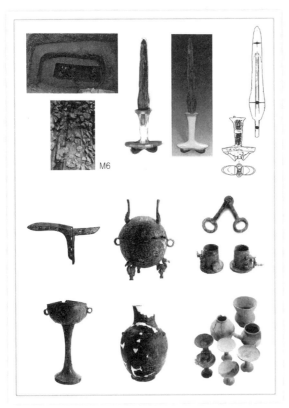

2-4 | 건창 동대장자 유적 유물 이후석 제공

장착된 초기세형동검과 銅戈 2점이 배열되어 있다. 6호묘에서는 곽의 동쪽에 서부터 가운데 부분에 罐·盃·尊 등의 도기와 敦·鼎 등의 禮器, 초기세형동검과 동과 등의 무기가, 서쪽에는 彩繪陶壺·뤞·馬銜·斧·鉞 등이 부장되어 있다. 14호 출토 동검이 老爺廟 출토품과 비슷하고, 銅壺가 淶來縣 北辛堡 1호묘 출토품[27]과 비슷한 점으로 보아 유적의 전반적인 연대는 기원전 4세기 후반대로 판단된다.[28]

출토 유물 중 鼎·敦과 같은 청동예기를 비롯하여 銅戈·斧·鉞·車馬具 등의 청동기와 高柄豆를 비롯한 彩繪陶 등 전국계 토기처럼 대부분의 유물은 전국 연문화의 영향을 강하게 받은 것이다. 그러나 대부분의 무덤이 두향이 동향이라는 점과 목곽 위에 적석한 점, 초기세형동검과 원형점토대

27) 河北省文化局文物工作隊, 1966, 「河北淶來北辛堡戰國墓」 『考古』5.
28) 오강원, 2006, 앞의 논문, 10~12쪽.

토기·우각형파수부관 등은 비파형동검문화의 전통을 계속 유지한 것이다. 또한 무덤 중 규모가 가장 큰 14호묘에서 T자형검병이 장착된 초기세형동검이 허리부분에서 출토되었던 점은 무기체계에서 아직까지 전통적인 요소가 강하게 남아 있다는 것을 알 수 있다. 이러한 점을 고려해 볼 때 동대장자유적은 비파형동검문화의 전통을 고수하면서도 전국 연문화를 상당히 많이 받아들인 것으로 볼 수 있다.

이처럼 동대장자유적과 비슷한 과목수영자, 원림처, 建昌 于道溝 90M1호 토광묘 등을 '동대장자유형'으로 구분하기도 한다.[29] 이 유형 중 최근에 알려진 우도구 90M1호 토광묘가 주목된다.[30] 이 유적은 1990년에 조사된 90M1호 토광묘 외에 2004년에 11개의 토광묘가 발굴되어 모두 12개로 이루어진 토광묘군이다. 이중 부장품이 가장 풍부한 90M1호묘에서는 초기세형동검·T자형검병·검파두식·도씨검·중원식동과·遼寧式銅戈·동촉·동부·동착·도자·匙 등의 청동기, 有蓋豆·高柄豆·罐 등의 토기와 磨石·耳璜·石珠 등이 일괄 수습되었다. 그러나 나머지 11기의 토광묘에서는 1호(동과·대구)·5호(도관·耳璜·대구)·6호(도관)에서만 부장품이 아주 빈약하게 출토되었다.

90M1호 토광묘에서 출토된 초기세형동검은 돌기가 없고 검날이 세장하면서 하단부가 호형을 이루는 것이 형태상 동대장자 14호묘 출토품과 유사하다. 이러한 점은 평저단경호와 더불어 비파형동검문화의 전통을 계승한 것으로 볼 수 있다. 그러나 도씨검이나 중원식 동과가 출토되고 유개두·고병두와 같은 전국식 니질회도가 출토된 것은 전국계 문화의 영향으로 볼 수 있다.

29) 이청규, 2008, 앞의 논문, 239~241쪽.
30) 遼寧省文物考古研究所·葫蘆島市博物館·建昌縣文管所, 2006, 「遼寧建昌于道溝戰國墓地調査發掘簡報」『遼寧省博物館館刊』1(遼海出版社), 27~37쪽.

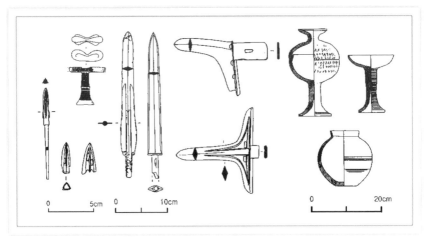

2-5 | 건창 우도구 90M1호 토광묘 출토 유물

한편 90M1호 토광묘에서 주목되는 것 중의 하나가 요령식동과이다. 이 동과는 중원식 동과처럼 胡가 아래쪽에만 있는 것이 아니라 위쪽에도 형성 되어 있는 것[雙胡]이 특징이다. 이러한 형식의 동과는 요서의 객좌 梁家營 子, 葫蘆島 傘金溝유적[31]과 요동의 寬甸 泡子沿유적[32] 등 요령지역에서만 출토되었다. 이러한 요령식동과는 요서지역의 초기세형동검문화에서 중원 계 문물을 수용하는 과정에서 중원식동과를 받아들여 독자적으로 제작했던 것으로 한국식동과의 조형으로 보는 것이 일반적이다.[33]

이러한 동대장자유형과 연문화와의 관계는 어떠했을까? 이와 관련하 여 조양 원태자유적이 시사하는 바가 크다.[34] 발굴보고서에서 丁類 1·2기

31) 王成生, 2003, 앞의 논문, 232~236쪽.
32) 成璟瑭·孫建軍, 2009, 「于道溝遺蹟 出土 靑銅武器에 對하여」『考古學探究』5(考古學 探究會), 104쪽.
33) 小林靑樹·石川岳彦·宮本一夫·春成秀爾, 2007, 「遼西式銅戈と朝鮮式銅戈の起源」 『中國考古學』7(日本中國考古學會), 57~76쪽 ; 趙鎭先, 2009, 「韓國式銅戈의 登場背景 과 辛庄頭30號墓」『湖南考古學報』32, 29~31쪽.
34) 遼寧省文物考古研究所·朝陽市博物館, 2010, 앞의 책, 184~209쪽.

로 분류된 토착계열의 11기의 토광수혈묘는 대체로 산비탈 아래쪽에 위치해 있다. 이중 2기에 속하는 29호에서 전국 연의 장법인 條形小石板이 시설된 것으로 보아 토착사회에서 연문화 요소를 부분적으로 받아들였던 것으

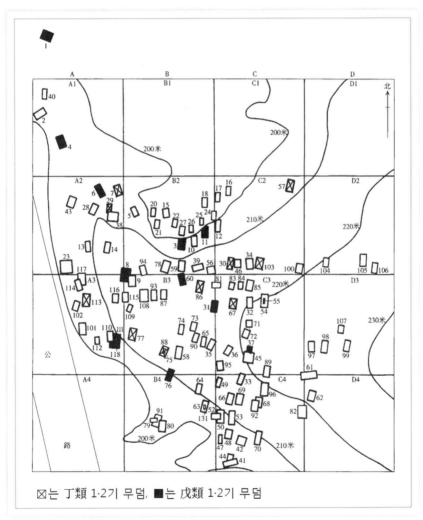

⊠는 丁類 1·2기 무덤, ■는 戊類 1·2기 무덤

2-6 | 원태자유적 丁類1 · 2기, 戊類1 · 2기 무덤 분포도

遼寧省文物考古研究所, 2010, 「朝陽袁台子」, 41쪽 그림을 일부 수정함

로 볼 수 있다. 한편 같은 시기에 戊類 1 · 2기로 분류된 燕계열의 12기 목관
(곽)묘가 丁類 무덤과 혼재되어 조성되어 있다. 이들 무덤에 부장된 토기는
鼎 · 豆 · 壺 · 盤 · 匜의 조합을 이루고 있으며 재질도 泥質이어서 전국계 製
陶技法에 의해 제작된 것들이다.

정류 · 무류 1 · 2기 무덤은 전국 조 · 중기인 기원전 4세기 이전에 조성
된 것들이다. 같은 시기에 무류의 전국계 무덤이 토착계열의 토광수혈묘가
함께 조영되었을 뿐만 아니라 서로의 무덤을 파괴하지 않고 조영되어다는
점이 주목된다. 이것은 조양지역에 전국계 주민의 이주 · 정착이 있었고, 토
착세력이 이들을 받아들여서 두 세력이 공존했기 때문에 가능했다고 볼 수
있다. 즉, 이 시기 대릉하유역에서 전국계 문화 요소가 강하게 나타나는 것
은 원태자유적처럼 토착세력이 전국계 유이민과의 공존 속에서 그들의 문
화를 쉽게 받아들였기 때문이라고 할 수 있다.

(2) 노로아호산 이북지역 철장구유형과 비교

여기에서는 지금까지 살펴본 대릉하유역 남동구 · 동대장자유형을 주변
의 철장구유형과 비교해 봄으로써 그 문화의 성격을 좀더 부각시켜 보고자
한다. 이와 관련하여 철장구유형에 대해 알아보자.

철장구유형의 범위는 대체로 노로아호산 이북지역으로 대체로 하가점
상층문화의 분포 범위와 비슷하다.[35] 대표적인 유적으로는 오한기 鐵匠
溝,[36] 수천 北區,[37] 林西 井溝子유적[38]을 들 수 있다. 이중 정구자유적 3

35) 王立新, 2004, 「遼西區夏至戰國時期文化格局與經濟形態的演進」『考古學報』3,
    250〜255쪽 ; 烏恩岳斯圖, 2007, 『北方草原考古學文化研究－靑銅時代至早期
    鐵器時代－』(科學出版社), 244〜248쪽 ; 이청규, 2008, 앞의 논문, 232〜238쪽.
36) 邵國田, 1992, 「敖漢旗鐵匠溝戰國墓調査簡報」『內蒙古文物考古』1 · 2.
37) 郭治中, 2000, 「水泉墓地及相關問題之探索」『中國考古學跨世紀的回顧與前瞻』(文物出版社),
    297〜309쪽.
38) 王立新 · 塔拉 · 朱永剛, 2010, 『林西井溝子－晩期靑銅時代墓地的發掘與綜合研究－』(科
    學出版社).

개묘가 하가점상충문화의 회갱을 파괴하고 조성되었고 17호·57호의 탄소연대측정 결과 2,225±65BP와 2485±45BP가 나왔다. 또한 철장구유형의 연대는 이후에 전국 연문화에 의해 대체되는 것으로 보아 대체로 기원전 6세기 중반~4세기로 볼 수 있다.[39]

무덤은 대부분 토광수혈묘이지만, 수천 북구에서는 목곽묘가 일부 조성되었다. 두향은 남북 혹은 동서향, 서북향 등 유적별로 일정하지 않다. 장법으로 철장구에서는 단인·쌍인장이, 수천 북구에서는 거의 대부분인 단인장이었다. 이에 비해 정구자에서는 단인장 21건(36.2%), 쌍인장 12건(20.7%), 3인 이상 다인장이 22건(37.9%)이었다. 이로 보아 장법은 지역별 차이가 심했던 것을 알 수 있다.

수천에서는 전체 1/3 정도의 묘장에서 소·돼지·개의 희생이 이루어졌다. 정구자의 경우에 55묘 중 50개에서 말(42.86%), 소(22.45%), 綿羊(21.43%), 당나귀(9.18%), 노새(2.04%), 개(2.04%) 등 6종 98개체분의 牧畜동물이 희생되었다. 이 외에도 사슴, 노루, 狐狸 등 야생동물뼈도 출토되어 정구자유적에서 목축과 함께 수렵이 중요한 생계 수단이었던 것을 알 수 있다.[40]

정구자에서 출토된 토기는 3건의 泥質陶를 제외하고 대부분 夾砂紅褐陶이며 소성온도는 낮은 편이다. 기종은 罐이 대부분이며 소량의 壺·鬲·鉢가 있다. 정구자의 夾砂罐·鉢·泥質灰陶壺 등의 기형은 철장구와 비슷한 측면이 있다. 수천 북구의 토기는 대부분 夾砂陶 계통으로 雙耳·單耳罐과 單把杯 등 원형 손잡이가 부탁된 기종이 많고 高腹의 疊脣罐(점토대토기)이 다음을 차지하며, 니질회도는 매우 적다. 수천 북구의 쌍이·단이 夾砂疊脣

39) 王立新·塔拉·朱永剛, 2010, 22~23쪽.
40) 陳全家, 2007, 「內蒙古林西縣井溝子遺址西區墓葬出土的動物遺存研究」 『內蒙古文物考古』2, 107~118쪽.

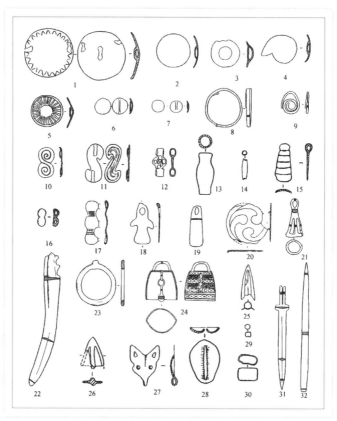

2-7 | 정구자유적 서구 출토 청동기

罐은 정구자유적 출토품과 형태가 거의 같다.

정구자 58개 무덤에서 출토된 청동기는 銅泡, 管狀飾, 小管狀飾, S形卷
雲紋飾, S자형鳥形飾, 鳥首形飾, 雙聯泡, 墜飾, 渦紋銅飾, 鈴形飾, 狐首形
飾, 銅貝飾, 銅鈴, 銅環 등 다양한 장식품이 출토되었다. 이에 비해 무기·
공구류로는 단검, 鏃, 刀, 錐, 針, 匕 등으로 장식품에 비해 상대적으로 빈
약한 편이다.

철장구 A구 1호묘에서는 半浮彫野豬交媾式牌飾, 半浮彫野豬形牌飾, 虎

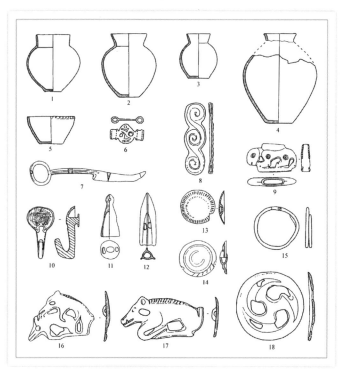

2-8 | 철장구유적 A구 출토 청동기

形飾, 帶鉤, 卷雲紋形牌飾, 渦紋圓形牌飾. 連鎖卷雲紋條形飾, 珠飾, 銅泡, 渦紋銅泡, 素紋銅泡 등 장신구와 도자가 출토되었다. 2호묘에서는 鳥形飾, 連鎖之字紋帶飾, 鈴形飾, 占狀紋銅泡, 耳環 등 장신구와 도자가 출토되었다. 3호묘에서는 編織紋銅泡, 素紋銅泡가 출토되었다.

　이처럼 정구자·철장구에서는 대부분의 부장품이 장신구이며 무기·공구류가 매우 적은 것이 특징이라고 할 수 있다. 또한 새·여우·호랑이·야생돼지 등 동물 소재에서 북방적 요소를 많이 공유하는 것[41]도 서로 비슷한

41) 武志江, 2009, 「井溝子西區墓地的文化因素及文化形成過程的初步分析」『華夏考古』1, 87 ~101쪽.

현상이라고 할 수 있다. 그리고 卷雲紋飾, 渦紋飾, 鳥(首)形飾 등은 두 유적에서 거의 같은 제품이 출토되었다. 이런 점에서 정구자와 철장구가 동일한 문화권이라는 것을 알 수 있다.

철장구유형과 십이대영자유형을 계승한 남동구 · 동대장자유형과는 일정한 차이가 있다. 그 차이는 수천 북구유적과 남구유적에서 확연히 드러난다. 수천 남구유적은 무덤이 북구에 비해 작고 깊이가 얕으며, 관 · 곽시설이 없는 토광수혈묘이다. 또한 35 · 40 · 41 · 44호묘처럼 석관묘가 있는 것도 북구와의 차이가 난다. 물론 남구도 북구처럼 동물 희생이 있지만 북구에 비해 규모가 작다. 남구의 토기는 북구와 달리 손잡이가 부착되지 않은 발형 및 옹형 원형점토대토기가 주를 이룬다.[42]

청동기로는 북구 79호묘에서 중원식 동과가 출토된 사례가 유일한다. 이에 비해 남구 20호묘에서는 후기비파형동검과 검파두식, 대구가 출토되었고, 82호묘에서는 T자형검병이, 87호묘에서는 대구가 출토되었다. 이러한 청동기 부장양상은 대릉하유역의 청동기문화와 비슷하다고 할 수 있다. 이런 점에서 후기비파형동검, T자형검병, 검파두식이 발견된 오한기 조란보랍격 1호 무덤[43]도 수천 남구유적과 같은 성격의 문화유형으로 볼 수 있을 것이다.

이런 점에서 발굴자는 수천유적을 북구와 남구로 구분하여 서로 성격이 다른 문화유형으로 파악하였다. 또한 남구의 무덤의 일부가 북구 무덤을 파괴하면서 조영된 점에서 북구의 연대가 남구보다 이른 것으로 볼 수 있다. 이러한 북구는 앞에서 살펴본 것처럼 정구자 · 철장구유적과 같은 문화유형으로, 남구는 대릉하유역의 남동구 · 동대장자유형의 문화유형으로 구분할 수 있다.[44]

---

42) 이성재, 2007, 앞의 논문, 16~19쪽.
43) 邵國田, 1996, 「敖漢旗鳥蘭寶拉格戰國墓地調査」 『內蒙古文物考古』1 · 2, 55~59쪽.
44) 郭治中, 2000, 앞의 논문, 305~309쪽 ; 烏恩岳斯圖, 2007, 앞의 책, 245~246쪽.

이처럼 대릉하유역의 후기비파형동검문화가 노로아호산 동쪽 기슭의 오한기지역까지 확장된 것을 알 수 있다. 철장구와 수천 북구유적이 철장구유형의 남방한계라고 한다면 조란보랍격과 수천 남구는 동대장자유형의 북방한계라고 볼 수 있다. 오한기 수천유적을 중심으로 두 문화가 시기가 중첩되면서 문화접변 현상이 일어났다고 볼 수 있다.

그렇다면 철장구유형을 남긴 세력은 누구일까? 철장구유형의 분포범위는 대체로 하가점상층문화와 비슷하고 시기적으로는 기원전 6세기 중반~4세기대에 해당된다. 그리고 기원전 3세기에 들어서면서 이 지역에는 연의 장성이 설치되면서 연문화가 본격적으로 유입된다. 이와 관련하여 『사기』 흉노열전에는

> 그 뒤 연의 賢將 秦開가 (東)胡에 인질로 가 있으면서 그들의 신뢰를 받았다. 그가 연으로 돌아온 후 東胡를 습격하여 패주시켰다. 이때 동호는 1천여 리를 후퇴하였다. 형가와 함께 진왕 정을 죽이러 갔던 진무양은 그의 손자이다. 연역시 造陽에서 襄平에 이르는 장성을 쌓고 상곡·어양·우북평·요서·요동군을 설치하여 호를 방어하였다.[45]

라고 되어 있다. 연이 동호를 공격하고 난 후에 장성과 군을 설치했던 사실을 전한다. 연의 동호 공격은 소왕 28년(기원전 283년) 산동의 제를 공격하고 난 이후에 일어난 사건이다. 이처럼 연이 동호를 공격한 것과 철장구유형의 쇠퇴하고 그곳에 장성이 설치되는 점이 시기적으로 일치한다. 따라서 철장구유형은 동호가 남긴 것으로 볼 수 있을 것이다.

철장구유형과 동호의 관계는 인골 분석 결과와도 관련이 있다. 정구자유적 출토 인골 자료를 분석한 결과, 정구자유적의 인골은 두개골이 낮고

---

45) 『史記』 卷110 匈奴列傳 第50, "其後燕有賢將秦開 爲質於胡 胡甚信之 歸而襲破走東胡 東胡卻千餘里 與荊軻刺秦王秦舞陽者 開之孫也 燕亦築長城 自造陽至襄平 置上谷漁陽右北平遼西遼東郡以拒胡".

넓은[低顱闊面] 面部扁平度가 매우 큰 北亞[시베리아] 몽골인종의 특징을 갖고 있다고 한다.[46] 이것은 동호의 후예인 鮮卑·烏桓 인골의 인류학적 특징과 같다고 한다.[47] 따라서 정구자유적은 바로 동호가 남긴 것으로 볼 수 있다.[48]

이처럼 대릉하유역의 남동구·동대장자유형은 노로아호산 이북의 철장구유형을 남긴 동호와 문화적으로 구분되는 것을 살펴보았다. 그리고 이 유형은 전국계·북방계 문화의 영향을 강하게 받았지만 기본적으로 비파형동검을 무기체계의 근간으로 삼는다는 점에서 전기 단계 십이대영자유형의 전통을 계승한 문화라고 볼 수 있다.[49] 그리고 조양 원태자유적처럼 일부 전국계 주민의 이동에 따라 토착민과의 잡거 형태가 나타나기는 하지만, 전기비파형동검문화의 십이대영자유형이 예맥의 문화였던 것처럼 남동구·동대장자유형도 예맥이 남긴 후기비파형동검문화로 볼 수 있다.

2) 요동~서북한지역의 후기비파형동검문화의 변화 양상

(1) 요동지역의 변화 양상

요동지역 후기비파형동검문화는 전기비파형동검문화의 지역별 특성을 계승하면서 각기 다른 양상으로 전개된다. 따라서 심양·요양 등 하요하유역의 요북지역, 요동 남부 일대, 요동반도 남단지역으로 나누어 살펴볼 필요가 있다.

하요하유역에서는 대표적으로 沈陽 鄭家窪子유적을 들 수 있다. 정가와자 제1지점[肇工街] 토광묘 1기에서는 T자형검병이 장착된 변형비파형동

---

46) 朱泓·張全超·李法軍, 2007, 「內蒙古林西井溝子遺址西區墓葬出土人骨的人類學硏究」 『人類學學報』2.
47) 朱泓, 2006, 「東胡人種考」『文物』8, 75~77쪽.
48) 王立新, 2005, 「探尋東胡遺存的一个新線索」『邊疆考古硏究』3, 84~93쪽.
49) 오강원, 2004, 앞의 논문, 68~73쪽 ; 烏恩岳斯圖, 2007, 앞의 책, 244~248쪽.

검과 선형동부, 동착, 十자형청동단추, 單鈕 · 雙鈕鏡形飾, 원형점토대토기 등이 발견되었다. 제2지점[肇工街南]에서는 제1지점의 동검과 유사한 변형 비파형동검이 수습되었다.[50] 제3지점에서는 14기의 토광묘군이 발견되었다. 남구에는 2기의 대형 토광묘가, 북구에는 소형 토광묘 12기가 밀집 분포되어 있다. 이중 남구의 6512호 목곽묘에서는 400여 건의 청동기가 출토되었는데, 무기류로는 변형비파형동검 · 검파두식 · 劍鏢 · 양익촉 · 삼익촉 등이, 공구류로는 선형동부 · 斧囊 · 동착 · 銅錐 · 刀子 등이, 마구류로는 재갈 · 재감멈치 · 나팔형장식 등이, 의기류로는 다뉴기하문경 · 單鈕鏡形飾 · 皮靴泡飾 등이 있다. 그리고 흑색마연장경호 외에 석기 · 골기 등 모두 42종 797건이 출토되었다.[51]

이처럼 6512호 목곽묘를 중심으로 한 정가와자유적은 무기류 · 공구류 · 마구류 · 의기류를 조합으로 하는 전형적인 후기비파형동검문화의 양상을 보여준다. 이러한 유물 조합의 양상은 이미 조양 십이대영자유적에서 드러났던 것이다. 특히 다뉴기하문경에서 보이는 연속 Z자형 기하문은 십이대영자유형의 계통으로, 이미 쌍방유형의 本溪 梁家村 1호 석관묘[52]에서 출토된 바가 있다. 또한 선형동부 몸통에 있는 사격자문도 같은 양상으로 볼 수 있다. 한편 토광묘라는 새로운 중원계 묘제가 수용된 것이 특징이다.[53] 이러한 정가와자유적을 중심으로 하는 하요하유역의 후기비파형동검문화를 정가와자유형으로 분류하기도 한다.[54]

50) 沈陽市文物工作組, 1964, 「沈陽地區出土的青銅短劍資料」『考古』1.
51) 沈陽故宮博物館 · 沈陽市文物管理辦公室, 1975, 「沈陽鄭家洼子的兩座青銅時代墓葬」『考古學報』1.
52) 魏海波, 1985, 「遼寧本溪發現青銅短劍墓」『遼寧省本溪 · 丹東地區考古會議文集』.
53) 이남규, 1987, 「서북한 토광묘의 성격-개념분류 및 사용개시에 관하여-」『한국고고학보』20, 68~78쪽.
54) 이청규, 2005, 「青銅器를 통해 본 古朝鮮과 주변사회」『북방사논총』6, 14~19쪽 ; 오강원, 2006, 『비파형동검문화와 요령지역의 청동기문화』(청계), 466~474쪽.

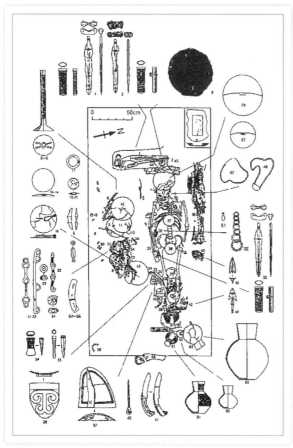

한편 요동 남부 지역인 海城 大屯 유적에서는 마모된 변형비파형동검과 T자형검병·검파두식이 토광묘에서 출토되었다.[55] 長海縣 上馬石에서는 10기의 토광묘가 발견되었는데 그 중 3호 토광묘에서 변형비파형동검·T자형검병·검파두식·장경호가 발견되었다.[56] 요동 남부지역에서는 이전 시기 탁자식 지석묘와 개석식 지석묘의 전통이 강했던 지역

2-9 | 심양 정가와자 6512호묘와 출토 유물 이후석 제공

이었다. 이러한 지역에서 정가와자유적처럼 토착집단이 토광묘를 수용했던 것이다. 유물상에 전국계 문화의 요소가 보이지 않지만, 토광묘의 수용이라는 점에서 전국 연과 간접적으로 교류 관계를 맺었던 것으로 보인다.

---

55) 孫守道·徐秉琨, 1964,「遼寧寺兒堡等地靑銅短劍與大伙房石棺墓」『考古』6.
56) 旅順博物館·遼寧省博物館, 1982,「遼寧長海縣上馬石靑銅時代墓葬」『考古』6.

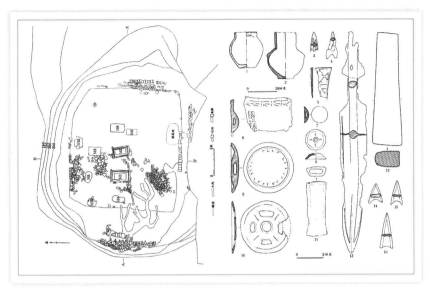

2-10 | 대련 루상묘와 출토 유물

　　요동반도 남단지역에서도 大連 樓上·臥龍泉·劉家疃유적 등 후기비파
형동검문화가 나타난다. 루상유적은 10기의 묘실로 이루어졌는데 모두 화
장된 적석묘이다. 이중 1호묘에는 4인이 매장된 것으로 추정되며 T자형 검
병이 장착된 변형비파형동검과 刀子·泡飾 등이 출토되었다.[57] 와룡천 적
석묘에서는 5기의 묘실이 발견되었는데 모두 화장된 것이다. 적석부에서는
선형동부거푸집·석제가락바퀴 등이 출토되었으며, 1~3호묘에서는 변형
비파형동검·T자형검병·석제가락바퀴 등이, 5호묘에서는 변형비파형동
검·검병두식·선형동부·청동재갈·泡飾 등이 출토되었다.[58] 유가탄유적
에서는 4기의 석곽묘가 조사되었는데 그중 3호묘에서 비파형동검·선형동

57)　旅順博物館, 1960,「旅順口區后牧城驛戰國墓淸理」『考古』8.
58)　조중공동고고학발굴대, 1966,『중국 동북 지방의 유적 발굴 보고』, 101~106쪽.

부 · 세장형동부 · 양익유경식동촉 등이 출토되었다.[59]

이처럼 요동반도 남단지역은 이전 시기의 장군산 적석묘에서 우가촌 적석묘, 강상묘로 이어지는 이 지역 토착적인 묘제인 적석묘 전통을 그대로 유지하였다. 또한 강상묘에서와 마찬가지로 루상, 와룡천 적석묘에 모두 화장한 흔적이 있는 것도 이 지역의 토착적인 요소이다. 이 지역은 토착적인 성격을 강하게 유지하면서 후기비파형동검문화로 이행되었던 것으로 볼 수 있다.

이러한 후기비파형동검문화는 기원전 4세기대에 들어서면서도 이전 단계의 특징을 그대로 유지해 간다. 심양 정가와자 2호 토광묘에서는 초기세형동검과 검파두식 · 褐色磨研長頸壺 · 가락바퀴 등이 출토되었다.[60] 정가와자 6512호묘에서 출토된 동검이 돌대가 남아 있는 변형비파형동검이라면 여기에서 출토된 동검은 돌대가 남아 있지 않다. 이것은 변형비파형동검에서 세형동검으로 변화하는 과도기적인 형태의 동검인 초기세형동검이라고 할 수 있다. 출토된 갈색마연장경호도 정가와자 6512호 출토 흑색마연장경호와 색깔만 다를 뿐 그 형태는 거의 같다고 할 수 있다. 토광묘를 그대로 유지했던 점에서도 정가와자 6512호묘의 전통을 그대로 유지된 것을 알 수 있다.

遼陽 亮甲山유적에서도 6기의 토광묘가 발견되었다.[61] 이 중 1 · 2 · 3호묘에서 초기세형동검이 출토되었으며, 2호묘를 제외한 나머지 무덤에서는 우각형파수부관 혹은 흑도장경호가 출토되었다. 이중 흑도장경호는 정가와자 2호 토광묘 출토품과 거의 같다. 양갑산 토광묘군은 전체적으로 부장품이 풍부하지는 않지만 기본적으로 정가와자 2호묘처럼 토착세력에서 토광

---

59) 原田淑人 · 駒井和愛, 1931, 『牧羊城－南滿洲老鐵山麓漢及漢以前遺蹟－』(東亞考古學會), 45~47쪽.
60) 조중공동고고학발굴대, 1966, 앞의 책, 137~139쪽.
61) 孫守道 · 徐秉琨, 1964, 앞의 논문, 279~281쪽.

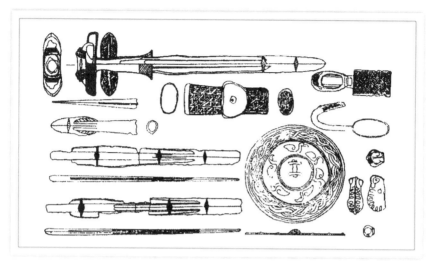

2-11 | 본계 유가초 석관묘 출토 유물

묘를 수용했던 양상이 보인다.

태자하유역의 본계 양가촌 2호 석관묘에서는 초기세형동검이,[62] 본계 南芬 기차역 부근 토광묘에서는 초기세형동검과 T자형검병 일부가,[63] 본계 劉家哨 석관묘에서는 초기세형동검3 · T자형검병 · 검파두식 · 劍鏢 · 葉脈文銅鉾 · 多鈕水鳥文鏡이[64] 출토되었다. 태자하유역의 본계지역은 석관묘 전통이 강하게 유지되었던 곳인데 이런 곳에서 전국계 토광묘가 수용되었다는 점이 특이하다. 따라서 기원전 4세기대에 들어서 이 지역에서 전국 연 문화의 영향을 받았던 것으로 볼 수 있다.

유가초 석관묘에서는 엽맥문동모의 문양이 특이하다. 이런 엽맥문 요소는 본계의 동남쪽, 압록강 북쪽에 있는 寬甸縣 趙家堡 석관묘에서도 나타난

---

62) 魏海波, 1985, 앞의 논문.
63) 齊俊, 1994, 「本溪地區發現靑銅短劍墓」『遼海文物學刊』2, 99쪽 ; 梁志龍, 2003, 「遼寧本溪多年發現的石棺墓及其遺物」『北方文物』1.
64) 梁志龍, 1992, 「遼寧本溪劉家哨發現靑銅短劍墓」『考古』4.

다. 이 유적에서는 초기세형동검 · 多鈕葉脈文銅鏡 · 多鈕素文鏡이 함께 출토되었다. 이중 다뉴엽맥문동경의 엽맥문이 유엽형동모의 문양과 같은 계열이다. 이러한 엽맥문은 기원전 3세기대의 集安 吾道嶺溝門 적석묘의 다뉴엽맥문동경 · 엽맥문동모로 이어진다.[65] 나아가 吉林 樺甸 西荒山屯유적 출토 촉각식세형동검과 청동도자에서도 나타난다.[66]

엽맥문동경의 경우에 주연부가 돌기연을 이루는 점에서 전국계 동경의 영향을 받은 것으로 보인다. 유가초 출토 다뉴수조문경도 水鳥文을 북방초원계의 영향으로도 볼 수 있으나 주연부의 돌기연이나 수조문 외곽의 타래문은 山西 長子縣 東周墓 출토품 등 중국북부지역 전국 동경에 이미 나타나는 문양이다.[67] 그리고 동경의 꼭지가 雙鈕인 점은 분명히 비파형동검문화의 토착적인 요소라고 할 수 있다. 따라서 엽맥문동경 · 수조문동경 · 동모는 토착적인 비파형동검문화의 전통에 북방초원계 문화요소와 전국계 요소가 가미되어 요동동부지역에서 유행했던 것이라고 할 수 있다.[68]

요동반도 남단의 대련 윤가촌 아래층 2기 12호 석곽묘에서는 초기세형동검, 環狀石器, 회색니질의 豆, 갈색사질의 高柄豆, 短頸壺, 이중구연 심발형토기 등이 출토되었다.[69] 이중 회색니질의 두는 갈색사질의 고병두와 재질면에서 차이가 있다. 또한 회색니질 두에서는 굽부분에 회전판을 이용해 마무리한 흔적이 보인다. 이러한 재질과 제작기법은 이미 조양 원태자유적에서 나타났던 것으로 전국계 제도기법이 대릉하유역을 거쳐서 요동지역으로 유입되었던 것으로 볼 수 있다.

65) 集安縣文物保管所, 1981, 「集安發現靑銅短劍墓」『考古』5.
66) 吉林省文物工作隊, 1982, 「吉林樺甸西荒山屯靑銅短劍墓」『東北考古與歷史』1.
67) 宮本一夫, 1990, 「戰國鏡の編年(上)」『古代文化』42-4, 200~207쪽.
68) 이후석, 2008, 앞의 논문, 101~102쪽.
69) 조중공동고고학발굴대, 1966, 앞의 책, 115~119쪽.

(2) 서북한지역의 변화 양상

서북한지역 후기비파형동검문화는 전기비파형동검문화의 신흥동유형을 일정하게 계승하면서 발전한다. 전기의 대표적인 묘제가 지석묘였던 것에 비해 이 시기에는 역시 지석묘가 주류를 이루고 있지만 석관묘도 적지 않게 조영되었다.

이 단계에서는 침촌리형 지석묘가 개별 무덤화되면서 묵방리형 지석묘로 변화하고 같은 시기의 한 지석묘군 가운데 유달리 큰 탁자식(오덕리형) 지석묘가 등장하게 된다.[70] 연탄군 두무리 도동 10호, 금교동 5호, 사리원시 광석리 4호 지석묘들은 구조로 보아 이웃 지석묘와 본질적인 차이는 없어도 개석의 크기 및 매장부의 크기가 크고 정교하게 손질되어 있다. 이들 중에는 덮개돌이 8m가 넘는 것도 있다. 이처럼 같은 지석묘 묘역 내에 웅장한 개석이 있는 무덤과 그런 것이 없는 무덤이 있고, 개석이 큰 무덤에 부장품이 비교적 많다는 사실은 지석묘사회 후기 단계에 이르러 공동체 주민들 사이에 지배자가 출현하였고, 피장자 사이에도 어느 정도 신분상의 차이가 있었음을 반영하는 것이라고 볼 수 있을 것이다.[71] 이것은 요동지역의 지석묘가 처음에는 소형의 군집을 이루어 조영되다가 한편으로는 주체부를 지하로 만드는 大石蓋墓[개석식 지석묘]로 변하고, 다른 한편으로는 족장묘로서 거대화되는 大支石墓로 변화한 것[72]과 같은 변화 과정이라고 할 수 있다.

서북한지역의 지석묘사회에서는 지역집단 내에서 강력한 지배자가 등장하게 되면서 비파형동검문화도 점차 확산되어 간다. 평양 삼석구역 호남리 표대 10호 주거지에서는 비파형동모가 묵방리형토기와 함께 출토되었

---

70) 석광준, 2002, 앞의 책, 241~252쪽.
71) 송호정, 2003, 앞의 책, 226~227쪽.
72) 田村晃一, 1996, 「遼東石棚考」『東北アジアの考古學(第二, 樻域)』, 117쪽 ; 王嗣洲, 1996, 「試論遼東半島石棚與大石蓋墓的關係」『考古』2, 74~77쪽.

다.[73] 평남 덕천시 남양 16호 주거지에서도 비파형동모가 각종 석기류와 함께 출토되었고, 20호 주거지에서는 단추모양 청동기가 5점이 출토되었다.[74] 이들 주거지는 팽이형토기주거지 제3기층으로 모두 묵방리형토기가 반출되는 것이 특징이다. 이러한 주거지에서 청동기가 출토된 것은 다른 문화유형에서는 찾아보기 힘들다. 이미 전기비파형동검문화 단계인 황해도 금곡동 주거지에서 비파형동검이 출토된 사례가 있는 점으로 보아 이러한 청동기가 부장품으로서만이 아니라 지석묘의 조영세력이자 팽이형토기문화의 주체가 생전에 직접 사용했던 것을 알 수 있다.

이 시기 서북한지역에는 변형비파형동검이 주로 제작되었다.[75] 평남 개천군 중서면 용흥리에서 석관묘로 추정되는 곳에서 변형 I 식 동검이,[76] 평양 동대원구역에서 변형 I 식 동검이 출토되었다.[77] 황남 배천군 대아리 석관묘에서는 변형 II 식 동검이,[78] 황북 신평군 선암리 석관묘에서도 변형 II 식 동검이 출토되었다.[79] 평양시 형제산구역 서포동에서는 변형 III 식 동검이 출토되었고,[80] 또 평양 부근에서 변형 III 식 동검이 수습되었다. 이외에 평양시 순안구역 신성동 돌곽무덤에서 변형비파형동검과 검병두식, 번개무늬청동거울, 장경호, 석촉 등이 발견되었다.[81]

---

73) 김종혁, 1996, 「표대부락터유적에 대하여」『조선고고연구』2, 22~25쪽.

74) 서국태·지화산, 2003, 『남양리 유적발굴보고』(백산자료원), 81~88쪽.

75) 여기에서 변형비파형동검의 I·II·III의 분류는 이영문의 분류 방식을 따른 것이다(이영문, 1991, 「한반도 출토 비파형동검 형식분류 시론」『박물관기요』7(단국대학교 중앙박물관), 79~87쪽).

76) 한병삼, 1968, 「개천 용흥리출토 청동검과 반출유물」『고고학』1.

77) 榧本杜人, 1980, 『朝鮮の考古學』(同朋舍).

78) 리규태, 1983, 「배천군 대아리 돌상자무덤」『고고학자료집』6, 175~177쪽.

79) 정용길, 1983, 「신평군 선암리 돌상자무덤」『고고학자료집』6, 170~172쪽.

80) 황기덕, 1974, 「최근에 새로 알려진 비파형동검과 좁은놋단검 관계의 유적유물」『고고학자료집』4, 158~159쪽.

81) 조선고고연구편집자, 2004, 「순안구역 신성동에서 새로 발굴된 고조선시기의 돌곽무덤」『조선고고연구』1, 38쪽 ; 김동일, 2009, 『북부조선지역의 고대무덤』(진인진), 98쪽.

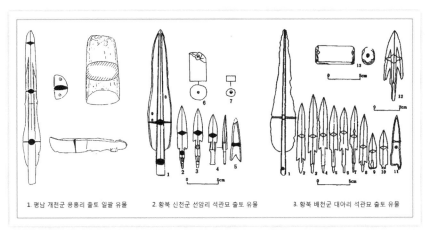

1. 평남 개천군 용흥리 출토 일괄 유물 2. 황북 신천군 선암리 석관묘 출토 유물 3. 황북 배천군 대아리 석관묘 출토 유물

2-12 | 서북한지역 후기비파형동검문화 관련 유물

　　이러한 청동기 출토 사례는 이전 시기에 비하면 수량면에서 상당히 증가한 것이다. 여기에서 또 하나 주목할 만한 것은 변형비파형동검 중에서 출토지가 확실한 것은 대부분 석관묘라는 점이다. 기원전 4세기 이후 서북한지역에서 초기세형동검이 천곡리 · 정봉리 · 룡산리 등 석관(곽)묘와 반천리 · 석산리와 같은 토광묘 계열의 무덤에서 출토되는 것을 비추어 볼 때, 이 시기에 석관(곽)묘 계열에서 비파형동검문화 요소가 부장되는 것은 하나의 흐름으로 이해할 수 있다.

　　이처럼 서북한지역의 석관묘에서 비파형동검문화 요소가 강하게 드러나는 것은 요동지방으로부터 미송리형토기문화와 비파형동검문화의 영향을 같이 받았기 때문이라고 볼 수 있다. 요동지역에서는 미송리형토기가 주로 석관묘 조영세력을 중심으로 비파형동검문화와 함께 확산되는데 서북한지역에서도 비슷한 양상으로 비파형동검문화가 확산된 것이다. 이러한 과정에서 서북한지역에서는 미송리형토기의 영향을 받아 묵방리형토기가 출현하게 된다. 한편 이 시기 서북한지역에 전국계 문화의 요소는 나타나지 않는다.

2. 요동지역 후기비파형동검문화의 부상과
고조선의 연맹체 형성

1) 요동지역 후기비파형동검문화의 부상과 지배집단의 발전

(1) 대릉하~요동지역 전국계 문화의 수용 양상

후기비파형동검문화에서 초기세형동검문화로 이행하는 과정에서 대릉하유역과 요동지역은 말할 것도 없이 서북한지역에서도 청동기부장묘가 전기비파형동검문화 단계보다 훨씬 증가했다. 서북한지역에서는 대형 탁자식 지석묘가 조영되면서도 석관묘 조영집단을 통해 지속적으로 비파형동검문화가 수용되었다. 이처럼 전기비파형동검문화의 주변지역으로 여겨졌던 지역에서 청동기부장묘가 증가한 것은 비파형동검문화의 확대·발전과 함께 이전 단계에 비해 지배집단이 성장하였다는 것을 알 수 있다.

후기비파형동검문화의 가장 큰 특징이라고 한다면 대릉하~요동지역에서 전국계 문화의 수용이 두드러졌다는 점이다. 이 지역은 서북한지역에 비해 상대적으로 서쪽에 있기 때문에 전국계 문화의 수용이 좀더 활발하게 이루어질 수 있었던 것으로 보인다. 이런 점에서 두 지역이 전국계 문화를 대표로 하는 주변 문화의 수용 양상에 있어서 어떠한 차이가 있으며, 그러한 차이가 후기비파형동검문화 전체에서 어떠한 의미를 갖는지를 살펴보자.

먼저 대릉하유역 남동구유형에서 전국계 문화의 수용 양상을 살펴보자. 남동구유적에서는 비파형동검·銅戈·刀子·銅簋·鳥形帶鉤·대롱장식·가오리장식·재갈·차축두·陶罐·石斧·관옥 등이 출토되었다. 이중 동과와 동궤는 하북성 唐山市 賈各庄의 8호와 18호묘 출토품과 거의 같다.[82] 동과는 전기비파형동검문화 단계에서 금서 오금당에서 출토된 단 한 사례

---

82) 安志敏, 1953, 「河北省唐山賈各庄發掘報告」『考古學報』6冊, 87~107쪽.

가 있었으나 후기 단계에 들어서면서 능원 삼관전자에서도 출토되었다. 이 長胡三穿銅戈는 말재갈과 함께 춘추시기부터 제작되었던 것이다. 궤와 차축두에 새겨진 蟠虺紋은 춘추만기부터 출현한 대표적인 중원계 문양이다. 이와 달리 비파형동검과 가오리장식, 도관과 같은 토착적인 요소도 중요한 비중을 차지하고 있다.

능원 삼관전자에서는 남동구와 유사한 동과가 출토되었다. 또한 중원식 예기의 대표적인 기종인 銅鼎이 출토되었는데 山彪鎭 출토품과 유사하다고 한다.[83] 한편 삼관전자의 동부는 십이대영자유형의 전형적인 선형동부가 아니라 하가점상층문화의 소흑석구 8501호의 동부처럼 直刃銅斧이거나 날 끝만 살짝 들린 釣刃形銅斧이다. 또한 가오리나 개구리와 같은 토착적인 요소를 제외한 虎形 · 鹿形 동물장식은 노로아호산 이북 청동기문화의 영향을 받은 것으로 볼 수 있다.

이처럼 기원전 5세기대의 남동구유형에서는 동과 · 동정 · 동궤 · 차축두 · 재갈과 같은 중원적 요소와 직인동부 · 동물장식과 같은 북방적 요소가 많이 나타나는 것이 특징이다. 무기체계에서는 여전히 비파형동검을 고수하고 있지만 중원식 동과가 공반된다는 점에서 이전 단계와는 차이가 있다. 또한 이전 단계에 보이지 않던 중원식 예기인 동정과 동궤가 부장되었다는 것은 이 단계에 연을 포함한 중원세력과의 교류 관계가 이전보다 활발해졌다는 것을 알 수 있다. 이러한 남동구유형의 부장 양상은 전기비파형동검문화 단계에 비해 토착적 요소가 감소하고 대신에 중원적 요소와 북방적 요소가 더 늘어났다고 볼 수 있다.

기원전 4세기대에 들어서면 대릉하유역에 중원적 요소가 더 증가되는 양상은 건창 동대장자유적을 통해 확인할 수 있다.[84] 14호묘는 중국식 관

---

83) 遼寧省博物館, 1985, 앞의 논문.
84) 國家文物局主編, 2001, 앞의 논문, 57~61쪽.

곽을 사용한 적석목관(곽)묘로 부장칸에 洗·匜·豆·雙聯壺·鼎·書·衡·斧·鉞 등 禮器, 車馬具 20여 점과 목곽안에는 금도금한 T자형 청동검병과 검병두식이 장착된 초기세형동검과 중원식 銅戈 두 점이 부장되었다. 6호묘에서는 罐·盃·尊·彩繪陶壺 등의 도기와 敦·鼎 등의 禮器, 초기세형동검과 동과 등의 무기, 書·馬衡·斧·鉞 등이 부장되어 있다.

동대장자유적은 14호묘에서 초기세형동검이 허리부분에서 출토되었다는 점에서 아직까지 십이대영자유형의 전통을 고수하는 것으로 볼 수 있다. 그러나 중원식 동과가 이미 보편화되었고, 중원식 청동예기와 차마구류가 부장품의 대부분을 차지하고 있다. 동대장자유적은 적석을 이용한 것과 동물희생을 했다는 점에서 토착적인 요소를 견지하고 있지만 묘광에 이층대를 마련하고 목관(곽)을 사용하고 부장품의 대부분이 중원식이라는 점에서 중원문화의 영향을 너무 강하게 받은 것으로 볼 수 있다.[85]

이러한 중원화의 현상은 건창 우도구 토광묘유적에서도 강하게 드러난다. 부장품이 가장 풍부한 90M1호에서는 T자형검병을 장착한 초기세형동검 외에 도씨검·동부·동과의 청동기, 有蓋豆·高柄豆·罐 등의 토기와 磨石·耳璜·石珠 등이 일괄 수습되었다. 여기에서는 대표적인 중원식 동검인 도씨검이 동과와 함께 출토되었으며, 전국식 제도기법에 의해 제작된 有蓋豆·高柄豆와 같은 니질회도가 부장되었다. 이처럼 우도구유적에서도 동대장자처럼 전국계 문화요소가 토착적인 요소를 압도하였던 것으로 볼 수 있다.

이외에도 과목수영자에서는 중원식 토광묘에 중원식 동과와 동탁이 부장되었으며, 객좌 토성자 유적에서도 중원식 동과가 출토되었다. 객좌 원림처에서는 陶鼎·陶盆 등 전국식 제도기법을 이용한 토기가 제작되었으며 중국식 장법에 사용되는 小石板이 이용되었다.

---

85) 오강원, 2006, 앞의 논문, 8~11쪽.

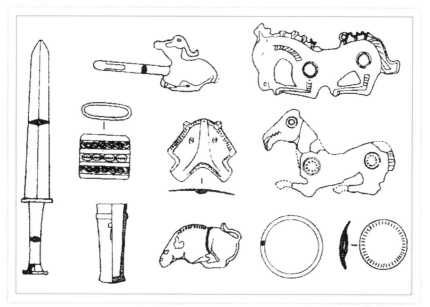

2-13 | 능원 오도하자 출토 청동기

한편, 원태자유적에서 살펴보았듯이 이 시기에는 토착계열의 무덤(丁類 1·2기)과 전국계열의 무덤(戊類 1·2기)이 같은 구역 안에서 무덤을 함께 조영되었다. 이것은 전국계 주민이 조양 원태자지역으로 이주하여 토착민과 함께 거주하였다는 것을 보여준다. 이러한 현상은 전국계 문화요소의 유입이 단순한 문화권 간의 교류 차원에서 그치는 것이 아니라 주민의 이동을 동반한 문화의 유입이라고 할 수 있다. 이러한 과정을 통해 토착세력에서 전국계 문화를 자연스럽게 받아들였던 것이다.

대릉하유역에서 외래계 문화의 수용과 관련해서 능원 오도하자유적[86] 이 주목된다. 이 유적에서는 1기의 석곽묘와 10기의 토광묘가 발견되었는데 기본적으로 중원식 동검과 동과가 무기체계의 근간을 이룬다. 그리고 북

---

86) 遼寧省文物考古研究所, 1989, 「遼寧凌源縣五道河子戰國墓」發掘簡報 『文物』2.

방계 청동기문화의 영향을 받은 각종 동물장식은 위세품의 대부분을 차지하고 있다. 이 유적은 대릉하유역의 서쪽 끝에 있지만 水系上으로는 靑龍河 상류를 거쳐 灤河로 유입된다. 오도하자유적은 대릉하유역을 중심으로 하는 충적 대지위에 조성된 동대장자와 같은 유적들과는 달리 요서 고산지대에 속하는 유적이다. 또한 두향이 서북향인 점은 동대장자유형이 동향인 점과 다르다고 할 수 있다.[87] 이 유적은 灤平 炮台山유적[88]과 같이 난하를 중심으로 하는 하북성 북부의 옥황묘문화의 한 유형[89]으로 볼 수 있다.[90] 이처럼 중원계와 북방계 청동기문화가 혼합된 옥황묘문화가 대릉하유역의 서쪽까지 파급된 것을 볼 때[91] 이것은 조양 원태자유적처럼 외래문화와 토착문화가 공생하는 것이 아니라 아예 외래문화가 이식된 것으로 볼 수 있다.

이와 달리 요동지역의 정가와자유형을 중심으로 후기비파형동검문화에서 전국계 문화의 수용 양상을 살펴보자. 정가와자유적의 남구의 6512호 토광목곽묘에서는 변형비파형동검 · 검파두식 · 劍鏢 · 양익촉 · 삼익촉 등의 무기류, 선형동부 · 斧囊 · 동착 · 銅錐 · 刀子 등의 공구류, 재갈 · 재갈멈치 · 나팔형장식 등의 마구류, 다뉴기하문경 · 單鈕鏡形飾 · 皮靴泡飾 등의 의기류, 흑색마연장경호 외에 석기 · 골기 등 모두 42종 797건이 출토되었다.[92]

이러한 부장품은 양질면에서 당시 대릉하유역의 남동구나 삼관전자에

87) 오강원, 2006, 앞의 논문, 12~15쪽.
88) 河北省文物研究所外, 1983, 「灤平縣虎什哈炮台山山戎墓地的發現」『文物資料叢刊』7, 67~74쪽.
89) 정대영, 2004, 「中國 河北省北部 "玉皇廟文化" 연구」『문화재』37, 93~116쪽.
90) 오도하자유적에 보이는 연문화 요소를 근거로 전국시기 전반기에 연의 영향력이 대릉하유역까지 미친 것, 즉 燕化현상으로 설명하는 것(宮本一夫, 2000, 「戰國燕とその擴大」『中國古代北疆史の考古學的研究』(中國書店), 229~232쪽)은 제고의 여지가 있다고 본다.
91) 宮本一夫, 1998, 「古式遼寧式銅劍の地域性とその社會」『史淵』135, 145~149쪽.
92) 沈陽故宮博物館・沈陽市文物管理辦公室, 1975, 앞의 논문.

비해 압도적으로 많을 뿐만 아니라 비파형동검문화권 내에서 가장 풍부한
사례라고 할 수 있다. 무기는 비파형동검을 중심으로 구성되어 있으며 동과
나 도씨검과 같은 중원계 무기는 보이지 않는다. 공구류인 동부도 전기비파
형동검문화 단계의 선형동부의 전통을 그대로 계승한 형태를 유지하고 있
다. 말머리에 씌우는 나팔형장식은 다른 지역에서 찾아볼 수 없는 독특한
것이다. S자형 재갈멈치는 뱀을 형상화한 것으로 이것은 십이대영자 1호묘
출토품처럼 비파형동검문화권만의 독특한 양식이다.[93] 그리고 의기류인 다
뉴기하문경은 Z자형기하문으로 십이대영자유형의 다뉴경 문양에서 시작된
것으로 본계 양가촌 1호 석관묘 출토 다뉴경을 거쳐 정가와자로 계승된 것
으로 볼 수 있다.[94] 물론 요동지역에서 다뉴경은 이전 단계부터 나타나기
시작하였다. 한편 남동구유형에서 많이 보이는 동물형장식은 석제 개구리
장식을 제외하고 거의 나타나지 않는다.[95]

이처럼 정가와자 6512호묘에서는 비파형동검 · 선형동부 · 다뉴기하문
경 · S자형뱀모양재갈멈치 등은 십이대영자유형의 비파형동검문화 전통을
그대로 계승한 것이다. 그리고 개구리 장식은 같은 시기 남동구유형의 동물
장식의 영향을 받은 것이다. 여기에서 외래적인 요소라고 한다면 묘제로서
전국계 토광묘의 영향을 받아 토광목곽묘를 채택한 것이다.[96] 전반적으로
정가와자유적은 전기비파형동검문화의 전통을 충실히 계승 · 발전시킨 것
이라고 할 수 있다.

한편 요동 남부지역인 해성 대둔에서는 토광묘에서 변형비파형동검이

---

93) 강인욱, 2010, 「기원전 1천년기 요령~한반도 비파형동검문화로 동물장식의 유입과정」
  『호남고고학』36, 104쪽.
94) 조진선, 2008, 「多鈕粗紋鏡의 形式變遷과 地域的 發展過程」『한국상고사학보』62, 36~
  39쪽.
95) 강인욱, 2010, 앞의 논문, 113쪽.
96) 이남규, 1987, 앞의 논문, 68~78쪽.

출토되었다. 장해현 상마석에서는 10기의 토광묘가 발견되었으며, 3호묘에서 변형비파형동검이 출토되었다. 요동남부지역은 전기 단계에 탁자식과 개석식 지석묘가 주로 조영되었던 지역이었다. 그런데 이러한 지역에 전국계 토광묘가 지배집단의 묘제로 채택된 것은 정가와자유적처럼 전국계 문화의 영향을 받은 것으로 볼 수 있다. 이와 달리 요동반도 남단지역의 대련 루상이나 와룡천 유적에서는 여전히 장군산 적석묘의 전통을 계승한 적석묘가 지배집단의 묘제로 계속 조영되고 있었다.

기원전 4세기대에 들어서 정가와자를 중심으로 한 요북지역에서는 토광묘가 점차 확산되는 양상을 보인다. 요양 양갑산은 정가와자의 전통을 이어 여전히 토광묘가 주요한 묘제로 채택되었다. 한편 태자하유역의 본계지역에서는 양가촌 2호, 유가초 석관묘처럼 여전히 석관묘가 주류를 이루고 있다. 그런데 본계 南芬 기차역 부근에서 토광묘에서 초기세형동검이 발견되었다.[97] 이것은 석관묘의 전통이 강하게 남아있던 지역에서도 지배집단의 묘제로 토광묘가 채택되기 시작했다는 것을 알 수 있다.

한편 요동반도 남단의 대련 윤가촌 아래층 2기 12호 석곽묘에서는 초기세형동검과 灰色泥質 豆, 褐色砂質의 高柄豆가 토착계열의 이중구연심발형 토기와 함께 출토되었다. 이러한 회색니질의 두는 회전판을 이용해서 만든 것으로 전국계 제도기법을 도용한 것이다. 이러한 토기는 이미 대릉하유역의 조양 원태자유적에서 출토된 바 있다. 따라서 이러한 전국계 제도기법이 대릉하유역을 경유하여 요동반도 남단에까지 영향을 끼쳤던 것으로 볼 수 있다.

지금까지 대릉하유역과 요동지역의 외래 문화 수용 양상에 대해 검토를 하였다. 대릉하유역에서는 비파형동검과 일부 토기를 제외하고 도씨검·동과와 같은 무기, 동정·동궤와 같은 禮器, 차축두·재갈과 같은 거마구류,

---

97) 齊俊, 1994, 앞의 논문, 99쪽.

전국식 제도기법과 같은 중원식 문화 요소와 토광에 2층대를 만들고 목관 (곽)을 설치하고 일부에서는 소판석을 사용하는 등 전국식 장법까지 수용하였다. 동대장자유적의 경우 적석석곽과 초기세형동검을 부장한 점을 제외하면 전국계 무덤이라고도 볼 수 있을 정도이다. 심지어 조양 원태자유적에서는 전국계 주민이 토착계열과 같은 공간에 무덤을 조영하기까지에 이르게 되었다. 이처럼 기원전 5~4세기를 거치면서 대릉하유역에서는 비파형동검문화의 요소가 거의 사라지게 되면서 전국계와 일부 북방계 문화 요소가 토착적 요소를 압도하는 단계까지 이르게 되었다.

이에 비해 요동지역에서는 지배집단의 묘제로 전국계 토광묘를 받아들이기 시작한 것 외에 전국계 문화를 받아들인 것이 상대적으로 적다. 이 시기의 대표적인 무덤인 정가와자 6512호묘에서는 비파형동검을 비롯하여 선형동부·다뉴기하문경 등 전기비파형동검문화의 전통이 아주 잘 남아 있다. 이것은 같은 시기 대릉하유역에서 전국계 문화의 영향을 강하게 받았던 것과는 전혀 다르다. 한편 토착적 전통을 강하게 유지하였던 요동반도 남단에서는 여전히 적석묘의 전통을 고수하면서도 전국계 제도기법을 받아들여 토기를 제작했다. 이처럼 요동지역에서는 대릉하유역처럼 전국계 주민의 이동을 동반한 것처럼 전면적인 수용이 아니라 지역별로 선택적으로 받아들였던 것으로 볼 수 있다.

(2) 요동지역 정가와자유형의 발전

그렇다면 후기비파형동검문화에 이러한 문화변동이 요동지역 지배세력의 변화와 어떠한 관계가 있는지를 살펴보자. 기원전 5세기대 요동지역의 분묘 유적에서는 대부분 비파형동검이 출토되거나 그것에 부속된 T자형검병·검파두식이 출토된다. 이러한 동검부장묘는 전기비파형동검문화 단계에서와 마찬가지로 지역집단의 지배자의 무덤으로 볼 수 있다. 이러한 동검부장묘 중에서 단연 주목되는 것이 바로 토광묘이다. 요동지역은 지역별로 토착묘제인 석곽묘 · 지석묘 · 적석묘 전통이 강한 지역이었다. 이처럼 보수적인 지역에서 점차 전국계 묘제인 토광묘가 수용된 것이다.[98] 또한 대부분의 토광묘에서 비파형동검을 부장하고 있다는 점에서 토광묘가 지배자급의 묘제로 수용된 것을 알 수 있다.

이러한 토광묘 중에는 무리[群]를 이루어 조영되는 경우가 있는데 무덤군의 분포양상과 부장품의 분석을 통해 그 지역의 지배자집단의 성격을 파악할 수가 있다. 이러한 토광묘군 중에 대표적인 것이 바로 심양 정가와자 유적 3지점이다.[99] 정가와자 3지점의 토광묘군은 남구와 동북쪽으로 80m 떨어진 북구로 구분된다. 남구에는 2기의 대형 토광목곽묘가, 북구에 소형 토광묘 12가 분포한다. 이중 남구의 6512호묘와 북구의 659호묘가 발굴되었다.[100] 이중 대형묘인 6512호묘에서는 비파형동검 · 선형동부 · 다뉴기하문경 등 청동기만 400여점이 출토되었다. 이러한 청동기 부장양상은 Ⅱ장에서 적용한 A급 무덤의 규모를 넘어선다고 할 수 있다.[101]

이에 비해 659호묘는 토광의 규모가 상대적으로 작다. 시신의 우측 대퇴부쪽에 소다리뼈가 순생되었고, 骨劍 · 骨環 · 흑색마연장경호1 등이 출토되었다. 6512호에 비하면 출토품이 너무 빈약한 편이다. 북구에 있는 나머지 토광묘도 659호묘와 그 규모면에서 크게 차이가 나지 않는다. 이러한 무덤은 청동기가 거의 부장되지 않은 E급 무덤으로 볼 수 있다.

6512호묘는 그 묘장의 규모가 대형이고, 비파형동검이 다수 부장되는 등 청동기의 수량이 다른 무덤에 비해 월등히 많다. 圓形銅器로 머리 · 가슴 · 음경 · 무릎 등 신체의 주요 부위를 가린 점은 다른 무덤에서 찾아볼 수

---

98) 이남규, 1987, 「서북한 토광묘의 성격─개념분류 및 사용개시에 관하여─」『한국고고학보』20, 68~78쪽.
99) 송호정, 2000, 앞의 논문, 127~131쪽.
100) 沈陽故宮博物館 · 沈陽市文物管理辦公室, 1975, 앞의 논문.
101) 청동기부장묘의 분류에 관한 것은 Ⅱ장 2절 참조.

없는 독특한 사례이다. 또한 각종 청동 장신구와 다뉴기하문경이 부장된 점에서 피장자가 司祭長의 성격을 갖추었던 것으로도 추측된다. 이처럼 비파형동검 문화권에서 다뉴경을 부장한 분묘는 그렇지 않는 것에 비해 부장품의 양에서 월등히 앞서는 최상위 계층의 무덤이라고 볼 수 있다.[102]

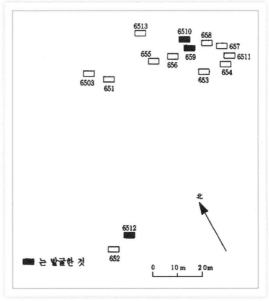

2-14 | 정가와자유적 제3지점 무덤 분포도

이에 비해 북구의 토광묘는 659호처럼 부장품이 극히 적거나 아예 없는 것으로 보아 6512호 피장자보다는 훨씬 낮은 지배계층의 무덤으로 추측된다.[103]

심양지역은 6512호와 같은 초대형 A급 무덤과 청동기를 거의 부장하지 못한 E급 무덤이 무리를 지어 조영되었다. A급 무덤은 극소수이고 대부분은 E급 무덤이다. 그리고 A급 무덤이 대부분의 E급 무덤과 무덤 구역을 달리하고 있다는 점이 특징이다. 이것은 조양지역에서 A급 십이대영자 1·2호 무덤과 C·D·E급 원태자 무덤군이 무덤구역을 달리 조영한 것과 비슷한 양상이다. 오히려 정가와자유적에서는 무덤 간의 등급 격차가 더 심하게

---

102) 이청규, 2000, 「國의 形成과 多鈕鏡副葬墓」『先史와 古代』14, 28~31쪽 ; 송호정, 2003, 앞의 책, 274~275쪽 ; 甲元眞之, 2006, 「紀元前一千年紀東北アジアの首長墓」『東北アジアの靑銅器文化と社會』(同成社), 230~233쪽.
103) 박진욱, 1988, 『조선고고학전서-고대편-』, 79~81쪽.

나타난다. 즉, 심양지역에는 지역집단 내의 최상위 지배층과 하층 지배층간의 격차가 전기비파형동검문화 단계보다 더 심하게 나타나는 것으로 볼 수 있다. 전기비파형동검문화 단계의 조양지역의 지역집단이 A급 부장묘를 최상위 지배층이라고 한다면, 후기비파형동검문화 단계의 심양지역에서는 초대형 A급 부장묘를 최상위 지배층으로 하는 지역집단이 있었던 것으로 추정된다.

이와 달리 요동 남부지역인 해성 대둔유적에서 변형비파형동검과 T자형검병, 검파두식이 출토된 D급 무덤이, 장해현 상마석 3호 토광묘에서는 변형비파형동검 · T자형검병 · 검파두식과 장경호가 부장된 D급 무덤이 조영되었다. 요동반도 남단지역의 대련 루상유적에서는 변형비파형동검 · 刀子 · 泡飾 등이 출토된 B급 무덤이, 와룡천 5호에는 변형비파형동검 · 검병두식 · 선형동부 · 청동재갈 · 泡飾 등이 부장된 A급 무덤과 D급 무덤이 조영되었다. 유가탄 3호묘에서는 비파형동검 · 선형동부 · 세장형동부 · 양익유경식동촉 등이 출토된 C급 무덤이 조영되었다.

기원전 4세기대로 들어서면서 요동지역은 정가와자 2호 토광묘[104]처럼 토광묘를 중심으로 동검부장묘가 점차 증가하는 추세를 보인다. 대표적으로 요양 양갑산 이도하자 토광묘의 경우에는 6기가 군집해 있는데 1 · 2 · 3호 토광묘는 세형동검 1점씩만, 5 · 7호는 동검 없이 우각형파수부관과 흑도장경호만 부장되어 있다. 이러한 부장양상은 정가와자 6512호와 비교할 때 매우 빈약한 편이다. 동검부장묘가 그 지역 지배자의 무덤이라는 점을 고려한다면, 이도하자 토광묘 피장자는 정가와자 6512호묘 피장자에 비해 낮은 단계의 지배자라고 볼 수 있다.

이와 달리 본계 유가초 석관묘에서는 초기세형동검3 · T자형검병 · 검파

---

104) 조중공동고고학발굴대, 1966, 앞의 책, 137~140쪽.

두식 · 劍鏢 · 葉脈文銅鉾 · 多鈕水鳥文鏡이 출토되었다. [105) 대련 윤가촌 2기층 12호 석곽묘에서는 초기세형동검 · 環狀石器 · 회색니질豆 · 갈색사질 高柄豆 · 短頸壺 · 이중구연심발형토기 등이 출토되었다. [106) 이 두 지역에서 발견된 동검부장묘는 부장품의 양질면에서 이전 시기의 정가와자 6512호묘에 비해 약소하지만 요양 이도하자 토광묘군에 비하면 풍부한 편이다. 따라서 이러한 동검부장묘의 피장자는 정가와자와 이도하자 사이의 중간 정도의 세력을 지닌 그 지역의 지배자로 볼 수 있다.

이처럼 기원전 4세기대에 요동지역의 초기세형동검문화에는 동검부장묘를 통해서 볼 때 지역별로 다양한 수준의 지배자가 존재하고 있었다. 이러한 지역별 지배집단은 무덤의 부장풍의 양질을 비교해 볼 때 서로 위계를 설정할 수 있을 정도로 차이가 심하게 나타난다. 이런 차이는 집단 간의 위계로 나타난다고 볼 수 있다.

이러한 집단 간의 위계 차이는 문화의 흐름에 있어서도 일정하게 나타난다. 요동반도 남단의 윤가촌 12호묘에서는 정가와자와동검과 유사한 초기세형동검이 출토되었고, 기원전 5세기대에 정가와자에서 처음 출현하였던 흑도장경호가 기원전 4세기대에 출토된 것이다. 반면에 정가와자에서는 요동반도 남단의 적석묘에 보이는 요소가 전혀 나타나지 않는다. 이것은 정가와자와 윤가촌 사이의 교류가 전자에서 후자로 이어지는 일방적인 관계였던 것으로 보인다. 이러한 양상은 요양 이도하자 토광묘군에서도 보인다. 이도하자 5 · 7호에서도 흑도장경호와 정가와자 출토품과 유사한 초기세형동검이 출토된 것이다.

이러한 집단 간의 문화의 흐름은 요동지역 초기세형동검문화의 분포 양상에서도 확인할 수 있다. 초기세형동검은 일반적으로 검몸의 양날이 일직

---

105) 梁志龍, 1992, 앞의 논문.
106) 조중공동고고학발굴대, 1966, 앞의 책, 115~119쪽.

선이고, 밋밋하고 폭이 좁은 윤가촌-고산리식 동검(A식)과 검신폭은 전반적으로 좁아졌으나 하단폭이 상단에 비해 넓은 형식으로 대청산-오도령구문식 동검(B식)으로 구분된다. 여기에 한반도에서 출토되는 전형적인 세형동검으로 등대에 날이 있고, 節帶가 형성된 것으로 상자포리-괴정동식 동검(C식)을 포함시킬 수 있다.[107] 이중 윤가촌-고산리식 동검은 천산산맥 이서의 요하유역, 요동반도와 한반도 서북부지역에 일부 분포되어 있다. 대청산-오도령구문식 동검은 천산산맥 이동에서 압록강유역, 집안 일대를 비롯하여 일부는 대동강유역까지 나타난다. 이처럼 요동지역의 초기세형동검은 크게 두 계통으로 나뉘는데, 두 형식이 모두 심양·요양·본계 등 요북지역에서 공통으로 보인다. 이것은 요령지역 초기세형동검문화가 요북지역을 중심으로 한쪽은 요동반도지역으로, 다른 한쪽은 천산산맥 이동의 요동 동부지역으로 확산되면서 각기 토착적인 문화와 융합하면서 전개되었던 것이다.

이제까지 대릉하유역과 요동지역을 중심으로 후기비파형동검문화에서 초기세형동검문화로 이행하는 과정에서 각각 문화변동의 특징을 살펴보았다. 대릉하유역은 선진적인 전국계 문화를 과도하게 받아들이면서 나름대로의 발전을 꾀하였지만 비파형동검·비파형동모·선형동부·다뉴기하문경을 공반하는 비파형동검문화의 기본적인 특징을 거의 상실하게 되었다. 이와 달리 요동지역은 정가와자유형을 중심으로 전기비파형동검문화의 기본적인 특징을 계승·발전시키면서 요동지역 내에서 각 지역집단 사이의 위계를 통해 좀더 통일적인 문화 양상을 확산시켰다. 이 과정에서 심양을 중심으로 하는 지배집단이 후기비파형동검문화의 중심으로 좀더 성장할 수 있었던 것이다.

---

107) 박순발, 1993, 앞의 논문, 39~48쪽 ; 이청규, 1993, 앞의 논문, 7~8쪽 ; 이청규, 2005, 앞의 논문, 11~14쪽.

이런 점에서 후기비파형동검문화의 중심은 대릉하유역이 아니라 요동지역의 정가와자유형이라고 할 수 있다. 대릉하유역은 십이대영자유형을 중심으로 전기비파형동검문화가 전개되었지만 후기단계에서는 동대장자와 같은 대표적인 유적조차 전국 연의 무덤이라고도 여길 수 있을 정도로 토착적인 요소가 퇴색되었다. 반면에 요동지역에서는 전기단계에는 십이대영자유형의 주변 문화유형으로 있었지만 후기단계에는 대릉하유역을 통해 전국계 문화를 간접적으로 받아들이면서도 정가와자 6512호묘처럼 비파형동검문화의 전통을 계승·발전시켰던 것이다. 이 과정에서 정가와자유형이 후기비파형동검문화권에서 새로운 문화의 주도세력으로 부상하게 되었던 것으로 보인다.

그렇다면 요동지역 정가와자유형의 부상이 어떠한 양상으로 이루어졌을까? 가장 먼저 생각해 볼 수 있는 것은 지배세력의 집단적 이주이다. 즉, 대릉하유역에서 고조선이란 정치체를 형성했던 십이대영자유형의 지배세력이 후기비파형동검문화로 이행하는 과정에서 요북지역의 정가와자유형으로 이동했다고 보는 것이다. 만약 이것이 사실이라면 정가와자유형에 대릉하유역의 청동기문화요소가 많이 나타나야 한다. 그러나 십이대영자유적이나 남동구유적처럼 지배집단의 묘제로 사용되었던 석관묘가 조영되었어야 하지만 정가와자유형에서는 중원계 토광묘가 채택되었다. 또한 북방계 영향으로 제작되었던 각종 동물 장식품과 대릉하유역에서 받아들였던 중원계 청동예기가 정가와자유형에서는 거의 제작되지 않았다.

이와 달리 요북지역의 정가와자유형에서는 대릉하유역에서 더 이상 제작되지 않았던 다뉴기하문경이 정가와자유적에서 제작되었다. 이 동경의 문양은 전기비파형동검문화 단계인 본계 양가촌 1호 석관묘에서 출토된 문양을 계승·발전시킨 것으로 볼 수 있다.[108] 이런 점에서 정가와자유형은

---

108) 조진선, 2008, 앞의 논문, 36~39쪽.

대릉하유역을 통해 토광묘와 같은 중원계 문화의 영향을 일부 받은 것이 사실이지만 기본적으로 쌍방유형의 전기비파형동검문화가 계승·발전된 것으로 볼 수 있다. 따라서 정가와자유형의 성장은 대릉하유역에서 요동지역으로 지배집단의 이동에 의한 것이 아니라 요북지역 비파형동검문화의 자체적인 발전과정에 의한 것이라고 할 수 있다.

그렇다면 후기비파형동검문화에서 문화의 중심이 대릉하유역에서 요동지역으로 바뀌게 된 배경은 무엇일까? 이와 관련하여 먼저 주목할 수 있는 것이 중국사회의 변화이다. 중국은 전국시기로 들어서면서 읍을 단위로 거점적·중층적 지배를 하던 춘추시기와 달리 군현제하의 영역에 의한 직접지배를 하는 국가로 변화하게 된다. 이로 인해 제후국 간의 분쟁이 잦아지면서 전쟁의 규모가 커지고 장기화된다. 이러한 팽창의 여파는 북방지역으로까지 확대가 된다. 이러한 상황에서 루번·임호·동호 등 북방 이민족들의 성장과 함께 남진을 하게 되자 이들과 접경하고 있는 秦·趙·燕 등과 군사적 충돌을 피할 수 없게 되었다.

대릉하유역 주변에는 서쪽으로는 전국 연과 융적 계통의 옥황묘문화가, 북쪽으로는 동호가 있었다. 연은 동호에 인질을 보낼 정도로 상호간의 군사적 긴장 관계에 있었다. 趙武靈王은 내부적 반대에도 불구하고 胡服騎射의 개혁을 추진하여 북방세력에 대항하였다. 또한 각국은 장성을 쌓으면서 북방세력의 남침을 대비하였다.

이러한 국제적 긴장 관계가 대릉하유역에도 일정하게 영향을 끼쳤을 것이다. 이 시기에 조양 원태자유적에서 알 수 있듯이 전국계 문화의 유입은 주민의 이주와 함께 이루어졌다. 이러한 과정에서 대릉하유역의 지배층들은 비파형동검문화의 전통을 압도할 정도로 중원계 문화를 많이 받아들였다. 이에 비해 요동지역은 대릉하유역이라는 완충지대가 있었기 때문에 연이나 동호와 같은 주변 세력의 군사적 위협으로부터 상대적으로 안전하게 되었다. 이로 인해 요동지역은 전기비파형동검문화의 전통을 계승하면서 정가와자유형을 중심으로 안정적으로 성장할 수 있었다. 이 과정에서 정가와자유형이 후기비파형동검문화권에서 중심적인 역할을 했던 것으로 보인다.

2) 고조선의 '稱王'과 연맹체의 형성

(1) 고조선의 위치

대릉하~서북한지역 후기비파형동검문화의 중심으로 성장한 정가와자유형의 세력집단과 고조선의 관계는 어떻게 설정할 수 있을까? II장에서는 전기비파형동검문화의 주체는 예맥이었으며, 고조선은 십이대영자유형의 조양지역을 중심으로 성립된 정치체였음을 살펴보았다. 그런데 후기비파형동검문화 단계에서 문화의 중심은 조양이 아니라 심양지역이었다. 따라서 후기비파형동검문화의 중심으로서 정가와자유형과 고조선과의 관계를 주목할 수밖에 없다.

이와 관련하여 기원전 5~4세기 고조선의 위치에 대해 구체적으로 검토해 볼 필요가 있다. 이미 II장 2절에서 고조선은 진개의 공격으로 고조선의 중심을 요동지역에서 평양지역으로 옮길 수밖에 없었다는 점을 살펴보았다. 『위략』에서 고조선이 연에게 빼앗긴 서방 2천리에 대한 진위 여부를 따지지 않더라도 『사기』 조선열전에 언급된 진번의 위치를 통해서 고조선의 중심지 이동을 확인할 수 있었다.

『사기』 조선열전에는 연이 조선과 진번을 略屬시켰고, 위만의 손자인 우거대에 이르러서는 '眞番旁衆(辰)國'이 한의 천자를 알현하고자 하였으나 고조선이 이를 막았다고 되어 있다.[109] 이 진번의 위치는 최근 알려진 〈낙랑군 호구부〉를 통해서 볼 때 황해도지역에 있었다고 볼 수 있다. 그런데 고

---

109) 『史記』 卷115 朝鮮列傳 第55, "自始全燕時嘗略屬眞番朝鮮 … 傳子至孫右渠 所誘漢亡人滋多又未嘗入見 眞番旁衆(辰)國欲上書見天子又擁閼不通".

조선이 평양에, 진번이 황해도에 있었다고 한다면 연의 공격에 의해 略屬된 진번의 위치에 모순이 생긴다. 평양설에서 주장하는 연과 고조선의 경계가 청천강이라고 할 때 평양의 남쪽에 있던 진번이 연에 복속했을 까닭이 없기 때문이다. 따라서 진개의 공격으로 인해 고조선과 함께 진번도 요동지역에서 서북한지역으로 이동했다고 볼 수밖에 없다.[110]

한편 서북한지역은 전기비파형동검문화 단계에 요동지역을 통해 청동기문화를 수용하는 주변지역이었고, 후기비파형동검문화 단계에서는 요동지역을 통해 청동기문화를 수용하였다. 이러한 청동기문화를 배경으로 기원전 4세기 이전 시기에 요하유역까지 세력권을 확대해서 연과 각축을 벌였던 정치세력의 존재를 평양지역에 상정하기는 어렵다.[111] 또한 평양이 중심이라고 한다면 문화의 중심지로서 초기세형동검의 古式이 평양지역에서 먼저 발생해야 하지만 윤가촌-고산리식 세형동검은 천산산맥 이서지역에서 먼저 발생하고 평양지역에서는 기원전 3세기 전후에 나타난다.[112] 이런 점에서 서북한지역의 정치체는 기원전 3세기 이후에 형성되었던 것으로 보기도 한다.[113]

그렇다면 진개의 침략 이전 고조선의 중심지는 어디였을까? 이와 관련하여 『전국책』 연책에는 "燕東有朝鮮遼東"이라고 하여 연의 동쪽에 고조선과 요동이 있었다고 하고, 『산해경』 해내북경에는 "朝鮮在列陽東 海北山南 列陽屬燕"이라고 하여 고조선이 열양의 동쪽에 있다고 되어 있는데 이러한 기록만으로 고조선의 위치를 찾기는 어렵다.

110) 서영수, 1988, 「고조선의 위치와 강역」『한국사시민강좌』2, 44~45쪽.
111) 송기호, 2003, 「서평 : 송호정 저, 『한국고대사 속의 고조선사』」『역사교육』87, 323~325쪽 ; 이청규, 2003, 「고조선에 대한 고고학적 연구-『한국 고대사 속의 고조선사』(송호정, 푸른역사, 2003)에 대한 비평-」『역사와 현실』48, 289~293쪽.
112) 박순발, 1993, 앞의 논문, 39~48쪽 ; 이청규, 1993, 「청동기를 통해 본 고조선」『국사관논총』42, 7~8쪽.
113) 노태돈, 1990, 「古朝鮮 중심지의 변천에 대한 연구」『韓國史論』23, 33~36쪽.

고조선의 좀더 구체적인 위치와 관련해서『염철론』벌공편에는 "燕襲走東胡 辟地千里 度遼東而攻朝鮮"라고 하여 연이 동호를 엄습하여 패주시키고 천리 땅을 넓혔으며, 遼東을 건너 조선을 공격하였다고 되어 있어서 고조선의 위치를 좀더 구체적으로 추정할 수 있다. 그런데 여기에서 '度遼東'에 대한 해석에서 이견이 있다. '度遼東而攻朝鮮'을 '度遼, 東而攻朝鮮'으로 끊어 읽어서 '요수를 건너 동쪽으로 조선을 공격하였다'고 해석하는 견해가 있다.[114] 이럴 경우 고조선은 요수 동쪽에 있게 된다. 그러나 한문의 해석상 '度遼' 두 글자를 그대로 끊어서 읽는 것이 가능하나 '東而攻' 세 글자를 따로 떼어서 '동쪽으로 공격하여'라고 해석하는 것은 한문 어법상 맞지 않을 뿐더러 원래의 내용과 다른 해석이라고 할 수 있다.[115]

이와 달리 원문 그대로 '요동을 건너 조선을 공격하였다'고 해석해야 한다는 의견이 있다.[116] 자전적 의미로 度(=渡)자에 '건너다 · 넘어가다 · 지나가다'는 의미가 있기 때문에 직역하면 '요동을 건너'로 해석할 수도 있다. 그러나 한대 이전의 문헌에 보이는 度(=渡)의 용례를 살펴보면 대부분 건너는 대상이 강이나 하천(『전국책』연책, '度呼沱' ;『사기』주본기, '武王渡河') 혹은 나루터[津](『전국책』진책, '司空馬去趙 渡平原') 등 물과 관련되어 있다. 오직『염철론』벌공편에서만 度의 대상이 遼東이라는 지역이 사용되었다. 선진문헌에서 度의 용례가 대부분 물과 관련된 점을 고려해 볼 때 '度遼東'은 '度遼水'의 誤記로 보아야 할 것이다.[117]

이런 관점에서『염철론』벌공편을 다시 해석하면 "연이 동호를 엄습하

---

114) 서영수, 1999,「고조선의 대외관계와 강역의 변동」『동양학』29, 18쪽.
115) 송호정, 1999, 앞의 논문, 153쪽.
116) 송호정, 2010,「고조선의 위치와 중심지 문제에 대한 고찰」『한국고대사연구』58, 42~44쪽.
117) 노태돈, 1990, 앞의 논문, 45쪽 ; 박대재, 2006,『고대한국 초기국가의 왕과 전쟁』(경인문화사), 73~77쪽 ; 서영수, 2008,「요동군의 설치와 전개」『요동군과 현도군 연구』, 33쪽.

여 패주시키고 천리 땅을 넓혔으며, 요수를 건너 조선을 공격하였다"고 할 수 있다. 여기에서 연은 요수를 건너 고조선을 공격한 것이 된다. 따라서 고조선은 요수[현재 요하] 이동 즉, 요동지역에 있었던 것으로 볼 수 있다. 이 고조선이 연의 공격을 받아 평양지역으로 이동했던 것이다.

그렇다면 고조선은 구체적으로 요동지역의 어디에 있었던 것일까? 이와 관련하여 연이 고조선을 침략하였다면 그 중심지를 공격하였을 가능성이 높기 때문에 연의 공격이 멈춘 만번한[해성현 서남쪽과 개평현을 포괄하는 지역]을 고조선의 중심지로 이해하거나,[118] 고조선의 舊都를 지칭하는 險瀆이 중국계 지명이 아닌 고조선의 도읍 명칭으로 이해하고 이 험독이 대체로 요하 이동에서 천산산맥 이서지역에 있었던 것으로 추정한다.[119] 이러한 견해에서는 고조선 중심지의 위치 비정에 대해 문헌상 결정적인 근거를 제시하지 못하고 있다.

기원전 4세기 이전 고조선의 중심지가 요동지역이라는 것이 확실하지만 더 이상 문헌상의 접근이 어렵기 때문에 고고학 자료를 통해 접근하는 방법을 이용할 필요가 있다. 앞에서 살펴본 것처럼 요동지역 후기비파형동검문화에서는 정가와자유형이 중심을 이루고 있었으며 그 문화의 중심은 바로 심양지역이었다. 따라서 기원전 4세기 이전 후기비파형동검문화의 중심인 심양지역이 요동지역 고조선의 중심지였을 가능성이 가장 높다고 할 수 있다.

이처럼 기원전 5~4세기 고조선의 중심지는 정가와자유형의 중심인 심양지역으로 볼 수 있다. 이것은 전기비파형동검문화 단계의 고조선이 대릉하유역의 조양지역에 있었던 것과 다르다. 즉, 고조선의 중심이 바뀐 것이다. 앞에서 살펴본 것처럼 이러한 변화는 조양에서 심양으로 고조선의 지배집단이 이동한 것이 아니라, 조양지역 비파형동검문화가 퇴색해 가는 가운

---

118) 노태돈, 1990, 앞의 논문, 53쪽.
119) 서영수, 1998, 앞의 논문, 45~49쪽.

데 심양지역의 정가와자유형이 문화의 중심으로 부상하면서 전기비파형동 검문화를 계승·발전시킨 결과였다.

이러한 과정에서 고조선이라는 정치체의 명칭은 바뀌지 않고 그대로 유지되었다. 조양지역에서 고조선이라고 칭하면서 예맥사회의 대표적 정치체로 활약하던 세력이 점차 힘을 잃어가자, 심양지역에서 조양지역을 대신하여 고조선을 칭했던 세력이 새롭게 부상했던 것으로 보인다. 즉, 정가와자 유형의 심양세력이 예맥사회에서 새로운 구심점으로서 부상하면서 예맥사회의 대표성을 갖는 고조선이란 정치체를 계속 유지했던 것으로 볼 수 있다. 전국시기 중국인들이 칭한 고조선은 바로 요동지역에서 예맥문화권을 대표하는 실체로 성장한 고조선이라고 볼 수 있다.

(2) 고조선의 '稱王'과 연맹체의 형성

기원전 4세기 후반에 고조선은 稱王을 하면서 전국 연과 전쟁을 하기 직전 단계까지 이른다. 이렇게 고조선이 전국칠웅 중의 하나였던 연에 대항할 수 있었던 것은 고조선이 어느 정도의 국력을 갖고 있었기 때문일 것이다. 그렇다면 그러한 고조선이 어느 정도의 발전 단계에 있었는지에 대해 살펴보자. 나아가 이러한 고조선이 주변 예맥사회와는 어떠한 관계를 형성하고 있었는지도 살펴보고자 한다.

『삼국지』 한전에 인용된 『위략』에는 고조선과 관련해서

옛날 기자의 후손 朝鮮侯는 周가 쇠미하여 燕이 스스로 존대하여 왕을 칭하고 동쪽으로 침략하려고 하자, 조선후 역시 스스로 왕을 칭하고 병사를 일으켜 연을 공격하여 周室을 받들려고 하였다. 그 大夫 禮가 諫하여 그만두었다. 예를 서쪽으로 보내 연을 설득하니 연도 중지하고 조선을 공격하지 않았다. 그 후 자손이 점점 교만하고 포학해지자…[120]

---

120) 『三國志』 卷30 魏書 烏丸鮮卑東夷傳 第30 韓條, "魏略曰 昔箕子之後朝鮮侯 見周衰

라고 되어 있다. 이 내용은 연이 칭왕을 하면서 고조선을 공격하려고 하자 조선후도 칭왕을 하고 연을 공격하려고 했으나 그만두었다는 것이다. 연이 칭왕한 것이 易王 10년인 기원전 323년이므로 이 사료의 시점은 대략 기원전 4세기 후반인 것을 알 수 있다. 이 『위략』의 내용은 箕子東來說이라든가 이와 연관되어 周王室을 받들려고 했다는 등 내용상 일부 조작된 측면으로 인해 신빙성 문제가 있지만,[121] 『사기』에 언급되지 않은 고조선과 관련된 귀중한 사실을 언급하고 있다는 점에서 상당한 사실성을 인정할 수 있다.[122]

여기에서 고조선의 성장과 관련하여 주목되는 것은 고조선이 연과의 대립과정에서 칭왕을 하면서 전쟁을 일으키려고 했다는 점이다. 이 내용은 단순히 기자의 후손인 朝鮮侯를 미화하려고 꾸며낸 것으로 보기는 어렵다. 위 인용문 마지막에 그후 자손이 점점 교만하고 포학해졌다고 한 것으로 보아 고조선과 연의 대립적 관계가 계속 유지되었던 것으로 보인다. 이후 실제로 연소왕대인 기원전 3세기 초반에 진개가 고조선을 공격하였다. 이러한 점을 고려한다면 기원전 4세기 후반 고조선이 연과 전쟁을 하려고 했던 것을 사실이라고 할 수 있다.

그렇다면 기원전 4세기 후반 연과 대적할 정도였던 고조선이 과연 어느 정도의 발전 단계에 있었는지 살펴보자. 이와 관련하여 먼저 조선후가 칭왕했다는 점에서 고조선에서 왕의 존재를 확인할 수 있다. 그리고 "그후 자손이 점차 교만하고 포학해졌다"는 것으로 보아 왕위 계승이 있었던 것을 추정할 수 있다. 이것은 조금 뒤의 일이지만 조선왕 죰가 죽자 그의 아들 準이 왕이 되었다는 것으로 보아 고조선에서 왕위의 부자상속이 이루어졌던 것

燕自尊爲王 欲東略地 朝鮮侯亦自稱爲王 欲興兵逆擊燕以尊周室 其大夫禮諫之 乃止 使禮西說燕 燕止之 不攻 後子孫稍驕虐…".
121) 이성규, 2011, 「중국사학계에서 본 고조선」『한국사시민강좌』49(일조각).
122) 노태돈, 1990, 앞의 논문, 32~33쪽.

을 알 수 있다.

고조선 왕은 연과 전쟁을 하려고 했다. 물론 기원전 4세기말에 실제로 연과 전쟁을 하지는 않았지만, 당시 고조선이 전쟁을 하려고 했다는 것은 연을 공격할 만한 군사력을 확보하고 있었다는 것으로 볼 수 있다.

고조선 왕 밑에는 大夫 禮라는 관료가 있었다. 원래 대부는 주대 봉건체제에서 卿과 더불어 귀족층의 기저를 이루었던 族閥의 長에게 주어진 칭호였다. 당시 각국에는 제후의 일족이 지배계층을 이루어 스스로 國人이라 하였는데 그들이 대부였다. 그들은 종법상 小宗을 이루며 제후로부터 봉지와 氏를 하사받아 都에 근거하여 氏室을 이루고 제사·군사·외교 등 일반 정사에도 참여하였던 세습귀족이었다.

춘추시기 대부는 國君-卿-大夫-士로 이어지는 內爵의 수직적 질서 속에서 采邑을 기반으로 爵制의 중요한 부분을 이루고 있었다.[123] 이러한 대부 중에서 국의 최고 직책을 관장하는 유력명문씨족의 장을 특히 卿이라 불렀고 그는 국정을 총괄하는 執政과 아울러 군사령관직을 겸임했다. 즉, 대부는 제후 아래에서 경과 함께 귀족적 정사담당 관인층을 이루었다.[124] 전국시기에는 군주의 권력이 전제화됨에 따라 경대부의 경제적 기반이었던 채읍이 국왕 직속의 縣으로 재편되면서 국왕의 관료가 경대부의 직무를 대체해 나갔다. 따라서 대부의 의미가 일반적인 귀족적 명칭 또는 階序的 散秩의 명칭으로 사용되었다.[125]

『위략』에 보이는 대부 례는 연이 고조선을 공격하려고 하자 조선왕이 연을 공격하려고 한 것을 막았고 연에 사신으로 파견되어 연의 공격을 제지시켰다. 이러한 대부 례의 활동은 주대 봉건제하의 대부의 군사·외교적 활동

123) 閔厚基, 2004, 「古代 中國에서의 爵制의 形成과 展開-殷商에서 戰國까지-」(연세대학교 박사학위논문), 142~149쪽.
124) 李成九, 1989, 「春秋戰國時代의 國家와 社會」『講座 中國史 I』(지식산업사), 99~100쪽.
125) 閔厚基, 2004, 앞의 논문, 184~215쪽.

과 크게 다를 바가 없다. 따라서 우거왕대의 朝鮮相 歷谿卿의 사례에 비춰어 볼 때, 기원전 4세기 후반에 王ㆍ侯체제의 연속선상에 있던 주대의 경ㆍ대부제가 도입되었던 것으로 보기도 한다. 그리고 역계경이 우거왕에게 간했다가 거절당하자 2천호를 이끌고 辰國으로 갔던 점을 고려하여 대부와 경을 고구려의 加層, 신라의 干層의 古拙한 형태로 이해하거나[126] 고조선왕의 제후적인 존재로 파악하는 견해가 있다.[127]

이와 달리 고조선의 대부는 주대의 대부가 아니라 한대 이후의 爵制의 영향으로 보기도 한다. 한대 이후 대부직은 상앙의 변법에서 시작된 20등작제에서 제5등급으로서 천자의 비서장으로서 국가가 논의해야 할 중요한 문제를 취급하였다.[128] 따라서 이 견해에서는 고조선의 대부가 오히려 진한대 대부의 역할과 유사하다고 본다.[129]

이처럼 고조선의 대부가 주대 봉건제하의 대부인지 진한대 관료제하의 대부의 영향을 받은 것인지에 대해서는 논란이 있다. 그러나 고조선의 대부를 중국의 어느 시기의 대부에 비교하건 대부가 왕의 諫官 및 使者의 역할을 했던 것은 분명하다.[130] 그렇다면 고조선에 중국의 대부와 동등한 역할을 했던 관료가 있었다고 볼 수 있으며 중국인들이 그러한 고조선의 관료를 대부라고 칭했을 가능성이 높다고 할 수 있다.

그렇다면 이처럼 왕ㆍ관료ㆍ군대를 갖춘 고조선이 어느 정도의 발전단계에 있었던 것으로 볼 수 있을까? 기원전 2세기에 존재했던 위만조선에 대해서는 정복국가[131] 내지 중계무역에 기반한 국가[132]라는 견해가 이

---

126) 金光洙, 1994, 「古朝鮮 官名의 系統的 理解」『歷史敎育』56, 7~9쪽.
127) 이종욱, 1993, 앞의 책, 150~151쪽.
128) 徐連達, 1991, 『中國歷代官制詞典』(安徽敎育出版社), 54쪽.
129) 리지린, 1963, 『고조선연구』, 365쪽 ; 송호정, 1999, 앞의 논문, 230~232쪽.
130) 박대재, 2005, 「古朝鮮의 '王'과 국가형성」『북방사논총』7, 160쪽.
131) 金貞培, 1977, 「衛滿朝鮮의 國家的 性格」『史叢』21ㆍ22.
132) 崔夢龍, 1983, 「韓國古代國家形成에 대한 一考察-衛滿朝鮮의 例-」『金哲埈博士華甲

미 제시되었다. 이에 비해 그 이전 시기의 고조선에 대해서는 의견이 분분하다. 조선후가 칭왕하는 단계인 기원전 4세기 후반~3세기 초반에 이미 초기국가 단계에 들어섰다고 보는 견해[133]와 위만조선에 이르러서야 본격적인 국가 단계로 진입한다고 보는 견해,[134] 위만조선으로 교체되는 과도기에 국가가 형성된다고 보는 견해[135] 등 다양하다. 이렇게 견해가 다양한 것은 국가 형성의 기준을 각각 다르게 보기 때문이다. 최근에는 祭祀權과 軍事權이 따로 구분되어 對稱을 이루던 단계를 국가 이전으로 보는 반면, 이들이 한 군데로 집중된 최고권력자, 즉 王의 탄생을 국가로 보고 이러한 왕권이 세습되는 것을 국가의 중요한 기준으로 이해하는 견해가 주목된다.[136]

고조선에는 최고지배자로서 왕이 있고 그 왕권이 부자상속 되었다. 왕 아래에는 대부라는 관료가 있었다. 이러한 고조선왕은 병력을 동원해서 전국 연과 전쟁을 치를 정도의 군사력을 보유하고 있었다. 또한 기원전 3세기 초에 고조선은 연에 의해 영토 2천리를 빼앗겼던 것을 보면 영토 개념이 있었던 것이 확실하다. 그렇다면 기원전 4세기말 고조선은 왕권·관료·상비군·영역과 같은 국가의 기본적인 요소를 갖춘 단계였다고 볼 수 있다.

이 단계의 고조선은 위만조선처럼 무력으로 주변 소국을 복속하는 국가 단계까지 이르렀다고 보기는 어렵다. 그러나 기원전 4세기말 고조선은 국가의 기본적인 요소를 이미 갖춘 단계였다. 중국에서도 전국시기 군주의 稱

紀念史學論叢』.

133) 千寬宇, 1989, 『古朝鮮史·三韓史硏究』, 15~16쪽 ; 金貞培, 1997, 「고조선의 변천」 『한국사4-초기국가 : 고조선·부여·삼한-』(국사편찬위원회), 92~96쪽 ; 서영수, 2005, 「고조선의 국가형성 계기와 과정」『북방사논총』6, 89~98쪽 ; 박대재, 2005, 앞의 논문, 145~173쪽.

134) 崔盛洛, 1992, 「鐵器文化를 통해 본 古朝鮮」『國史館論叢』33, 41~71쪽 ; 崔夢龍, 1997, 「衛滿朝鮮」『韓國古代國家形成論』(서울대학교출판부), 208쪽.

135) 송호정, 2003, 앞의 책, 392~404쪽.

136) 박대재, 2005, 앞의 논문, 148~158쪽.

王은 단순한 칭호의 변화가 아니라 '王天下'의 의미를 내포하는 실질적 의미의 영역국가로서 명실상부한 성장을 반영하는 것이었다.[137] 물론 중원제후국의 칭왕과 고조선의 칭왕을 일치시켜서 이해하기는 곤란하겠지만 고조선의 발전 단계를 상징적으로 보여주는 것이 바로 稱王이라고 볼 수 있다.

이처럼 기원전 4세기 후반 고조선은 이미 국가 단계로 성장해 있었다. 그러나 이러한 고조선이 전국칠웅의 하나였던 전국 연과 전쟁을 하려고 했다는『위략』의 내용이 쉽게 납득되지 않는다. 그러나 실제로 전쟁을 하려다가 멈추었고 연은 변법에 성공한 이후 고조선을 공격하였다.

이와 관련해서 살펴보아야 할 것이 바로 고조선과 그 주변에 있는 정치세력이다.『사기』조선열전에는 '略屬眞番朝鮮'이라고 하여 연이 고조선뿐만 아니라 진번도 복속시켰다고 되어 있다. 이것은 고조선과 연의 전쟁에 진번이 개입했다는 것을 보여 준다. 물론 위만이 집권할 시기에 나타나지만 고조선의 주변에는 진번 외에도 임둔이라는 정치세력이 있었다. 고조선이 연과 전쟁을 하기 위해서는 고조선만의 독자적인 힘으로는 불가능하였고, 진번·임둔과 같은 주변 세력과 힘을 합쳤기 때문에 가능했다고 볼 수 있다.

그렇다면 고조선과 함께 거론되는 진번이나 임둔을 어느 정도 발전 단계에 있는 정치체라고 볼 수 있을까? 이와 관련해서는 진번이나 임둔이 사료상에 '略屬眞番朝鮮'·'眞番臨屯皆來服屬'(『사기』조선열전), '東綰穢貉朝鮮眞番之利'(『사기』화식열전)처럼 대체로 고조선과 나란히 거론되는 점에 주목할 필요가 있다. 이런 점에서 진번과 임둔이 고조선에 미치지는 못하지만 적어도 그에 준하는 정도의 정치세력이었던 것으로 추정된다.

그리고 진번과 임둔에 대해『史記索隱』에서 "東夷小國 後以爲郡"이라고 한 점으로 보아 이들이 낙랑군에 준하는 정도의 郡으로 편제될 정도의 정치세력으로서 (小)國으로 볼 수 있을 것이다. 또한『한서』지리지 현도군조의

---

137) 李成九, 1989, 앞의 논문, 134~135쪽.

고구려에 대해 후한대 應劭가 "故眞番 朝鮮胡國"이라고 하여 진번을 고조선의 한 (小)國으로 인식했던 것을 알 수 있다.[138]

이처럼 진번·임둔은 고조선의 주변에 있던 일정한 독자성을 갖는 정치세력이라고 할 수 있다. 고조선이 이미 왕·관료·군대처럼 국가의 기본적인 요소를 갖춘 국가체였던 점을 고려해 볼 때, 진번·임둔도 고조선에 준하는 정도의 국가적 요소를 갖춘 정치체였던 것으로 볼 수 있을 것이다. 그리고 후한대에 이들을 하나의 國으로 인식했던 것을 참고한다면 진번·임둔을 고조선에 준하는 小國으로 볼 수 있을 것이다.[139]

이처럼 기원전 4세기 단계의 예맥사회에는 고조선 이외에도 진번·임둔과 같은 소국들이 성장해 있었다고 볼 수 있다. 이러한 소국들이 사료상에 "滅貊朝鮮"[140]이라고 하여 고조선과 함께 연칭되었던 예맥계 세력이라고 할 수 있다. 고조선은 이러한 소국 및 예맥세력과의 일정한 관계를 맺고 있었을 것이다. 고조선이 연과 전쟁을 하려고 했다면 바로 이러한 예맥세력과의 공조를 통해서 가능했을 것이다.

이와 관련하여 『위략』에는 이 전쟁에서 고조선이 서쪽 2천여리의 땅을 잃었다고 되어 있다.[141] 『전국책』 연책에서는 연의 영토가 사방 2천리라고 한 것으로 보아[142] 『위략』의 2천여리라는 영토는 중원제후국의 하나에 상응할 정도로 상당히 넓은 지역이라는 것을 알 수 있다. 물론 『위략』의 2천여리라는 수치를 그대로 받아들이기는 힘들다고 하더라도 고조선이 빼앗긴 영토는 고조선이 연에 대항할 때 함께 했던 주변 소국과 예맥의 세력범위를

---

138) 송호정, 1999, 앞의 논문, 159쪽.
139) 송호정, 2003, 앞의 책, 281~282쪽.
140) 『史記』 卷110 匈奴列傳 第50, "東接穢貊朝鮮" ; 『史記』 卷129 貨殖列傳 第69, "東綰穢貉朝鮮眞番之利".
141) 『三國志』 卷30 魏書 烏丸鮮卑東夷傳 第30 韓條, "燕乃遣將秦開攻其西方 取地二千餘里".
142) 『戰國策』 卷29 燕策1, "蘇秦將爲從 北說燕文侯曰 燕東有朝鮮遼東 北有林胡樓煩 西有雲中九原 南有呼沱易水. 地方二千餘里".

모두 합한 것으로 볼 수밖에 없다.

그렇다면 고조선이 주변 소국 및 예맥세력과 맺었던 관계를 어떻게 이해할 수 있을까? 진번과 임둔은 고조선 주변의 대표적인 소국이었다. 이 둘은 위만이 집권하여 영토를 확장하기 이전까지 고조선에 복속되지 않은 독립된 소국이었다. 그런데 연과의 전쟁에서 고조선과 함께 했던 것이다. 즉, 주변 소국들은 독립적으로 존재하면서도 대외적으로 연과의 전쟁에서 고조선이라는 하나의 실체로서 통일된 기능을 발휘하였던 것이라고 볼 수 있다.

이러한 고조선과 주변 소국 및 예맥세력과의 관계를 고조선 중심의 '朝鮮聯盟體'로 이해하는 견해가 주목된다.[143] 이 연맹단계에서는 아직 정치권력을 배경으로 하는 지배 · 복속관계라든가 또는 각 지역의 세력집단이나 소국 전역을 포괄하는 단일한 결속체를 상정하기는 어렵다. 이 연맹단계에서는 고대국가로 성장하기 이전에 각 지역별로 諸집단이나 소국 간에 다수의 소국을 통솔하는 구심체가 대두되고 그 특정세력을 중심으로 정치 · 경제적 결속기반을 형성하면서 대외적으로 통일된 기능을 발휘하는 단계라고 할 수 있다.[144] 目支國 辰王이 馬韓聯盟體의 맹주역할을 했던 것처럼 고조선이 그 주변에 있던 진번 · 임둔 · 예맥 등 소국 세력에 대해 일정한 영향력을 행사하던 단계를 '조선연맹체'라는 개념으로 볼 수 있다고 생각한다.[145]

연맹체의 각국은 평상시 진번 · 임둔과 같이 독립된 소국이지만 연과의 전쟁과 같은 대외적인 활동에서는 연맹체의 대표인 고조선이란 이름으로 움직였을 것이다. 고조선이 진개의 공격으로 2천리의 땅을 빼앗겼다고 한 것은 바로 이러한 고조선연맹체에 참여했던 소국들과 그 주변에 있던 예맥세력의 영토를 모두 포함하는 개념으로 이해할 수 있을 것이다. 이러한 조

143) 송호정, 1999, 앞의 논문, 156~160쪽.
144) 이현혜, 1984, 『삼한사회형성과정연구』(일조각), 170쪽.
145) 송호정, 1999, 앞의 논문, 158쪽.

선연맹체는 위만이 집권하여 진번·임둔 등 주변 세력을 무력으로 정복하여 복속시키기 이전까지 유지되었던 것으로 보인다.

3. 고조선의 전국 연과의 대립과 평양으로 이동

1) 연의 고조선 공격과 군현 설치

(1) 연의 고조선 공격과 만번한의 위치

중국사회는 전국시대로 들어서면서 국가형태상에서 큰 변화가 일어난다. 종래 분권적 봉건질서하에서 읍을 단위로 유지되던 중층적·거점적 지배가 군현제하의 영역에 의한 직접 지배로 바뀐 것이다. 제후국 간의 攻伐과 相爭은 더욱 격화되었고 전쟁규모의 확대와 전쟁의 장기화는 춘추시기보다 심하게 되었다. 이 과정에서 대다수 약소국이 강대국의 군현체제로 편입되면서 중국사회가 본격적인 영역국가로 성장하게 된다.

열국간의 경쟁구도에서 각국은 變法을 통해 부국강병을 꾀할 수밖에 없었다. 魏文侯는 李悝를 등용하여 법전편찬, 농업생산력 제고, 농가경제 보호대책 실시 등을 통해 국내체제를 정비하였다. 이어 기원전 403년 趙는 公仲連의 주도하에 정치 개혁을 추진하였다. 楚悼王은 위에서 축출된 吳起를 令尹으로 발탁하여 세습봉군의 특권을 배제하고 불필요한 관직을 혁파함으로써 吏治를 정돈하고 군사력을 증강시켰다. 韓도 申不害를 相으로 기용하여 효율적인 관료제 운용방식을 도입함으로써 군주독재체제를 확립하였다. 齊威王도 鄒忌에게 相職을 맡겨 개혁을 추진하였다. 秦도 상앙을 중용하여 1·2차 변법을 성공하여 열국 중에서 최강국으로 부상하게 되었다.[146]

---

146) 이성구, 1989, 앞의 논문, 121·133~134쪽.

이처럼 열국은 국력이 성장되고 군대 규모가 커지면서 국가 자원을 끊임없이 팽창시켜야 했으며, 통치자들은 저마다 자국의 자원을 최대화하고 적국의 이권을 무력화하는 방법을 찾지 않을 수 없었다. 이 과정에서 각국의 영토 확장은 꾸준히 지속되었다. 특히 북방 삼국이라고 불린 秦·趙·燕은 열국간의 경쟁뿐만 아니라 북방이민족과의 대립 속에서 새로운 토지와 주민들을 더 많이 통제하려고 노력하였다.[147] 따라서 북방 삼국과 이민족들과의 무력 충돌이 일어날 수밖에 없었으며 이에 삼국은 이민족을 몰아내고 그 영역에 군현을 설치하고, 그들의 남하를 막기 위해 장성을 축조하였다. 이러한 秦·趙·燕의 적극적인 북방정책은 각국의 변법 성공과 맞물려 진행되었다. 기원전 307년에 趙武靈王이 胡服騎射로의 개혁은 북방 이민족에 대한 적극적 공세의 대표적인 사례라고 할 수 있다.

변법 실시에 즈음하여 각국의 제후가 종래의 侯나 君의 칭호를 버리고 王號를 사용하게 된다. 제후국 가운데 가장 먼저 왕을 자칭한 것은 魏惠王(기원전 354년)이었고, 이어 齊威王도 칭왕하여 기원전 334년에는 양국이 서로 왕호를 승인하였다. 秦의 稱王은 325년인데, 齊와 魏의 稱王에 분노한 趙와 楚가 각각 魏와 齊를 공격했고, 秦이 稱王할 대는 魏와 韓의 稱王을 승인했지만, 韓이 燕과 함께 비로소 稱王한 것과 中山國의 稱王에 대해 齊가 반발했다. 기원전 323년 燕의 稱王은 秦의 張儀가 齊·楚를 끌어들여 추진한 連橫策에 대항하기 위하여 魏 公孫衍이 韓·魏·趙·燕·中山 5國의 상호 稱王 승인을 전제한 合縱을 제안한 것이 계기가 된 것이다. 이러한 점을 고려해 볼 때, 당시 칭왕하려면 국제적인 승인이 필요했고, 일반적인 칭왕은 타국의 공격을 받을 수도 있는 정치적 행위였다는 사실을 잘 알 수 있다.[148] 또한 각 군주의 칭왕이 변법 실시와 대체로 시기상 일치하는 점에

---

147) 니콜라 디코스모 저 / 이재정 옮김, 2005, 『오랑캐의 탄생』(황금가지), 175~176쪽.
148) 이성규, 2003, 「고대 중국인이 본 한민족의 원류」『한국사시민강좌』32(일조각), 142쪽.

서, 칭왕은 각 제후가 변법을 통한 국내체제 안정 및 국력신장을 확보함으로써 명실상부한 전제군주의 지위와 권위를 과시하고 나아가 '王天下'의 열망을 표출한 결과였다고 볼 수 있다.[149]

이러한 북방 삼국중 연의 칭왕과 영토확장은 고조선과 직결되는 문제였다. 『삼국지』에 인용된 『위략』에는 연이 칭왕을 하면서 고조선을 공격하려고 하자 고조선도 칭왕을 하고 연을 공격하려고 했으나 대부 례의 중재로 그만두었다고 되어 있다. 여기에서 주목되는 점은 연이 칭왕을 하면서 고조선을 공격하려고 했는데 그 이유가 분명하지 않다는 점이다. 고조선도 尊周室이라는 명분만 있지 실질적으로 연을 공격하려는 이유가 분명하게 드러나지 않는다. 다만 둘 사이에 적대적인 관계에 있었다는 것만은 확실히 알 수 있다.

그렇다면 고조선과 연이 적대적인 관계에 있었던 이유는 무엇일까? 이와 관련해서 기원전 4세기 후반 연과 가장 적대적인 관계에 있었던 齊에 주목할 필요가 있다. 춘추말기~전국초기에 제는 산동반도의 대표적인 동이 세력인 萊夷를 멸망시키고 그 잔여세력까지 흡수하면서 산동반도를 완전히 장악하게 된다. 이러한 제에 정치적 격변이 일어난다. 齊景公과 晏嬰이 죽자 舊貴族勢力을 대신하여 田氏勢力이 정권을 잡게 되었다. 기원전 401년에는 姜齊를 대신하여 田齊가 제후의 반열에 오르게 된다. 이후 齊威王(B.C. 356~320)은 鄒忌를 宰相으로 등용하면서 부국강병을 꾀한다. 그리하여 기원전 334년에는 칭왕하면서 동방의 패자로 군림하게 된다. 제의 이러한 기세는 宣王代(B.C. 320~301)까지 이어진다.[150]

제의 부강을 제일 두려워했던 나라가 바로 제의 북쪽에 있었던 연이었다. 연에서는 燕王 子噲가 國君의 지위를 大臣 子之에게 讓位하는 '子之의

149) 이성구, 1989, 앞의 논문, 133~135쪽.
150) 楊寬, 1998, 『戰國史』(上海人民出版社), 199~201쪽 ; 郭墨蘭・呂世忠, 2006, 『齊文化研究』(齊魯書社), 169~172쪽.

亂'(B.C. 314)이 발생한다. 제는 이 사건을 빌미로 주변국들과 함께 출병하여 연을 공격하게 된다. 이 때문에 연은 거의 멸망 상태까지 이르게 되었다. 이런 상황에서 燕昭王(B.C. 311~278)이 즉위한다. 연소왕은 樂毅 · 鄒衍 · 劇辛 등을 기용하여 變法을 수행하면서 燕下都를 건설하는 등 일대 개혁을 단행한다.[151]

변법에 성공한 연소왕은 蘇秦의 反間 작전을 통해 제를 고립시키기 시작했다. 이후 齊湣王(B.C. 301~283)은 3차례나 宋을 공격한 것을 계기로 趙 · 秦 · 韓 · 魏 · 燕 등 5국의 연합 공격을 받게 되었다.[152] 그 다음 해인 기원전 283년에는 연소왕은 제의 70여 성을 함락시켰다. 이에 제는 聊 · 莒 · 卽墨 등을 제외한 영토 대부분을 연에 침략당하였다.[153] 伐齊에 성공한 연은 시선을 북방으로 돌려 동호와 고조선을 공격하였다.

이처럼 칭왕 이후부터 연의 벌제까지 연과 제의 대립 · 갈등 구도를 이해한다면 고조선과 연의 대립구도도 그 연장선상에서 이해할 수 있을 것이다. 당시 연과 대립하고 있던 제는 연을 배후에서 압박하기 위해 고조선을 적극적으로 끌어들였던 것으로 보인다. 고조선도 연이 요동지역으로 팽창하려는 움직임에 민감하게 반응할 수밖에 없었을 것이다. 따라서 고조선도 연의 남쪽에 있는 제와 연계하여 연에 대항하였던 것으로 보인다. 연이 벌제 이후 고조선을 공격한 것도 바로 고조선과 제의 국제 공조에 대한 보복일 가능성이 매우 높다고 보인다. 이러한 고조선 · 연 · 제의 국제적 대립 구도 속에서 동방의 패자였던 제가 고조선을 중원제후국의 일원임을 인정하

---

151) 裵眞永, 2003, 「燕昭王의 政策과 '巨燕'의 成立」『中國史硏究』25, 3~9쪽.

152) 『史記』卷43 趙世家 第13, "十四年 相國樂毅將趙秦韓魏燕攻齊 取靈丘 與秦會中陽 十五年 燕昭王來見 趙與韓魏秦共擊齊 齊王敗走 燕獨深入 取臨菑".

153) 『史記』圈34, 燕召公世家 第4, "二十八年 燕國殷富 士卒樂軼輕戰 於是遂以樂毅爲 上將軍 與秦楚三晉合謀以伐齊 齊兵敗 湣王出亡於外 燕兵獨追北 入至臨淄 盡取齊寶 燒其宮室宗廟 齊城之不下者 獨唯聊莒卽墨 其餘皆屬燕 六歲".

는 명분을 제공하였던 것으로 보인다.[154]

고조선이 칭왕한다는 것은 외형적으로 중원의 열국 대열에 공식적으로 합류한다는 의미를 갖는다. 이 열국은 기본적으로 칭왕 이전에 주왕실의 제후국이었다. 마찬가지로 고조선이 칭왕을 하기 위해서는 주왕실의 제후국이어야만 했다. 그런데 고조선은 주왕실로부터 분봉을 받은 적이 없었다. 그러나 칭왕을 하기 위해서는 이전에 주왕실로부터 분봉을 받아야 했다. 따라서 그 이전에 분봉을 받았다는 명분이 필요했던 것이다. 이러한 명분을 위해서 '箕子之後 朝鮮侯'라고 하여 고조선을 기자의 후예로 粉飾했던 것으로 생각된다. 당시 中山國이 춘추시대 白狄이 세운 鮮虞와 연결되고, 선우는 본래 주초 기씨의 봉국이었던 전승을 이용하여 공식적으로 칭왕할 수 있었다. 따라서 고조선에서 기자조선의 후예로 분식하여 칭왕의 명분을 삼는 것이 불가능하지는 않았다.[155]

이처럼 고조선은 기원전 4세기 후반 연이 대외적 팽창하려고 하자 연과 대립 관계에 있었던 제와의 국제 공조를 통해 연과 대립관계를 유지하였다. 이 과정에서 고조선은 칭왕을 하면서 연과 대립할 수 있었다. 그러나 고조선이 칭왕할 수 있었던 배경을 대외관계라는 측면에서만 찾을 수만은 없다고 본다. 고조선은 기원전 5~4세기를 거치면서 요동지역에서 정가와자유형을 중심으로 안정적인 성장을 하였다. 기원전 4세기에 들어서면서 고조선은 진번·임둔 등 주변 예맥세력과 함께 고조선연맹체를 형성하였다. 고조선이 예맥사회를 배경으로 한 연맹체의 힘이 없었다고 한다면 팽창하는 연에 대항하기는 힘들었을 것이다. 물론 제와의 국제 공조 속에서 칭왕을 할 수 있었지만 그러한 칭왕도 내적 발전을 담보하지 못했다면 기원전 4세

---

154) 이성규, 2003, 앞의 논문, 143~149쪽 ; 박대재, 2006, 「古朝鮮과 燕·齊의 상호관계－기원전 4세기말~3세기초 전쟁 기사를 중심으로－」『사학연구』83, 6~11쪽.
155) 이성규, 2003, 앞의 논문, 134~151쪽.

기 후반 연과의 대결 구도를 유지하기는 어려웠을 것이다.

고조선은 기원전 4세기 후반 연이 칭왕하면서 공격하려는 의도에 맞서서 역시 칭왕하면서 尊周室의 명분으로 연에 대항하였다. 고조선의 칭왕은 중원의 열국 대열에 공식적인 합류를 의미한다. 이것은 고조선이 외형적으로 주왕실의 질서에 편입된 것으로 볼 수 있다. 그러나 한편으로는 고조선이 전국시기 연·제의 대립 구도를 적절히 이용하여 다른 열국과 함께 동등한 입장에서 외교 관계를 유지하였던 것으로 볼 수 있다.

연은 자지의 난을 계기로 제의 공격을 받아 거의 멸망 상태에 이르게 되었다. 이런 상황에서 연소왕이 즉위하자 일대 개혁을 단행한다. 변법에 성공한 소왕은 제가 송을 공격한 것을 계기로 조·진·한·위와 함께 제를 공격하게 된다.[156] 이후 연소왕은 기원전 283년에 제를 공격하여 국토의 대부분을 공략하였다.[157] 제는 기원전 279년에 연군을 몰아내고 국토를 회복하지만 더 이상 대국의 면모를 회복하지 못하였다.

이처럼 伐齊에 성공한 연은 시선을 북방으로 돌려 동호를 공격하였다. 이와 관련하여 『사기』 흉노열전에는

A) 그후 연에는 현명한 장수 秦開가 있었는데 (東)胡에 인질로 가있었다. (동)호가 그를 깊이 신임하였다. 진개가 돌아와서 동호를 습격하여 패주시키자 동호는 천여리 밖으로 물러났다.···연은 또한 장성을 쌓았는데 造陽에서 襄平에 이르렀으며, 上谷·漁陽·右北平·遼西·遼東郡을 설치하여 胡를 막았다.[158]

---

156) 『史記』卷43 趙世家 第13, "十四年 相國樂毅將趙秦韓魏燕攻齊 取靈丘 與秦會中陽 十五年 燕昭王來見 趙與韓魏秦共擊齊 齊王敗走 燕獨深入 取臨菑".

157) 『史記』圈34, 燕召公世家 第4, "二十八年 燕國殷富 士卒軼輕戰 於是遂以樂毅爲 上將軍 與秦楚三晉合謀以伐齊 齊兵敗 湣王出亡於外 燕兵獨追北 入至臨淄 盡取齊寶 燒其宮室宗廟 齊城之不下者 獨唯聊莒卽墨 其餘皆屬燕 六歲".

158) 『史記』卷110 匈奴列傳 第50, "其後燕有賢將秦開 爲質於胡 胡甚信之 歸而襲破走東胡 東胡卻千餘里···燕亦築長城 自造陽至襄平 置上谷漁陽右北平遼西遼東郡以拒胡".

라고 되어 있다. 이 기록에 따르면 연은 제를 정벌하기에 앞서 먼저 진개를 동호에 인질로 보내면서 동호를 안심시켰던 것을 알 수 있다. 그리고 벌제에 성공한 연은 동호를 공격하여 造陽에서 襄平까지 장성을 쌓았다. 그리고 상곡·어양·우북평·요서·요동 5군을 설치하였다.

그러나 진개의 공격은 동호에서 그치지 않았던 것으로 보인다. 이와 관련해서 『삼국지』에 인용된 『위략』에는

> B) 그 후 자손이 점점 교만하고 포학해지자 연이 장수 진개를 보내 그 서방을 공격하여 2천여 리의 땅을 빼앗고 滿番汗에 이르러 경계로 삼았다. 마침내 조선은 쇠약해졌다.[159]

라고 되어 있다. 연이 장수 진개를 보내 고조선의 서방 2천여리를 빼앗고 만번한을 경계로 삼았다는 것이다. 『위략』에는 진개의 공격대상이 고조선으로 되어 있다. 위의 두 기록(A·B)의 내용만 본다면 진개의 동호 공격과 고조선 공격은 별개의 사건인 것처럼 보인다. 그러나 『염철론』 벌공편에는

> C) 연이 동호를 습격하여 천리 밖으로 물러나게 하였고 遼東[遼水]을 건너 조선을 공격하였다.[160]

라고 되어 있다. 이 기록에 의하면 연이 동호를 습격하고 바로 遼水를 건너 고조선을 공격한 것이 하나의 사건처럼 서술되어 있다. 여기에서 '度遼東'은 앞에서 살펴본 것처럼 度가 건넌다는 의미로 볼 때 '度[渡]遼水'로 보아야 한다. 『사기』 흉노열전(A)과 『위략』(B)에서는 진개의 공격 대상을 각각 동호와 고조선만을 언급하였던 것에 비해, 『염철론』(G)에서는 진개의 공격이 동호

---

159) 『三國志』卷30 烏丸鮮卑東夷傳 第30 韓傳 所引 『魏略』, "後子孫稍驕虐 燕乃遣將秦開攻其西方 取地二千餘里 至滿番汗爲界 朝鮮遂弱".

160) 『鹽鐵論』卷8 伐功 第45, "燕襲走東胡 辟地千里 度遼東而攻朝鮮".

와 고조선 모두에 해당되는 것을 알 수 있다. 따라서 위의 사료를 종합해 보면 연의 공격 대상에 동호와 고조선 모두가 포함된다고 볼 수 있다.

그렇다면 연이 동호와 고조선을 공격한 시점은 언제일까? 『사기』 연소공 세가에는 진개의 동북지역 공격에 대한 기록이 없어서 정확한 연대를 알 수는 없다. 그러나 앞에서 살펴보았듯이 연이 대외적으로 영토확장을 할 수 있었던 것은 변법에 성공하고 제를 정벌하였던 연소왕 28년인 기원전 283년 이후에서야 가능했다. 또한 소왕이 재위 33년인 기원전 279년에 죽기 때문에, 진개의 동북지역 공격은 伐齊 이후 1∼2년 후인 기원전 282∼280년에 이루어졌을 것이라고 보는 것이 일반적이다.[161] 그러나 좀더 구체적인 연대를 아직까지 밝히지 못한 상황이다.

이와 관련하여 『史記』 楚世家 頃襄王 18년조에는 연의 요동지역 진출을 시사하는 좀더 구체적인 기록이 있다.

> D) (경양왕) 18년, 초나라에는 가벼운 화살과 가느다란 실로써 북쪽으로 돌아가는 기러기를 쏘아 맞추는 사람이 있었는데, 경양왕이 이 사실을 알고 그를 불러 물었다. … 대왕께서는 북쪽으로 연의 요동을 유람하실 수 있고, 남쪽으로 월나라의 회계를 살펴보실 수 있으니 이것은 활을 쏘는 두 번째 즐거움입니다.[162]

이 기록에 의하면 초경양왕 18년(B.C. 281)에는 초경양왕이 연의 요동을 유람할 수 있다고 되어 있다. 즉, 기원전 281년에 요동이 이미 연의 영역에 포함되어 있다는 것이다. 그렇다면 진개의 공격은 바로 기원전 281년 이전에 일어난 것으로 볼 수 있다.[163] 따라서 연의 동호 · 고조선 공격은 제를

---

161) 裵眞永, 2003, 앞의 논문, 17∼20쪽 ; 박대재, 2006, 앞의 논문, 22∼23쪽.
162) 『史記』 卷40 楚世家 第10, "(頃襄王)十八年 楚人有好以弱弓微繳加歸鴈之上者 頃襄王聞 召而問之 對曰…北遊目於燕之遼東而南登望於越之會稽 此再發之樂也".
163) 金南中, 2002, 「燕 · 秦의 遼東統治의 限界와 古朝鮮의 遼東 回復」『白山學報』62, 47쪽.

정벌한 다음 해인 기원전 282년에 일어났다고 볼 수 있다.

다음으로 고조선이 연에게 빼앗긴 영토에 대해 알아보자. 『사기』 흉노 열전(A)에서는 진개가 동호를 공격하여 1천리를 밖으로 몰아내고 조양에서 양평까지 장성을 쌓고 5군을 설치하여 胡를 막았다고 하였다. 이에 비해 『위략』(B)에서는 고조선의 서방 2천리를 빼앗고 만번한을 경계로 삼았다고 하였다. 따라서 만번한의 위치를 확인한다면 고조선이 연에게 빼앗긴 영역을 대략 파악할 수 있을 것이다.

만번한과 관련하여 『漢書』 地理志 遼東郡條에는 18개의 屬縣 중에서 文縣[164]과 番汗縣이 나란히 기록되어 있다. 『위략』의 만번한은 바로 이 문현과 번한현의 연칭으로 보는 것이 일반적이다.[165] 이중 먼저 문현의 위치에 대해 살펴보자. 魏 正始 元年인 기원후 240년에 요동의 汶縣과 北豊縣의 유민이 묘도열도를 통해 발해만을 건너 산동지역에서 新汶縣과 南豊縣을 설치한 사례가 있다.[166] 이에 앞서 239년에 요동의 沓(氏)縣의 吏民이 산동으로 건너가서 新沓縣을 세운 일이 있었다.[167] 이러한 사례를 통해 문현과 답(씨)현이 요동지역에 있었다는 것을 알 수 있다.

문현의 위치와 관련하여 『資治通鑑』에 東晉 咸和 8년(333)에 慕容皝이 동생인 慕容仁과 汶城 북쪽에서 싸웠다는 기록이 주목된다.[168] 이 시기는

---

164) 『後漢書』 郡國志에는 '汶縣'으로 되어 있다.

165) 千寬宇, 1975, 「三韓의 成立過程」『史學研究』26(1989, 앞의 책, 158~160쪽) ; 徐榮洙, 1988, 앞의 논문, 41쪽 ; 盧泰敦, 1990, 앞의 논문, 49쪽.

166) 『三國志』 卷4 魏書4 三少帝紀 第4, "正始元年春二月…丙戌 以遼東汶北豊縣民流徙渡海 規齊郡之西安臨菑昌國縣界爲新汶南豊縣 以居流民".

167) 『三國志』 卷4 魏書4 三少帝紀 第4, "夏六月 以遼東東沓縣吏民渡海居齊郡界 以故縱城 爲新沓縣以居徙民".

168) 『資治通鑑』 卷95 晉紀17 顯宗成皇帝中之上, "皝賜昭死遣軍祭酒 封奕慰撫遼東 以高詡 爲廣武將軍 將兵五千與庶弟建武將軍幼稚 廣威將軍軍寧遠將軍 司馬遼東佟壽共討仁 與仁戰於汶城北".

모용인이 平郭에 거점을 두고 모용황과 대립하고 있었다.[169] 평곽은 문현처럼 요동군의 속현이다. 『讀史方輿紀要』 蓋州衛 平郭城條에는 "在衛南"[170]이라고 하여 평곽(성)이 개주 남쪽에 있는 것으로 되어 있다. 그리고 실제로 蓋州市 熊岳鎮의 남쪽에 漢代城인 熊岳城址가 발견되었는데 이것이 평곽성으로 추정된다.[171] 따라서 문성은 평곽 윗쪽에서 찾을 수밖에 없다. 이와 관련하여 『讀史方輿紀要』 蓋州衛 西安平城條에는 "文城在衛西"[172]라고 하여 文城[汶縣故城]이 蓋州衛 서쪽에 있다고 하여 문성의 위치를 대략적으로 알 수 있다.[173] 한편 개주의 서쪽은 아니지만 북쪽에 있는 海城 柝木鎮에 漢代城인 柝木城城址가 발견되었는데 이곳을 문현으로 보기도 한다.[174] 이처럼 문현의 위치를 정확히 알 수는 없지만 개주(개평) 위쪽 부근에서 있었던 것만은 확실하다고 할 수 있다.[175]

번한현에 대해서는 『한서』 요동군 번한현조의 주석에 "沛水는 塞外에서나와 西南쪽으로 흘러 바다로 들어간다"[176]고 되어 있다. 『설문해자』에서는 이를 받아들여 "沛水는 遼東番汗塞外에서 나와 서남쪽으로 흘러 바다로 들어간다"[177]고 되어 있다. 이 沛水를 蓋平지역에 흐르는 淤泥河로 보기도 한다. 이 어니하를 『遼史』 地理志 東京道 遼陽府條에서는 浿水[=沛水]라고도 했다고 한다. 그러나 어니하를 고조선과 한의 국경으로 삼기에는 너무 작다

169) 池培善, 1986, 『中世東北亞史研究-慕容王國史-』(一潮閣), 63~68쪽.
170) 『讀史方輿紀要』 卷37 山東8 蓋州衛 平郭城條, "在衛南 漢縣屬遼東郡 後漢因之".
171) 孫進己·王綿厚 主編, 1989, 『東北歷史地理(一)』(黑龍江人民出版社), 293~294쪽.
172) 『讀史方輿紀要』 卷37 山東8 蓋州衛 西安平城, "文城在衛西 漢置文縣 屬遼東郡 後漢改日汶縣".
173) 盧泰敦, 1990, 앞의 논문, 50~51쪽.
174) 孫進己·王綿厚 主編, 1989, 앞의 책, 295~296쪽.
175) 千寬宇, 1989, 앞의 책, 158~160쪽.
176) 『漢書』 卷28下 地理志 第8下, "沛水出塞外 西南入海".
177) 『說文解字』 11篇上, "沛水出遼東番汗塞外 西南入海".

는 비판이 있다.[178]

沛水와 관련하여 『염철론』 주진편에는 "秦이 이미 천하를 병합하고 동쪽으로 沛水를 넘어 조선을 멸망시켰다"[179]라는 기록이 있다. 燕의 요동을 점령한 秦이 沛水를 넘어 고조선을 침략하였다고 하였으니 이 沛水는 연과 고조선의 경계가 되는 강이다. 또한 『사기』 조선열전에는 "한이 흥기하니 그곳[遼東外徼]이 멀고 지키기 어려우므로 다시 遼東故塞를 수리하고 浿水에 이르러 경계로 하여 燕에 소속시켰다"(A)[180]고 하여, 漢은 진의 요동외요의 관할지역에서 후퇴하여 연의 遼東故塞를 수리하여 浿水를 경계로 하였다. 위만이 바로 浿水를 넘어 진의 옛 공지인 上下鄣에 머물렀다고 하였던 점을 본다면 이 浿水가 연·한과 고조선의 국경이었던 강이라고 할 수 있다. 따라서 『염철론』의 沛水와 『사기』의 浿水가 같은 강이라는 것을 알 수 있다.

한편 후한 순열의 『전한서』 孝武皇帝紀에서는 『사기』 조선열전의 A부분을 "漢興以爲其遠難守 故遼水爲塞"라고 표현하였다. 여기에서는 요수를 새로 삼았다는 것으로 보아 한과 고조선과의 경계가 요수였던 것을 알 수 있다. 『수경주』에 의하면 大遼水와 小遼水가 있는데 대요수는 요하에, 소요수는 혼하에 해당되는 강이다. 그렇다면 浿水가 遼水인 渾河라는 것을 알 수 있다. 이와 달리 『한서』 지리지 낙랑군 浿水縣條의 패수는 청천강을 가리키는 것이 확실하다.

이처럼 浿水는 문헌 성립 연대에 따라 표기가 달라졌던 것을 알 수 있다. 패수의 대상이 바뀌었던 이유는 바로 고조선이 연의 공격으로 요동지역에서 한반도 서북부지역으로 이동하였기 때문에 고조선계 지명인 패수라는 명칭도 같이 이동하였던 것으로 보인다. 이것은 고구려에서 平壤이라는 지

---

178) 서영수, 2008, 「요동군의 설치와 전개」 『요동군과 현도군 연구』, 46~49쪽.
179) 『鹽鐵論』 卷8 誅秦 第44, "秦旣幷天下 東絶沛水 幷滅朝鮮".
180) 『史記』 卷115 朝鮮列傳 第55, "漢興 爲其遠難守 復修遼東故塞 至浿水爲界 屬燕".

명이 여러 군데 나오는 것과 비슷한 현상으로 볼 수 있을 것이다. 따라서 전한 말기부터는 두 강이 혼동되기 때문에 요동의 浿水[渾河]와 대동강유역의 고조선 중심지에 가까운 浿水[淸川江]를 구분하기 위해 전자를 沛水로 고쳐서 부른 것으로 추정된다.[181]

이렇게 沛水를 혼하로 볼 경우에 『설문해자』와 『한서』 지리지에 있는 沛水의 흐름과 현재 혼하의 흐름이 서로 일치한다. 따라서 번한현은 서남쪽으로 흘러 바다로 들어가는 혼하 하류지역인 해성과 영구 부분에 있었을 것으로 추정된다.

한편 문현을 요동의 개주 부근에, 번한현은 청천강 부근에서 있었다고 보는 절충적인 견해가 있다.[182] 이미 개평과 청천강 부근이 거리상 너무 멀다는 비판이 이미 제기되었지만[183] 이 견해에서는 번한현이 문현 부근에 꼭 있을 이유는 없다고 본다. 그러나 『한서』 지리지 요동군조에는 문현·번한현·답씨현의 순서대로 기록하고 있다. 문현이 개평 부근이고 답씨현이 현재 요동반도 남단인 점을 볼 때, 순서상 그 중간에 있는 번한현을 청천강 부근으로 보기는 어렵다. 그리고 만번한을 연과 고조선의 경계로 삼았다고 하였는데 개평과 청천강유역을 연결하는 선을 경계로 보기는 어렵다. 또한 沛水로 본 박천강[대령강]은 南流 혹은 東南流하는 강이다. 西南流한다던 沛水의 흐름과는 전혀 다르다.[184] 따라서 번한현을 박천강으로 보기는 어렵다.[185]

---

181) 서영수, 1996, 「衛滿朝鮮의 形成過程과 國家的 性格」 『韓國古代史硏究』 9, 99~105쪽.
182) 孫進己·王綿厚 主編, 1989, 앞의 책, 296~297쪽 ; 송호정, 2010, 앞의 논문, 46~47쪽. 이러한 견해에서는 秦漢代의 浿水를 청천강으로 본다.
183) 盧泰敦, 1990, 앞의 논문, 50쪽.
184) 盧泰敦, 1990, 앞의 논문, 50쪽.
185) 이 견해에서는 요동~청천강 이북지역에서 보이는 명도전을 비롯한 세죽리-연화보문화를 요동군 내지 그 영향이 강하게 미친 燕系문화로 보고, 청천강 이남의 한국식동검문화와 구분지어서 이해한다(송호정, 2010, 앞의 논문, 54~55쪽). 따라서 연과 고조선의 경계인 번한현을 청천강유역으로 볼 수밖에 없다.

이처럼 문헌상에 보이는 고조선과 연의 경계인 만번한은 개평과 혼하 하류인 해성과 영구 인근으로 볼 수 있다. 이들은 모두 천산산맥 이서지역 인 점으로 보아 천산산맥과 같은 자연계선을 경계로 연과 대치하였던 것으 로 볼 수 있다.[186)

(2) 연의 군현 설치와 연문화의 이식

연은 동호를 공격해서 빼앗은 영토를 포함하여 상곡 · 어양 · 우북평 · 요서 · 요동군을 설치하였다. 연의 공격이 있기 전까지 대릉하유역은 연의 영향을 강하게 받았지만 여전히 초기세형동검문화가 존속하고 있었던 지역 이었다. 따라서 고조선이 연의 공격으로 빼앗긴 영역은 바로 대릉하유역에 서 천산산맥 이서지역까지로 볼 수 있다. 즉, 연이 세운 5군 중 요서군과 요 동군이 고조선과 예맥에서 빼앗은 지역이라고 할 수 있다.[187) 이 과정에서 고조선의 중심지라고 할 수 있는 심양지역이 연의 요동군에 편입되었다. 따 라서 고조선은 그 중심지를 평양지역으로 옮길 수밖에 없었던 것이다.

그렇다면 진개의 공격 이후 요서군이 설치된 대릉하유역이 어떻게 변화 되었는지 살펴보자. 먼저 연이 설치한 장성에 대해 살펴보자. 현재까지 요 령지역에서 조사된 燕秦代 장성은 赤峰을 중심으로 赤北長城과 赤南長城으 로 구분된다. 적북장성은 河北省 圍場에서 시작하여 赤峰 · 敖漢旗 · 奈曼 旗 · 阜新까지 이르고, 적남장성은 喀喇心旗에서 시작하여 적봉 남쪽을 거 쳐 건평, 오한기 남부를 거쳐 북표현 경내로 들어간다.[188) 두 장성은 대략

186) 徐榮洙, 1988, 앞의 논문, 41쪽 ; 盧泰敦, 1990, 앞의 논문, 49~54쪽 ; 김남중, 2001, 앞의 논문, 10~11쪽 ; 박대재, 2006, 앞의 논문, 23~24쪽.
187) 都興智, 2004, 「關于古朝鮮硏究的幾個問題」『史學集刊』2, 74~78쪽 ; 都興智, 2005, 「關于東北古代史硏究的幾個問題-答劉子敏先生-」『史學集刊』6, 74~80쪽 ; 서영수, 2008, 앞의 논문, 30~32쪽 ; 조진선, 2010, 「요서지역 청동기문화의 발전과정과 성격」『요하문명의 확산과 중국 동북지역의 청동기문화」), 180~186쪽.
188) 項春松, 1979, 「昭烏達盟戰國長城調査報告」『文物通迅』7 ; 李慶發 · 張克擧, 1991,

40~50km 거리를 두고 나란히 동서 방향을 하고 있다.

　적북장성은 적봉에서 秦 통일 이후 鐵權 등 秦代 유물이 발견되는 점으로 보아 대체로 秦長城으로, 적남장성은 연소왕대에 축성한 燕北長城으로 보는 것이 일반적이다.[189] 그리고 이 두 장성은 현재까지 조사에 의하면 그 동단이 醫巫閭山을 넘지 못하고 있으며, 요하 이동에는 燕秦 장성 유적이 발견되지 않는다.[190] 따라서 연이 동호와 고조선을 공략하고 쌓았던 장성은 조양에서 양평에 이른다는 『사기』 흉노열전의 기록과는 달리 요하선을 넘지 못한 것을 알 수 있다.

　다음으로 대릉하유역의 초기세형동검문화는 요서군이 설치되면서 전국 연문화로 대체된다.[191] 연의 요서지역 진출을 보여주는 대표적인 유적이 바로 錦西市 邰集屯鎮 小荒地村에 있는 邰集屯城址이다.[192] 전국만기의 方形城에서는 釜・甑・瓮 등 다양한 전국계 泥質灰陶가 출토되었다. 이전 시기에는 잘 보이지 않던 철기가 많이 출토되었다. 이중에는 钁・鏟・舌・鑿 등의 생산공구가 주종을 이루며 劍・鏃 등의 兵器와 軎・軹 등의 거마구류는 적다. 또한 板瓦・筒瓦・瓦當 등의 기와류의 출토로 보아 대형건물이 있었던 것으로 추정된다. 그리고 明刀錢・半兩錢・五銖錢 등 전국~전한대 화폐가 출토되었다. 또한 土製量器중에 '且盧都'銘이 보이는 점을 들어

　　『遼西地區燕秦長城調査報告』『遼海文物學刊』2, 40~42쪽.

189) 項春松, 1981, 「昭烏達盟燕秦長城遺址調査報告」『中國長城遺迹調査報告』(文物出版社), 16~19쪽 ; 李慶發・張克擧, 1991, 앞의 논문, 43~50쪽 ; 劉志一, 1994, 「戰國燕北長城調査」『內蒙古文物考古』1, 52~53쪽 ; 裵眞永, 2005, 「燕國의 五郡 설치와 그 의미-戰國時代 東北아시아의 勢力關係-」『中國史研究』36, 3~4쪽.

190) 葉小燕, 1987, 「中國早期長城的探索與存疑」『文物』7, 46~47쪽 ; 吳江原, 2010, 「戰國時代 燕나라 燕北長城 동쪽 구간의 構造的 實體와 東端」『先史와 古代』33, 166쪽.

191) 吳江原, 2011, 「기원전 3세기 遼寧 地域의 燕나라 遺物 共伴 遺蹟의 諸類型과 燕文化와의 관계」『韓國上古史學報』71, 12~14쪽.

192) 吉林大學考古學系・遼寧省文物考古研究所, 1997, 「遼寧錦西市邰集屯小荒地秦漢古城址試掘簡報」『考古學集刊』11.

이 지역을 漢代 요서군 군치인 且廬縣으로 비정되기도 한다.[193] 이처럼 태집둔성지는 전국만기의 연문화가 그대로 이식된 것으로 볼 수 있다.

이 태집둔성지 동북쪽에 있는 태집둔 徐家溝에서는 전국 만기의 토광목곽묘 3기가 발견되었다. 그중 1기의 무덤은 單人葬으로 두향은 북향이다. 골격 상반부 우측에서는 夔龍回紋靑銅矛가, 두부 목곽 외부에서는 單鈕八連弧銅鏡과 銀印章이 들어있는 漆盒이 출토되었다. 이외에도 繩文灰陶壺와 繩文灰陶罐가 각각 1점씩 출토되었다. 출토품 중에서 청동모는 그 문양을 보아 북방계의 영향을 받은 것으로 보인다. 그러나 나머지 대부분은 전국계 요소로 보인다. 은인장으로 보아 연의 관리의 무덤으로 추측된다.[194]

朝陽 袁台子에서도 전국시대 무덤군이 발견되었는데 여기에서 '酉城都王氏鉢'銘 陶壺 2건이 출토되었다.[195] 그리고 이 무덤군 동북쪽 약 1km 부근에 漢代유적[柳城遺址]에서 '柳城'銘 陶拍子와 '柳'·'城' 혹은 '柳城'명 기와 조각이 121건이나 출토되었다.[196] 酉와 柳는 서로 통용되는 글자로 전국시기 酉城都와 한대의 柳城은 같은 지명인 것을 알 수 있다.

원래 都는 제후의 중심 邑을 지칭하는 용어였다가 점차 일반 縣의 큰 직속 城邑을 지칭하는 변용되었다고 한다. 따라서 조양이 요서군에서 중요한 위치에 있었던 것으로 보인다.[197] 『한서』 지리지 요서군조에 柳城이 西部都尉治였다고 한 것은 이와 관련이 있는 듯하다. 또 이 유성에서 서남쪽 약 2km 지점에 비파형동검문화의 중심이었던 십이대영자유적이 있고, 이 酉城 출토 원대자무덤군에서도 기원전 4세기대에 초기세형동검이 출토된 토착

193) 王成生, 1997, 「漢且廬縣及相關陶銘考」『遼海文物學刊』2 ; 궈다순·장싱더 지음(김정열 옮김), 2008, 앞의 책, 1083~1085쪽.
194) 錦州市博物館, 1983, 「遼寧錦西縣台集屯徐家溝戰國墓」『考古』11.
195) 徐秉琨, 1992, 「遼寧發現戰陶銘四種考略」『遼海文物學刊』2, 124~127쪽.
196) 高靑山, 1987, 「朝陽袁台子漢代遺址發掘報告」『遼海文物學刊』1.
197) 李零, 1988, 「中國古代居民組織的兩大類型及其不同來源-春秋戰國時期齊國居民組織試析-」『文史(京)』28, 67쪽(金南中, 2002, 앞의 논문, 55쪽에서 재인용).

무덤이 여러 기가 발견되었다. 이처럼 토착세력이 강하게 존재하고 있던 점도 유성이 설치된 중요한 이유였던 것으로 보인다.

요서군이 설치되고 전국계 吏民이 유입되자 토착세력이 완전히 사라진 것은 아니다. 원대자무덤군에서 동쪽으로 약 1km 부근에 王子墳山墓群이 발견되었는데[198] 그중 5기의 토광묘가 전국중만기의 토착세력의 무덤으로 추정된다. 그러나 부장품은 帶鉤·陶壺 등으로 한정되어 있어 매우 빈약한 편이다. 이것은 요서군이 설치된 이후 연의 지배를 받는 토착세력의 실상을 보여주는 것으로 보인다.

요동군지역도 요서군처럼 전국 연문화가 본격적으로 유입된다. 먼저 요동군의 치소를 살펴보자. 현재까지 요동군의 치소를 襄平, 즉 현재 遼陽으로 보는 데에는 크게 이견이 없다.[199] 또한『한서』지리지에서도 양평을 요동군의 치소라고 하였으며, 조양에서 양평까지 연장성을 쌓았다는『사기』흉노열전의 기록을 보아도 양평이 요동군의 군치였던 것이 확실하다. 또한 전국 말기에 제작되었던 襄平布가 요양지역에 집중적으로 출토된 점도[200] 襄平이 요동의 정치·경제의 중심이었던 것으로 보인다. 한편 遼陽 三道壕 유적에서 '昌平'銘 陶釜가 출토되었는데,[201] 이 창평은 왕망이 양평을 개명한 지명이다.[202] 위진시대 벽화묘가 이 지역에 밀집 분포한 점으로 보아 요양[양평]이 전국시기 이후에도 요동의 중심이었던 것으로 보인다.

---

198) 遼寧省文物考古研究所·朝陽市博物館, 1998,「朝陽王子墳山墓群 1987·1990年度考古發掘的主要收穫」『文物』6.
199) 김남중, 2001,「衛滿朝鮮의 領域과 王儉城」『한국고대사연구』22, 10쪽 ; 裵眞永, 2005, 앞의 논문, 10~11쪽.
200) 박선미, 2009,『고조선과 동북아의 고대 화폐』(학연문화사), 207~214쪽.
201) 東北博物館, 1955,「遼陽市三道壕淸理了一處西漢村落遺址」『文物參考資料』12 ; 궈다순·장싱더 지음(김정열 옮김), 2008,『동북문화와 유연문명(하)』, 1085~1086쪽 ; 배진영, 2008,「한대 요동군의 군현 지배」『요동군과 현도군 연구』, 79~80쪽.
202) 『漢書』卷28下 地理志 第8下, "襄平(有牧師官 莽曰昌平)".

이어서 요동지역의 전반적인 변화상을 살펴보자. 정가와자유형이 있었던 심양지역에서 발견된 南市區 토광목곽묘가 주목된다.[203] 이 무덤은 두향이 북향으로 단인장이다. 묘실 북단 壁龕에서 壺2·鼎·匜·盤 등 모두 5건의 토기가 출토되었는데 이들은 모두 중원식 용기이다. 또 묘실과 우벽 목관 사이에 회색 繩(席)文 長方孔陶甂底 3개가 출토되었는데 이러한 승(석)문은 전국계 토기의 대표적인 특징 중에 하나이다.

요양시 新城村에서도 전국계 토광목곽묘 2기가 발견되었다.[204] 그중 1호묘는 목곽을 井字形으로 괴었고, 목곽과 묘광 사이를 河卵石·灰泥로 채웠다. 두향은 북향이며 앙신직지장이다. 부장품으로 前箱과 관내에 있는데, 鼎·鑒·鉢·盆·鋗·燈·鏡 등의 銅器와 壺·罐 등의 토기, 輪·木馬·俑·梳·瑟·藤杖 등 목기, 漆盒·耳杯·漆扇柄 등의 칠기, 이외에 옥벽 등 70여 건이 출토되었다. 銅箱壁에 '□城'銘이 있다. 2호묘도 묘장구조는 1호묘와 같지만 부장품이 소량인 점이 다르다. 이 두 묘는 異穴 부부합장묘로 추정되는 전형적인 전국계 무덤이다.

윤가촌 윗문화층에서는 무문토기와 타날문토기의 조합으로 2구 혹은 3구식 옹관묘가 조성되었다. 이것은 토착계 무문토기와 전국계 타날문토기가 결합된 양상으로 요동반도 남단에서 세형동검문화와 연문화의 문화접변현상을 볼 수 있다. 한편 6호 옹관묘에는 '平鄕…'銘이 새겨져 있다. 5호 옹관묘에서는 옹관 사이를 기와로 연결하였다.[205] 이러한 양상을 통해 전국계 문화가 요동반도 남단까지 나타나는 것을 알 수 있다.

이처럼 심양·요양·대련지역의 토광목곽묘와 옹관묘는 전국 燕人의 무덤, 혹은 전국 연문화를 받아들인 토착계열의 무덤으로 보인다. 즉, 요동

203) 金殿士, 1959, 「沈陽市南市區發現戰國墓」『文物』4.
204) 李慶發, 1984, 「遼陽市新城戰國墓」『中國考古學年鑑 1984年』(文物出版社).
205) 조중공동고고학발굴대, 1966, 앞의 책, 119~125쪽.

군의 설치와 함께 이주한 燕人을 통해 연문화가 본격적 유입되었던 것을 알수 있다. 이러한 연인의 이주의 흔적은 주거지, 방어시설로서 城址, 교역의 매개물인 명도전을 통해서 좀더 구체적으로 파악할 수 있다.

전국계 주거유적 중에서 가장 대표적인 것이 撫順 蓮花堡유적이다.[206] 이 유적에서는 石築 담장 기초, 爐址, 灰溝, 灰坑 등의 유구가 발견되었다. 출토품 중에서 철기는 钁·斧·鎬·鎌·반달칼·鑿·鈷 등이 출토되었는데 이중 일상 공구류는 적고 생산공구가 대다수를 차지한다. 청동기는 劍鏢·鏃 등 극소수에 불과하다. 토기는 釜·瓮·盆·罐·壺·豆 등 생활용기가 대부분이며 繩文의 니질회도가 많다. 또한 윗 문화층에서 前漢 高后2년(B.C. 186)에 주조된 八銖半兩錢이 출토된 점으로 보아 이 유적은 전국만기에서 전한 초기까지 걸쳐 있는 것으로 보인다.

鞍山市 羊草庄 주거지에서는 鏟·鍤·鋤·钁·鎌刀 등 철제 농구류가 출토되었으며 繩文陶罐에 1,000여 매의 明刀錢이 담겨 있었다.[207] 요동반도 남단의 大泥窪 하층유적에서는 鎌·钁 등의 철기와 약 100근 정도의 명도전, 회색·갈색의 승석문토기가 출토되었다. 高麗寨유적에서는 钁·鍤·鎌·鏟·鑿 등의 철기와 명도전·일화전·포전·반량전 등의 화폐가 출토되었다.

특히 요동반도에는 전국시기 城址 유적이 많이 발견되었다. 大連 旅順口區 牧羊城에서는 燕式 釜形土器와 瓮(壺)형토기가 결합되는 2구 혹은 3구 橫置式 甕棺墓가 확인되었다.[208] 출토품으로 鏟·斧·鍤·鍬·鏃·刀子 등의 철기와 鏃·帶鉤 등의 청동기, 명도전·일화전·명화전·반량전 등의 화폐류가 있다. 그리고 蘑菇形雲紋의 '長樂未央'銘 기와가 발견되었는

206) 王增新, 1964,「遼寧撫順蓮花堡遺址發掘簡報」『考古』6.
207) 佟柱臣, 1956,「考古學上漢代及漢代以前的東北疆域」『考古學報』1.
208) 原田淑人·駒井和愛, 1931,『牧羊城』(東亞考古學會), 47~51쪽.

데 이 문양과 吉祥句는 前漢代에 널리 사용되었던 것이다.[209] 즉, 목양성이 전국만기에서 한대까지 사용되었던 것을 알 수 있다.

大嶺屯城址에서도 釜·斧·鏵·刀子 등의 철기와 명도전 20여매, 각종 기와가 출토되었다.[210] 新金縣 張店城址에서는 주로 漢代 貝墓가 출토되었지만 성내에서 安陽布와 繩文灰陶가 많이 출토된 것으로 보아 전국만기부터 한대에 걸쳐 사용된 것으로 보인다.[211]

다음으로 명도전 출토지를 살펴보자. 요동지역에서 명도전 출토지는 요양이 중심으로 심양·무순·안산·본계·영구·대련 등지에서 집중적으로 출토된다.[212] 이들 출토지는 심양·요양·안산 일대, 개주·영구 일대와 요동반도 남단으로 크게 구분할 수 있다. 그리고 대체로 천산산맥 이서지역과 요동반도 남단이라는 지역적 특징을 갖고 있다.[213]

명도전은 매납유적을 제외하면, 주로 천산산맥 이서지역에서는 주거지와 일부 무덤에서 발견되는 반면에 요동반도 남단 지역에서는 주로 城址에서 출토되는 경향이 있다. 요양 일대는 요동군 치소이고, 개주·영구 일대는 만번한이고, 요동반도 남단은 산동지역으로 가는 길목이다. 이처럼 명도전의 집중 출토지는 바로 燕人이 집단적으로 거주하였던 흔적이 있는 곳으로 요동지역에서 정치적·군사적으로 중요한 지역이었던 것으로 볼 수 있다.

지금까지 요동군이 설치되면서 燕人의 직접적인 이주에 의해 주거지·

---

209) 陳直, 1963, 「秦漢瓦當槪述」『文物』11, 27쪽 ; 허선영, 2007, 『중국 한대 와당의 명문 연구』(민속원), 100~115쪽.
210) 三宅俊成, 1975, 『東北アジア考古學の硏究』(國書刊行會), 113~162쪽.
211) 旅順博物館·新金縣文化館, 1981, 「遼寧新金縣花兒山漢代貝墓第一次發掘」 『文物資料叢刊(4)』(文物出版社), 75~85쪽. 이 유적에서 臨濊丞印銘 封泥가 출토되었다(劉俊勇, 2003, 『大連考古硏究』(哈爾濱出版社), 76쪽).
212) 王嗣洲, 1990, 「大連市三處戰國貨幣窖藏」『考古』2 ; 송호정, 1999, 앞의 논문, 175~183쪽.
213) 박선미, 2009, 앞의 책, 214~222쪽.

분묘 · 성지 등에서 전국계 철기문화가 어떻게 나타났는지를 검토해 보았다. 천산산맥 이서지역과 요동반도 남단지역에는 기원전 4세기까지 존재하였던 초기세형동검문화가 완전히 사라지고 대신 전국계 철기문화로 대체되었다. 이것은 기록에서 진개의 공격이 천산산맥 이서지역인 개주 일대에서 멈춘 것으로 되어 있지만, 고고학적으로 연의 세력이 요동반도 남단까지 진출하였음을 보여준다.

2) 고조선의 평양으로 이동과 예맥사회의 변화

(1) 고조선의 평양으로 이동과 서북한지역의 변화

연의 공격으로 인해 천산산맥 이서의 요동지역에서는 초기세형동검문화가 사라지는 대신에 이주한 燕人에 의해 전국 연문화가 이식되었다. 이 과정에서 초기세형동검문화의 중심이었던 심양지역은 요동군의 세력범위에 포함되었다.

이와 관련하여 『삼국지』에 인용된 『위략』(B)에는 고조선이 연의 공격으로 인해 쇠약해졌다('遂弱')고 하였다. 같은 사건에 대해 『사기』 조선열전에는

> E) 연의 전성기에 비로소 眞番 · 朝鮮을 침략하여 복속시키고 관리를 두고 鄣塞를 쌓았다.[214]

라고 되어 있다. 진개의 공격에 의해 고조선과 진번이 완전히 복속[略屬]된 것처럼 서술되어 있다. 그러나 고조선은 영토 일부가 연에 의해 침탈되었을 뿐 여전히 독립국의 상태였다. 따라서 『위략』(B)의 내용을 참고해 보면 『사기』 조선열전(E)의 '略屬'의 실질적인 내용은 고조선의 일부 영토의 침탈이

---

214) 『史記』 卷115 朝鮮列傳 第55, "自始全燕時 嘗略屬眞番朝鮮 爲置吏 築鄣塞".

라는 것을 알 수 있다.[215] 즉, 『사기』의 서술은 연의 입장에서 과장된 측면이 있다.

한편 고조선은 연의 공격으로 인해 대릉하유역에서 천산산맥과 요동반도 남단에 이르는 영토를 상실했다. 특히 요하 이동의 심양지역은 기원전 4세기까지 후기비파형동검문화에 이어 초기세형동검문화의 중심지역이었다. 고조선은 바로 이러한 중심지를 연에게 빼앗길 수밖에 없었다. 이것은 고조선으로서는 국가적으로 중대한 위기 상황이었다. 물론 이 사건으로 인해 고조선이 멸망하지 않았지만, 고조선의 중심지역을 획득하고 요동군을 설치해서 옛 고조선의 지역을 통치했던 연의 입장에서는 고조선을 '略屬'했다고 볼 수도 있을 것이라고 판단된다.[216]

이처럼 연의 침략으로 인해 고조선은 그 중심지역을 빼앗겼다. 이와 관련하여 기원전 3세기 경부터 전형적인 세형동검문화가 청천강 이남의 대동강유역을 중심으로 전개된다. 이러한 흐름은 요북·요중지역 흑도장경호와 점토대토기가 한반도로 유입되는 과정과도 맞물려서 진행된다.[217] 그리고 고조선 멸망 이후 설치된 낙랑군의 치소인 조선현이 평양에 설치된 점으로 보아 고조선 멸망 직전의 수도는 바로 평양에 있었다고 볼 수 있다. 따라서 진개의 침략으로 고조선은 기원전 282년 이후 평양지역으로 그 중심을 이동했다고 할 수 있다.[218]

그렇다면 고조선과 진번의 이동 이후 서북한지역에 어떠한 변화가 일어나는지 세형동검문화의 변화 양상을 통해 살펴보자. 먼저 서북한지역에는

---

215) 金翰奎, 1982, 『古代中國的 世界秩序研究』(一潮閣), 254~255쪽.
216) 서영수, 2008, 앞의 논문, 38~39쪽.
217) 朴淳發, 2004, 「遼寧 粘土帶土器文化의 韓半島 定着 過程」 『錦江考古』 창간호, 48~57쪽 ; 이청규, 2011, 「遼東과 韓半島 靑銅器文化의 變遷과 相互交流」 『한국고대사연구』63, 250~252쪽.
218) 서영수, 1988, 앞의 논문, 44~45쪽 ; 노태돈, 1991, 앞의 논문, 49~54쪽 ; 李鍾旭, 1993, 앞의 책, 168~181쪽.

세형동검문화가 발생하기 이전에 대동강과 재령강을 중심으로 팽이형토기
문화가 분포하고 있었다.[219] 이 팽이형토기는 지석묘·석관묘와 같은 무덤
과 석탄리·금탄리와 같은 주거지에서도 발견되었다. 이 토기가 세죽리 철
기시대층의 아래문화층에서 발견되는 점으로 보아 이 문화의 하한은 전국
계 철기문화가 수용되기 이전인 기원전 4~3세기로 볼 수 있다. 이러한 팽
이형토기문화는 청천강 이북의 미송리형토기문화와는 지역적으로 구분되
는 서북한지역의 청동기문화였다.[220]

　이러한 팽이형토기문화권에서 기원전 4~3세기에 세형동검문화가 발생
한다. 이 문화의 특징이라고 할 수 있는 세형동검은 대동강유역과 그 이남
지역에서만 출토되는 지역적인 특징이 있다. 동검은 형태상 등대에 날이 있
고, 節帶가 형성된 것으로 상자포리−괴정동식 동검(C식)으로 분류된다.[221]
이러한 동검 출토 유적은 석곽묘 계통과 토광묘 계통으로 양분된다.

　먼저 석곽묘 유적부터 살펴보자. 황북 신계군 정봉리 석곽묘에서는 세
형동검·동모·선형동부·석촉 등이 출토되었다.[222] 동검은 결입부가 잘
형성되었고, 등대는 하단부까지 서있는 전형적인 세형동검이다. 동모에도
등대에 날이 서 있다. 황남 서흥군 천곡리 석곽묘에서는 세형동검·+자형
검파두식·석촉(편) 등이 출토되었다.[223] 동검은 많이 훼손되었지만 등대
의 마디를 통해 절대가 있는 것을 알 수 있다. 등날은 절대 아랫부분까지만
마연하였다. +자형검파두식은 청동이 아닌 해면철라는 점이 특이하다. 황
북 봉산군 솔뫼골 圍石墓에서는 세형동검·銅斧·銅錐·銅鑿·銅匕·銅鍬

219)　한영희, 1983, 「角形土器考」『韓國考古學報』14·15.
220)　송호정, 1999, 앞의 논문, 99~108쪽.
221)　박순발, 1993, 앞의 논문, 39~48쪽 ; 이청규, 1993, 앞의 논문, 7~8쪽 ; 이청규, 200
　　　5, 앞의 논문, 11~14쪽.
222)　라명관, 1983, 「신계군 정봉리 돌곽무덤」『고고학자료집』6, 165~168쪽.
223)　백련행, 1966, 「천곡리 돌상자 무덤」『고고민속』1, 27~28쪽.

· 細紋鏡 · 鐵斧가 출토되었다.[224]

정봉리와 천곡리 무덤은 석곽묘의 형식과 출토 유물상 서로 비슷한 시기로 보인다. 그러나 정봉리무덤에서는 비파형동검문화 단계의 흔적이 보이는 선형동부가 보이고, 천곡리무덤에서는 해면철을 사용한 +자형검파두식이 출토되었다. 철기문화의 요소가 전혀 보이지 않는 정봉리무덤에 비해 천곡리가 약간 늦은 시기로 보인다.[225] 한편 솔뫼골 위석묘에서는 철부를 통해 초기철기문화에 이미 진입한 것을 알 수 있다.

다음으로 토광묘 유적을 살펴보자. 황북 재령군 고산리 토광묘에서는 세형동검 · T자형검병 · 銅斧 · 도씨검 등이 출토되었다.[226] 이 세형동검은 검몸의 양날이 일직선이고, 밋밋하고 폭이 좁은 것으로 앞의 석곽묘 출토품과 달리 윤가촌─고산리식 동검(A식)으로 분류된다. 그리고 T자형검병은 요령지역에서는 이미 사용되었으나 서북한지역에서는 처음으로 공반되는 것이다. 평남 대동군 반천리 토광묘에서는 세형동검편 · 銅鉇片 · 세문경 등이 출토되었다.[227] 평남 평원군 신송리 토광묘에서는 세형동검 · T자형검병 · 銅鉇 · 도씨검 · 청동용기 · 토기편 등이 출토되었다.[228] 황남 배천군 석산리 토광묘에서는 세형동검 · 청동검파두식 · 세형동과 · 철부 등이 출토되었다.[229] 동검은 등날이 등대 끝까지 서있고 결입부가 명확하다. 이러한 토광묘는 T자형 검병이 출토된 고산리가 가장 이르고, 철부가 공반된 석산리가

224) 황기덕, 1959, 「1958년 춘하기 어지돈 지구 관개 공사 구역 유적 정리 간략 보고」 『문화유산』1, 48~52쪽 ; 황기덕, 1963, 「황해북도 봉산군 송산리 솔뫼골 돌돌림 무덤」 『고고학자료집』3, 77~81쪽.

225) 안병찬, 1983, 「우리 나라 서북지방의 이른시기 좁은 놋단검관계유적유물에 관한 연구」 『고고민속론문집』8(과학백과사전출판사), 70~71쪽.

226) 황기덕, 1974, 「최근에 새로 알려진 비파형단검과 좁은놋단검 관계의 유적유물」 『고고학자료집』4(사회과학출판사), 159~161쪽.

227) 梅原末治 · 藤田亮策, 1946, 『朝鮮古文化綜鑑』1, 40~41쪽.

228) 송순탁, 1997, 「새로 알려진 고대 시기 유물」 『조선고고연구』3.

229) 황기덕, 1974, 앞의 논문, 161~163쪽.

가장 늦은 것으로 판단된다.[230]

이러한 석곽묘와 토광묘는 서북한지역에서 같은 시기에 조영되고 있었다. 이 둘을 시간적 흐름에 따라 3단계로 나누어 볼 수 있다. 1단계는 고산리·정봉리·천곡리·신송리 무덤으로 전형적인 세형동검과 토광묘가 등장한 시점을 고려하면 기원전 4세기~3세기 초로 볼 수 있다. 2단계는 반천리·솔뫼골 무덤이다. 3단계는 석산리 무덤으로 목곽묘 상한을 기원전 2세기 중반으로 볼 때 그보다 이른 기원전 2세기 전반으로 볼 수 있다. 2단계는 둘 사이인 기원전 3세기 중후반으로 볼 수 있다.[231] 북한학계에서는 세형동검이 부장된 서북한지역 토광묘의 연대를 기원전 5~4세기까지 올려보기도 하나[232] 전형적인 세형동검의 연대를 연의 요동진출 이전인 기원전 3세기 이전으로 보기는 어렵다.[233]

이처럼 서북한지역의 세형동검문화는 기원전 4~3세기부터 석곽묘와 토광묘가 공존하면서 기원전 2세기 전반 경까지 지속된다. 그리고 기원전 2세기 중반 이후부터는 석곽묘가 사라지고 목곽묘를 중심으로 세형동검문화를 유지해 간다.[234] 즉, 토착적인 석곽묘 계열의 무덤이 점차 사라지고 전국계 토광묘 계열의 무덤이 고조선 멸망 이전까지 유지되는 것이다. 이후 이러한 목곽묘는 낙랑군 설치 이후까지도 존속하게 된다.[235]

현재까지 서북한지역 토광묘의 기원에 대해서는 전국계 토광묘에서 찾는 것이 일반적이다.[236] 이 토광묘는 후기비파형동검문화의 대표적인 유적

---

230) 안병찬, 1983, 앞의 논문, 68~70쪽.
231) 송호정, 1999, 앞의 논문, 202~203쪽.
232) 안병찬, 1983, 앞의 논문, 73~76쪽.
233) 이남규, 1987, 앞의 논문, 72~76쪽.
234) 리순진, 1992, 「우리 나라 서북지방에서의 나무곽무덤의 기원과 발생시기에 대하여」 『조선고고연구』1, 17~23쪽.
235) 오영찬, 1996, 「樂浪郡의 土着勢力 再編과 支配構造」 『韓國史論』35, 1~29쪽.
236) 이남규, 1987, 앞의 논문, 68~78쪽.

인 정가와자 토광묘처럼 기원전 5세기대부터 요동지역에서 선택적으로 수용되었다. 이러한 토광묘는 요동지역의 토착묘제와 함께 기원전 4세기대를 거치면서 요북지역에서 요동반도 남단에 이르기까지 그 수용 범위가 넓어졌다.

이러한 토광묘가 묘제로서뿐만 아니라 초기세형동검문화 요소와 함께 서북한지역에 유입된 것이다. 윤가촌-고산리식 동검(A식)은 천산산맥 이서지역과 요동반도 남부 지역에서 집중적으로 제작되었다. 이 형식의 동검은 기원전 3세기 초에 들어서면서 그곳에서는 더 이상 제작되지 않는다. 대신 그 형식의 동검이 대동강 이남의 고산리 토광묘에서 출토된 것이다. 또한 정가와자 · 대둔 · 루상 · 와룡천 등 주로 요동지역에서만 공반되던 T자형 검병이 고산리 토광묘에서 출토되었다. 물론 여기에는 전국계 요소인 도씨검도 공반되었다.

연이 고조선을 공격하고 요서 · 요동군을 설치한 것이 기원전 282년이다. 또한 고산리 토광묘의 상대연대가 기원전 4세기~3세기 초반이다. 두 시점이 시기적으로 서로 부합된다고 볼 수 있다. 따라서 서북한지역의 토광묘와 그에 공반된 세형동검문화는 바로 요동지역의 토광묘 조영 집단의 남하에 따른 결과로 판단된다.[237]

물론 서북한지역의 세형동검문화를 요동지역 토광묘문화의 유입과 같은 외부적인 요인으로만 설명하기는 어렵다. 이미 같은 시기에 토착계열의 정봉리 · 천곡리 석곽묘에서 대동강유역 이남 지역에서만 나타나는 상자포리-괴정동식 세형동검(C식)이 제작되기 때문이다. 따라서 서북한지역의 세형동검문화는 팽이형토기문화에서 성장한 토착계열의 세형동검문화와 요동지역의 초기세형동검문화가 유입되면서 융합된 것으로 볼 수 있다.

---

237) 이남규, 1987, 앞의 논문, 75쪽.

그렇다면 서북한지역에서 이렇게 두 문화가 융합할 수 있었던 배경에 대해 알아보자. 평양 남경 주거지, 금탄리 주거지, 황해도 석탄리 주거지 등에서 출토된 수확용구로서 石刀의 숫자는 세형동검문화기부터 증가하는 현상을 보인다. 이에 비해 삼림 벌채와 같은 개간과 관련된 石斧의 숫자는 상대적으로 감소하는 추세를 보인다. 이것은 농경활동 중에서 경작지 개간 작업의 비율이 그만큼 줄어드는 대신에 이미 개간한 농경지를 되풀이 경작 하는 토지의 활용도가 점차 높아가는 것을 의미한다.[238]

이처럼 휴경기간이 짧아져서 1~2년의 단기 휴경 단계에 들어서게 되면 따비나 괭이 대신에 불완전하나마 목제 쟁기류가 등장한다고 한다. 평북 염 주군 주의리 이탄층에서 목제 후치가 발견되었는데 이것은 起耕具로서 목 제쟁기의 사용 가능성을 보여 준다. 그런데 부식토가 두꺼운 회갈색 삼림 지대와 같은 서북지방의 토양에서는 深耕만으로도 생산력을 높일 수 있다 고 한다.[239] 만약 서북지방에서 세형동검문화단계에 이르러 토양적 특성 에 맞고 토지 활용도를 높일 수 있는 深耕이 가능한 목제 쟁기류를 사용하 기 시작했다면 이것은 농업생산력 증대의 중요한 획기의 하나라고 할 수 있 다. 기원전 4~3세기를 전후하여 서북지방에서 세형동검문화가 발달할 수 있었던 것은 바로 이러한 농업생산력의 증대와 관련이 있는 것으로 보인 다.[240] 이것이 연에게 중심을 빼앗기고도 고조선이 중심을 이동하여 명맥 을 유지할 수 있었던 서북한지역의 경제적 배경이라고 볼 수 있다.

이처럼 고조선은 연의 공격을 받아 그 중심지를 심양지역에서 평양지역 으로 이동할 수밖에 없었다. 이 과정에서 연맹체를 구성하고 있던 진번도 고조선과 함께 이동하였다. 그 결과 윤가촌식 동검과 같은 요동지역의 세

---

238) 이현혜, 1987, 「韓半島 靑銅器文化의 經濟的 背景-細形銅劍文化期를 中心으로-」 『韓國史硏究』56 ; 이현혜, 1998, 『韓國 古代의 생산과 교역』(一潮閣), 78~81쪽.
239) 甲元眞之, 1985, 「朝鮮の初期農耕文化」『考古學硏究』20-1, 80~83쪽.
240) 이현혜, 1998, 앞의 책, 86~87쪽.

형동검문화가 서북한지역에 유입되었다. 이러한 현상은 단순한 문화전파에 의한 것이 아니라 주민집단의 이동 즉, 고조선과 그 연맹세력이 서북한지역 으로 이동한 결과라고 할 수 있다. 이러한 고조선의 이동 양상은 후기비파 형동검문화로의 이행과정에서 주민집단의 이주를 동반하지 않고 심양지역 의 문화가 부상하면서 문화의 중심이 이동한 것과는 다른 차원이라고 할 수 있다.

(2) 전국 연문화의 영향과 예맥사회의 변화

요동군 설치 이후 천산산맥 이동지역에서 청천강 이북지역에는 어떠한 변화가 일어났는지 살펴보자. 여기에서는 분묘, 주거지, 명도전 출토 유적 등을 검토해 봄으로써 요동군에 의해 연문화가 직접 이식된 천산산맥 이서 지역과의 차이를 비교해 볼 수 있을 것이다. 또한 천산산맥 이서에서 청천 강 이북지역 사이의 예맥사회가 청천강 이남의 고조선 중심지역과 문화적 으로 어떠한 차이가 있는지도 함께 살펴보고자 한다.

먼저 태자하유역의 本溪市 上堡村 석관묘를 살펴보자.[241] 여기에서는 4 기 석관묘가 발견되었는데 그 중 1호묘에서는 T자형검병이 장착된 초기세 형동검2·鐵鑿·타날문토기·점토대토기가 출토되었으며, 2호·3호묘에 서도 타날문토기와 점토대토기가 공반되었다. 이 유적은 한강 이남의 세 형동검문화에서만 나타났던 세형동검과 점토대토기의 공반이 이미 요동지 역에서 이루어졌다는 점을 확인할 수 있었다는 점에서 중요할 뿐만 아니 라 세형동검과 점토대토기와 같은 토착적인 세형동검문화에 철착·타날문 토기와 같은 전국 연문화 요소가 수용되었다는 점에서도 중요한 의미가 있 다.[242]

241) 魏海波·梁志龍, 1997,「遼寧本溪縣上堡靑銅短劍墓」『文物』11, 18~22쪽.
242) 李淸圭, 2000,「遼寧 本溪縣 上堡村 출토 銅劍과 土器에 대하여」『고고역사학지』16(동 아대학교박물관), 61~77쪽.

본계의 張家堡子 토광묘에서도 전국 연문화의 영향을 찾아볼 수 있다.[243] 이 무덤에서는 회갈색호형토기 · 옹형점토대토기 · 橋狀耳점토대토기 · 陶豆座 · 明刀錢 등이 출토되었다. 여기에서도 토착적인 점토대토기와 전국계 요소인 豆와 명도전이 공반된다. 그리고 본계 朴堡村 석관묘에서는 鳥形柄式銅劍 · 蟠螭紋銅鏡 · 銅環 · 원형점토대토기 · 니질회도가 출토되었다.[244] 여기에서는 전국계 동경인 蟠螭紋銅鏡과 니질회도가 토착문화와 결합된 것이 특징이다. 한편 요북지역인 昌圖縣 翟家村의 석묘로 추정되는 유적에서는 T자형검병이 장착된 세형동검과 함께 중원계인 도씨검 · 직인검 · 철곽이 출토되었다.[245]

이처럼 요동군과 인접한 본계와 창도지역에는 토착적인 전통을 유지하면서도 전국계 철기문화의 영향이 이전 시기에 비해 좀더 비중이 높아졌다. 이러한 현상은 본계, 창도지역이 심양 · 무순 · 요양 · 안산 등 요동군의 핵심지역과 인접해 있기 때문에 전국계 문화의 영향을 강하게 받은 결과로 판단된다.

한편, 요동 동부지역인 桓仁 大甸子 석관묘 유적에서는 세형동검과 함께 鐵刀子와 명도전 200매가 출토되었다.[246] 압록강 수계인 集安 吾道嶺溝門 적석묘[247]에서는 세형동검 · 다뉴엽맥문동경 · 유엽형동모 · 선형동부 · 鐵鏃[248]가 출토되었다. 이 유적에서는 고유한 적석묘문화를 유지해 간다는 측면에서 세형동검문화의 지역적 특징을 형성해 간다고 볼 수 있다. 이러한

243) 齊俊, 1994, 「本溪地區發現靑銅短劍墓」 『遼海文物學刊』 2, 99~100쪽.
244) 梁志龍 · 魏海波, 2005, 「遼寧本溪縣朴堡發現靑銅短劍墓」 『考古』 10, 88~90쪽.
245) 李矛利, 1989, 「昌圖發現靑銅短劍墓」 『文物』 4.
246) 魯昭藏 · 齊俊, 1981, 「桓仁大甸子發現靑銅短劍墓」 『遼寧文物』 1.
247) 集安縣文物保管所, 1985, 「集安發現靑銅短劍墓」 『考古』 5.
248) 이 鐵鏃은 도끼날형 넓적촉으로 고구려 시기의 것이 섞인 것으로 보기도 한다(崔盛洛, 1992, 앞의 논문, 55쪽)

적석묘문화는 철기와 반량전·일화전이 출토된 長白縣 干溝子 적석묘[249] 군과도 일정하게 연결된다고 볼 수 있다. 또한 吉林 樺甸 橫道河子 대석개묘[250]에서도 鐵鏟·鐵鎌·鐵刀子 등이 발견된 것으로 보아 길림지역까지 전국계 철기문화의 영향을 확인할 수 있다.

이처럼 기원전 3세기대 천산산맥 이동지역에서는 이전 시기에 이어 초기세형동검문화가 계속 유지된다. 동검의 형식상으로 보면 대청산-오도령구문식 동검(B식 동검)이 계속 제작되었다. 이것은 천산산맥 이서지역과 요동반도 남단지역에서 윤가촌-고산리식 동검(A식 동검)이 더 이상 제작되지 않는 것과는 대조적이다.[251] 그러나 이러한 초기세형동검문화에도 위에서 살펴본 것처럼 철기·타날문토기·도씨검·명도전 등 전국계 철기문화가 이전 시기보다 더 많이 유입되었다. 그러나 천산산맥 이동지역은 여전히 세형동검문화가 중심적인 위치에 있고 전국계 문화는 부수적인 요소였다. 따라서 초기세형동검문화의 전개과정을 통해서 볼 때 천산산맥이 하나의 문화적 계선이 된다고 할 수 있다.[252]

다음으로 천산산맥 이동지역에 나타난 주거지를 살펴보자. 먼저 전국계 철기문화의 영향을 가장 잘 보여주는 유적이 평북 영변군 細竹里 주거지이다.[253] 이 유적에서는 5개의 주거지가 발견되었다. 모두 지상가옥이었으나 주출돌이나 기와는 발견되지 않았다. 이중 2개의 주거지에서 ㄱ자형 외곬구들이 드러났다. 출토 유물 중 철기로는 호미·괭이·낫·도끼·끌·손

---

249) 吉林省文物考古研究所, 2003, 「吉林長白縣干溝子墓地發掘簡報」『考古』8, 45~66쪽.

250) 吉林省文物工作隊·吉林市博物館, 1982, 「吉林樺甸西荒山屯靑銅短劍墓」『東北考古與歷史』1, 141~153쪽.

251) 박순발, 1993, 앞의 논문, 39~48쪽 ; 이청규, 1993, 앞의 논문, 7~8쪽 ; 이청규, 2005, 앞의 논문, 11~14쪽.

252) 고고학적으로 만번한을 천산산맥으로 보는 이유가 바로 여기에 있다(박순발, 1993, 앞의 논문, 46~48쪽).

253) 김영우, 1964, 「세죽리 유적 발굴 중간 보고(2)」『고고민속』4, 40~50쪽.

칼 · 비수 등 농공구류가 대부분이며 모두 주조품이다. 청동기로는 활촉과 검자루장식, 명도전, 포전이 출토되었다. 30호 주거지 동남쪽 모서리 밖에 2,000여 매의 명도전이 상자 안에 쌓여 있었다. 출토된 철기가 燕下都 전국 중만기의 것과 유사한 전국계 철기인 점[254]과 명도전이 교장된 점으로 보아 세죽리 주거지는 기원전 3세기대의 것으로 볼 수 있다.

다음으로 桓仁縣 大甸子 抽水洞 유적에서는 주거지, 灰坑, 灰溝, 石墙 등의 유구가 발견되었다.[255] 2호 주거지에서는 鐵钁 · 鐵刀 · 布錢 · 一貨錢 · 明刀錢 · 秦半兩錢 · 銅鏃 등과 繩文土器片이, 1호 갱에서는 鐵鏃 · 魚網墜 · 명도전 · 일화전 · 포전 등이, 石墙에서도 鐵鋌三翼銅鏃 · 石劍殘片 · 반량전 · 명도전 · 포전 · 鐵钁 등이 출토되었다. 이 유적은 포전[安陽布] · 명도전 · 반량전 등 출토된 화폐의 종류로 보아 전국만기에서 진한교체기인 기원전 3~2에 걸쳐서 사용된 것으로 보인다.[256]

이처럼 세죽리와 추수동 주거지는 전국계 철기문화의 영향을 많이 받았다. 특히 세죽리에서 출토된 철기가 연하도 출토품과 유사한 것은 이를 잘 말해 준다.[257] 그러나 세죽리 주거지에 보이는 구들 시설은 전국계 문화에서는 보이지 않는 특징이다. 웅기군 송평동유적에서는 외곬형과 다곬형 구들 시설이, 시중군 로남리유적 2호 주거지에서는 ㄱ자형과 외곬형 구들이,

---

254) 이남규, 1995, 「한반도 철기문화의 개시와 유래」『철강보』2, 30~35쪽.
255) 武家昌 · 王俊輝, 2003, 「遼寧桓仁縣抽水洞遺址發掘」『北方文物』2, 22~28쪽.
256) 이 외에도 두만강유역에 있는 회령 오동유적에서는 6호 주거지에서 주조철부 1점이 발견되었다(고고학 및 민속학연구소, 1960, 『회령 오동 원시 유적 발굴 보고-유적발굴보고7-』(과학원출판사), 23~24쪽). 무산 호곡동유적에서도 초기철기시대 주거지에서 다량의 철기가 발견되었다(황기덕, 1975, 「무산 범의구석유적 발굴보고」『고고민속론문집』6(과학백과사전출판사)). 그러나 이 두 유적에서 출토된 철기가 형태상으로 전국계 철기인지 한대 철기인지 구분하기가 어렵다. 또한 후자의 경우에는 교란품과 출토품을 구분하지 않고 있어서 그 성격을 정확히 파악하기 힘들다(이남규, 1995, 앞의 논문, 33쪽).
257) 王巍, 1997, 「中國古代鐵器及冶鐵術對朝鮮半島的傳播」『考古學報』3, 285~295쪽.

중강군 토성리유적이 발견되었다. 구들 시설과 같이 중국에서 보이지 않는 세형동검문화권에서 발생한 독자적인 문화요소라고 할 수 있다.

또한 앞에서 언급한 것처럼 환인 추수동 주거지 주변에서는 같은 시기의 대전자 석관묘가 발견되었다. 이 석관묘에서는 세형동검과 함께 三稜有 銎銅鏃·三翼有銎銅鏃·銅環·석제관옥·석제곡옥·鐵刀子·명도전 등이 출토되었다. 주거지에서도 철기와 함께 전국~진한 시기의 화폐가 출토된 것으로 보아 두 유적이 서로 관련이 있는 것으로 추정된다. 최근에 화폐 출토 유적과 세형동검 출토 유적이 서로 이질적이지 않다고 본 연구 성과[258] 는 이러한 추정을 뒷받침해 준다. 따라서 토착 묘제인 대전자 석관묘 피장자와 전국계 철기문화의 영향을 받은 대전자 추수동 거주자가 같은 집단일 수도 있다고 추정된다.

다음으로 천산산맥 이동지역에도 이서지역처럼 명도전 출토지가 많다. 그러나 본계 大濃湖[259]와 관전 雙山子公社[260]와 같은 매납유적을 제외하면 명도전은 환인현 대전자 석관묘, 본계 남분 기차역 B호 토광묘,[261] 본계 張家堡子 토광묘처럼 대부분 분묘 유적에서 출토된다. 이것은 천산산맥 이서지역의 명도전이 주로 취락유적에서 발견되는 것과는 그 맥락이 다르다.[262] 분묘에서 출토된 명도전은 연이 아닌 토착세력이 사용했던 것이다.[263] 따라서 천산산맥 이서지역이 연의 요동군 설치에 따라 토착문화가 사라지면서 전국계 문화가 그대로 이식된 반면에 이동지역은 요동군과의

258) 박선미, 2009, 앞의 책, 272~275쪽.
259) 齊俊, 1980, 「本溪大濃湖發現戰國布幣」『遼寧文物』1.
260) 許玉林, 1980, 「遼寧寬甸發現戰國時期燕國的明刀錢和鐵農具」『文物資料叢刊』3, 125~129쪽.
261) 梁志龍, 2003, 「遼寧本溪多年發現的石棺墓及其遺物」『北方文物』1, 12~13쪽.
262) 田村晃一, 1994, 「樂浪郡設置前夜の考古學(一)-淸川江以北の明刀錢出土遺蹟の再檢討-」『東アジア世界史の展開』(汲古書院), 24~28쪽.
263) 岡內三眞, 2003, 「燕と東胡と朝鮮」『靑丘學術論集』23, 25~27쪽.

교류 관계를 통해서 간접적으로 전국계 문화를 받아들였던 것으로 볼 수 있다.[264]

이처럼 전국계 철기문화의 영향을 받아서 형성된 요동~청천강 이북 지역의 초기철기문화를 북한학계에서는 '세죽리-연화보(유형)문화'로 명명하였다.[265] 이 문화에서는 앞에서 검토한 요동반도 남단의 양초장, 윤가촌 남하 윗문화층, 대니와, 고려채, 목양성, 대령둔성지 등 주거유적과 명도전 출토 유적을 포괄하고 있다. 그리고 이러한 기원전 3~2세기 세죽리-연화보문화를 고조선의 문화로 보았던 것이다.[266]

이러한 인식의 배경에는 고조선의 중심지가 海城과 蓋平 사이이고, 고조선의 강역이 서쪽으로 대릉하유역에서 남쪽으로 청천강에 이르렀다[267]는 북한학계의 공식 입장과 연관된다. 반면에 고조선의 중심이 평양에 있었고, 연의 요동군 범위가 청천강유역까지 이르렀다고 보는 입장에서 세죽리-연화보문화는 연·진의 철기문화가 직접 유입된 결과로 본다.[268]

그러나 앞에서 살펴본 것처럼 연의 요동군은 의무려산 이동지역에서 천산산맥 이서지역과 요동반도 남단지역에 이르렀다. 따라서 세죽리-연화보문화에서 고조선의 문화로 이해했던 요동반도 남단의 양초장·고려채·대니와·목양성·대령둔유적을 고조선의 유적으로 이해하기는 곤란하다. 또한 무순지역은 요양처럼 요북평원의 끝부분에 있어서 천산산맥 줄기에 있

---

264) 오강원은 천산산맥 이서의 요동군치인 양평(요양)지역과 대련의 윤가촌유형은 戰國燕文化의 범위에 속한 것으로 보고, 요북의 諸家街유형, 천산산맥 이동의 任家堡유형, 劉家哨유형, 大甸子유형 등 요동 북부 및 동부 지역은 遼東郡과의 교류를 통해 燕文化를 간접적으로 영향을 받은 것으로 보았다(吳江原, 2011, 앞의 논문, 22~27쪽).

265) 사회과학원 고고학연구소, 1977, 『조선고고학개요』(과학,백과사전출판사), 139~143쪽.

266) 리순진·장주협 편, 1973, 『고조선문제연구』(사회과학출판사), 20~30쪽.

267) 리지린, 1963, 『고조선연구』(과학원출판사).

268) 송호정, 1999, 앞의 논문, 161~198쪽.

는 본계지역과는 지리적으로 구분된다. 따라서 무순 연화보유적은 연의 요동군 통치지역에 포함되는 곳으로 전국계 철기문화가 직접 수용된 것으로 보아야 한다. 이 지역에 기원전 3세기부터는 더 이상 초기세형동검문화가 나타나지 않는 것도 바로 이러한 이유 때문인 것으로 보인다.[269]

이처럼 천산산맥 이동~청천강유역의 초기철기문화를 더 이상 세죽리－연화보문화라는 개념으로 설명하기는 어렵다고 본다. 이 문화에서는 기원전 3~2세기 전국 연·진·한의 철기문화를 일괄해서 파악하는 개념으로 시대적 특징이 잘 드러나지 않는 단점이 있다.[270] 또한 이 문화의 특징으로 삼았던 무순과 요동반도 남단 지역이 요동군의 범위에 포함되기 때문에 천산산맥 이동지역의 문화를 설명하는 개념으로 사용할 수는 없다.

또한 기원전 3~2세기에 나타나는 요동~청천강유역의 세죽리－연화보문화와 천산산맥 이동의 세형동검문화를 서로 이질적인 것으로 이해하는 경향이 있었다. 두 문화의 분포 범위가 서로 다르게 나타나기 때문에 그러한 구분이 가능했다고 보는 것이다. 그러나 세죽리－연화보문화의 대표적인 유적이 요동군의 통치구역에 속하기 때문에 두 문화를 직접 비교하기는 어렵다고 본다. 오히려 세죽리유적은 앞에서 살펴본 것처럼 세형동검문화와 친연관계가 더 깊다. 또한 환인현 대전자 추수동 주거지와 석관묘 유적이 전국계 철기문화를 받아들인 토착세력의 주거지와 그들이 남긴 세형동검 부장 무덤을 상호 보완적으로 이해해야 한다고 본다. 즉, 천산산맥 이동지역의 전국계 철기문화는 세형동검문화를 유지했던 토착세력이 요동군 설치 이후에 받아들인 것으로 볼 수 있다.

이처럼 요동지역에서 요동군의 범위에 포함되지 않는 천산산맥 이동지역에서는 이전 시기에 이어 기원전 3세기에도 세형동검문화가 계속 유지되

269) 박순발, 1993, 앞의 논문, 54~56쪽.
270) 박선미, 2009, 앞의 책, 322~328쪽.

었다. 그러면서도 요동군과 인접한 결과 요동군에 유입된 전국 연문화의 영향을 받을 수밖에 없었다. 천산산맥 이동지역의 초기세형동검문화 중 주거지와 분묘유적에서 보이는 전국계철기 · 도씨검 · 명도전 · 타날문토기와 같은 요소들이 바로 전국계 철기문화를 수용한 결과라고 할 수 있다.

IV.
고조선의 세력 확장과
통치력의 강화

1. 진한교체기 고조선의 대외관계와 강역의 변동

1) 고조선의 對秦관계와 영역의 축소

기원전 230년 秦은 韓을 멸망시키고 그 영토를 潁川郡으로 삼았고 이어서 기원전 228년에는 趙의 수도 邯鄲을 함락시켰다. 이때 조의 공자 嘉가 代로 도망가서 代王을 자처하고 燕과 연합해서 진에 저항하려고 하였다. 연의 태자 丹이 자객 荊軻를 보내 진왕을 살해하려다 실패하였다. 이에 진이 기원전 226년 연의 수도 薊城을 함락시키자 燕王 喜는 요동으로 달아났다. 기원전 222년 진은 王賁을 보내 요동을 공격하여 연왕을 사로잡았다. 이듬해 진은 산동의 제를 멸망시킴으로써 전국을 통일했다.

진의 통일은 주변 이민족에게도 막대한 영향을 끼쳤다. 진은 동월지역을 閩中郡으로, 서남이지역을 巴·黔中郡으로 편제하였다. 북방에서는 몽염을 시켜 흉노가 거주하고 있던 河南지역을 공격하여 쫓아내고 九原郡을 비롯한 34개의 현을 설치하였다.

　그렇다면 고조선과 진의 관계는 어떠했을까? 이와 관련된 기록을 살펴 보자.

> A-1) 연의 전성기에 비로소 眞番 · 朝鮮을 경략하여 복속시키고 관리를 두 고 鄣塞를 쌓았다. 秦이 燕을 멸한 뒤에는 (그곳을) 遼東外徼에 소속 시켰다.(『사기』 조선열전)[1]
>
> 　2) 秦이 天下를 통일한 뒤에 蒙恬을 시켜서 長城을 쌓게 하였는데 遼東에 이르렀다. 이때 朝鮮王 否가 왕이 되었는데 진의 습격을 두려워하여 진에 복속하였으나 朝會는 하려고 하지 않았다.(『위략』)[2]
>
> 　3) 秦이 이미 천하통일한 후에 동으로 沛水를 넘어 朝鮮을 滅亡시켰 다.(『염철론』 주진편)[3]

　『사기』 조선열전(A-1)에서는 진이 연을 멸한 뒤에 요동외요에 소속시켰 다고 했다. 이에 비해『위략』(A-2)에는 고조선이 진에 복속하였다[略服屬 秦]고 되어 있고,『염철론』(A-3)에는 沛水[4]를 건너 고조선을 멸망시켰다 [滅朝鮮]고 되어 있다. 그러나 고조선은 진에 정치적으로 종속되었지만 멸 망한 것은 아니었다. 따라서『염철론』의 기록은 진의 입장에서 과장된 것이 라고 볼 수 있다.

　그렇다면 고조선과 진 사이의 경계선에는 변화가 없었을까? 이와 관련 하여『사기』 조선열전과『전한기』 효무황제기의 내용을 살펴보자.

> B-1) 漢이 흥기하니 그곳[遼東外徼]이 멀고 지키기 어려우므로 다시 요동의

1) 『史記』 卷115 朝鮮列傳 第55, "自始全燕時 嘗略屬眞番朝鮮 爲置吏 築鄣塞 秦滅燕 屬遼東外徼".
2) 『三國志』 卷30 烏丸鮮卑東夷傳 第30 韓傳『魏略』, "及秦并天下 使蒙恬築長城 到遼東 時朝鮮王否立 畏秦襲之 略服屬秦 不肯朝會".
3) 『鹽鐵論』 卷8 誅秦 第44, "秦旣并天下 東絶沛水 並滅朝鮮".
4) 沛水와 浿水에 대해서는 Ⅲ장 3절 참조.

故塞를 수리하고 浿水에 이르러 경계로 하여 燕에 소속시켰다.…(衛)滿
이 망명하여 무리 천여 인을 모아 상투에 오랑캐의 복장을 하고 동쪽으
로 塞를 빠져나와 浿水를 건너 秦의 옛 空地인 上下鄣에 머물렀다. (『사
기』 조선열전)[5]

2) 燕人 (衛)滿이 망명하여 무리 천여 인을 모아 遼東에 있었는데 秦의 故
地에 머물렀다.(『전한기』 효무황제기)[6]

『사기』 조선열전(B-1)에서는 위만이 망명한 뒤에 浿水를 건너 진의 옛
공지인 上下鄣[秦故空地上下鄣]에 머물렀다고 한 것을, 『전한기』(B-2)에서
는 위만이 秦의 故地[秦故地]에 머물렀다고 하였다. 여기에서 '진의 옛 공지
인 상하장'과 '진의 고지'가 같은 지역에 대한 다른 표현인 것을 알 수 있다.
이 진고공지와 관련하여 『염철론』 비호편에는

C) 大夫가 말하기를, "옛날에 四夷가 모두 강성하여 다같이 중국을 노략질한
적이 있습니다. 조선은 변경을 넘어 연의 동쪽 땅을 빼앗았습니다."[7]

라고 되어 있다. 여기에서 고조선이 한초에 연땅을 공격하여 영토를 확장한
사실을 알 수 있다. 이와 관련하여 『사기』 조선열전(B-1)에서는 그곳[요동
외요]이 멀고 지키기 어렵다는 이유로 다시 요동의 고새를 수리하고 패수를
경계로 삼았다고 하였으나, 『염철론』 비호편(C)의 기록을 보면 그것은 고조
선에게 영토를 빼앗긴 것에 대한 修辭的 표현이라고 볼 수 있다.[8] 결국 '진
의 옛 空地'라고 한 것은 진의 통치력이 미쳤다가 한초에 다시 고조선의 영
역으로 포함된 지역이라고 할 수 있다.

---

5) 『史記』卷115 朝鮮列傳 第55, "漢興 爲其遠難守 復修遼東故塞 至浿水爲界 屬燕…滿亡命
聚黨千餘人 魋結蠻夷服而東走出塞 渡浿水 居秦故空地上下鄣".
6) 『前漢紀』孝武皇帝紀5 卷第14, "燕人衛滿亡命聚黨千餘人在遼 居秦故地".
7) 『鹽鐵論』卷7 備胡 第38, "大夫曰 往者 四夷俱强 並爲寇虐 朝鮮踰徼".
8) 서영수, 2008, 「요동군의 설치와 전개」『요동군과 현도군 연구』, 45~46쪽.

위만은 패수를 건너 '진의 옛 공지인 상하장' 혹은 '秦의 故地'에 머물렀다. 즉, 위만이 정착한 곳은 한초 이전에는 진의 영토였다는 것을 알 수 있다. 그리고 『전한기』(B-2)에서 위만이 '요동의 진고지에 머물렀다[在遼 居 秦故地]'고 한 것으로 보아 秦故地[秦故空地]는 요동지역에 있었던 것이라고 볼 수 있다. 따라서 고조선은 진고공지에 해당하는 부분만큼 진에게 영토를 빼앗겼다고 볼 수 있다.

Ⅲ장에서 살펴본 것처럼 고조선과 연의 경계는 만번한 즉, 천산산맥을 경계로 하고 있었다. 여기에 진에게 진고공지만큼 영토를 빼앗겼기 때문에 고조선과 진의 경계는 천산산맥 이동 지역에 있다고 할 수 있다. 당시 고조선은 평양지역에 있었다. 따라서 고조선과 진의 경계로 삼을 만한 자연계선은 청천강과 압록강으로 압축된다.

이와 관련하여 먼저 청천강설을 살펴보자.[9] 이 설에서는 세형동검문화와 세죽리-연화보문화의 경계가 청천강이고 명도전이 청천강 이북에서만 출토되는 점으로 보아 연·진의 요동군이 청천강에까지 이르렀다고 본다. 이러한 견해 중에서는 연·진·한 요동군의 경계를 모두 패수=청천강로 일치시켜서 이해하기도 한다. 이럴 경우에 고조선의 중심지인 평양과 청천강 사이에 위만이 정착했던 진고공지를 찾을 수밖에 없고 그 공간이 너무 좁다는 지적이 있다. 그래서 한초 국경선인 패수를 압록강으로 보아 진고공지를 압록강과 청천강 사이로 이해하기도 한다.[10]

다음으로 압록강설[11]을 살펴보자. 이 설에서는 연과의 경계였던 만번한을 천산산맥으로 보고 연의 공격으로 고조선의 중심이 평양으로 이동했다

---

9) 노태돈, 1990, 「고조선의 중심지의 변천에 대한 연구」 『한국사론』23, 25~31쪽 ; 김한규, 1999, 『한중관계사Ⅰ』(아르케), 72~74쪽 ; 송호정, 2003, 『한국 고대사 속의 고조선사』, 335~343쪽.
10) 노태돈, 1990, 앞의 논문, 28~29쪽.
11) 서영수, 2008, 앞의 논문, 40~44쪽.

고 본다. 그리고 한초 고조선이 영역을 회복하여 패수=혼하로 경계를 삼았다고 이해한다. 이러한 견해는 본고의 입장과 기본적으로 일치한다. 당시 진이 沛水[浿水=渾河]를 건너 고조선을 공격했다는 『염철론』 주진편(A-3)의 기록을 볼 때 천산산맥 이동에서 청천강유역까지 고조선과 진의 요동군과 경계로 삼을 만한 자연계선으로 압록강이 가장 유력하다고 본다. [12]

그러나 이 압록강설도 진과의 경계를 압록강으로 보는 문헌상의 결정적인 근거를 제시하지 못하고 정황 논리로 추정할 수밖에 없는 한계가 있다. 이와 관련하여 진의 화폐인 반량전의 출토 사례를 살펴보자. 요하 이동지역에서 반량전 출토지로는 新金縣 高麗寨 유적, 牧羊城 유적, 桓仁縣 大甸子 주거지, 長白縣 干溝子 적석묘, 集安縣 태왕릉 부근, 압록강유역의 자강도 자성군 서해리 매납유적 등을 들 수 있다. [13] 이들 출토지는 모두 요하 이동지역에서 압록강유역에 분포한다. 물론 반량전이 출토되었다고 해서 모두 진대의 유적이라고 볼 수 있는 없다. 한대까지도 반량전이 사용되었기 때문이다. 그러나 이들 출토지역이 진대 화폐의 유통지역이었고 그것이 진과 관련된다는 것만은 확실하다고 할 수 있다.

이처럼 반량전이 주로 압록강 이서지역에서만 나타난다는 것은 이 지역이 요동군의 통치 범위와 무관하지는 않을 것이다. 또한 위만이 머물렀던 진고공지=진고지가 요동에 있었다고 하는 『전한기』(B-2)의 기록에 고려할 때, 고조선과 진의 경계는 압록강이었을 가능성이 매우 높다고 할 수 있다.

그렇다면 고조선과 진의 관계를 어떻게 이해해야 할까? 이와 관련하여 고조선과 비슷한 상황에 있었던 남월의 사례를 살펴보자. 『사기』 남월열전에는

---

12) 서영수, 1999, 「고조선의 대외관계와 강역의 변동」 『동양학』 29, 111~114쪽.
13) 박선미, 2009, 『고조선과 동북아 고대 화폐』(학연문화사), 98~115, 226~231쪽. 漢代에 주조된 八銖半兩錢, 四銖半兩錢은 제외시켰다.

D) 진이 천하를 통일한 후 楊越을 평정하여 그곳에 桂林·南海·象郡을 설
   치하고 죄를 지은 백성들을 그곳으로 이주시켜 월나라 사람들과 섞여 살
   게 한 지 13년이 되었다.[14]

라고 되어 있다. 진은 남월지역을 평정한 후에 계림·남해·상군 등 3군을
설치하여 진에서 직접 군현지배를 실시하였다. 또한 진은 徙民 정책을 써서
남월인과 잡거하게 하는 정책을 실시하였다. 이 과정에서 남월지역이 진의
군현으로 편입된 것을 알 수 있다.

　　또한 남월과 처지가 비슷한 동월의 사례도 참고가 된다. 『사기』 동월열
전에서는

E) 閩越王 無諸와 越의 東海王 搖는 모두 越王 句踐의 후예로 성은 騶氏이다.
   진이 천하를 통일한 후 그들의 왕위를 폐하여 君長으로 삼았다. 그리고
   그 땅을 閩中郡으로 삼았다.[15]

고 되어 있다. 진은 민월왕과 동해왕을 군장으로 삼고 그들의 영토를 군현
으로 편제하였다. 이 지역이 진의 황제권력이 직접 영향을 끼치는 군현으로
편제된 이상, 그 토착사회의 왕은 당연히 존재할 수가 없게 되기 때문에 왕
을 군장으로 삼게 된 것이다.

　　그렇다면 고조선과 진의 관계를 좀더 살펴보자. 이와 관련하여 『사기』
율서에는

F) 孝文帝가 즉위하자 장군 陳武 등이 議論을 올려 말하기를, 南越과 朝鮮은

---

14) 『史記』 卷113 南越列傳 第53, "秦時已幷天下 略定楊越 置桂林南海象郡 以謫徙民 與越雜
　　處十三歲".
15) 『史記』 卷114 東越列傳 第54, "閩越王無諸及越東海王搖者 其先皆越王句踐之後也 姓騶氏
　　秦已幷天下 皆廢爲君長 以其地爲閩中郡".

秦나라 시기에 內屬하여 臣子로 삼았습니다. [16]

라고 되어 있다. 여기에서 고조선은 남월과 함께 진에 내속했던 것으로 되었다. 내속이란 타국에 귀부하여 정치적으로 종속되는 것으로, 속국이 되는 것을 말하는 일반적인 표현이다. [17] 『위략』(A-2)에서 고조선왕 否가 진의 습격을 두려워하여 진에 복속하였다고 했는데 이것이 바로 내속이라고 볼 수 있다. 그러나 고조선이 '不肯朝會'라고 한 것으로 보아 진에게 조회할 의무가 있었지만 끝내 조회는 하지 않았던 것을 알 수 있다.

통일 이후 진에 조공의 의무가 있던 사례는 고조선이 유일하다. 그렇다면 고조선과 진의 관계를 어떻게 설정할 수 있을까? 통일 이전에 진은 직할지 외에 주변국을 他邦과 臣邦으로 구분하였다. 타방은 진에 복속하지 않은 諸侯國을, 臣邦은 진에 신속한 國을 가리킨다. [18] 이 신방을 제후국으로서 신방과 이민족 국가로서 신방으로 구분되는데 군현으로 편제되기 이전의 과도기적 단계로 보는 것이 일반적이다. [19] 특히 睡虎地秦墓竹簡 중에서 外臣邦의 사례가 보이는데[20] 이것은 아직 군현으로 편입되지 않은 이민족의 신방으로 볼 수 있다. [21] 결국 이들 타방과 신방은 모두 진의 통일과정에서 점차 군현으로 편제되어 소멸되었다.

이런 점을 고려해 볼 때, 고조선은 진의 外臣邦의 하나였던 것으로 보인

---

16) 『史記』卷25 律書 第3, "歷至孝文卽位 將軍陳武等議曰 南越朝鮮自全秦時 內屬爲臣子".
17) 내속의 사례로는 『史記』卷113 南越列傳 第53, "太后謂嘉曰 南越內屬 國之利也" ; 『後漢書』卷1下 光武帝紀 第1下, "九眞徼外蠻夷張遊率種人內屬" ; 『三國史記』卷26 百濟本紀4 東城王, "六年 春二月 王聞南齊祖道成 册高句麗巨璉 爲驃騎大將軍 遣使上表 請內屬 許之".
18) 堀敏一, 1993, 『中國と古代東アジア世界-中華的世界と諸民族-』(巖波書店), 61~65쪽.
19) 矢澤悅子, 1997, 「秦の統一過程における「臣邦」-郡縣制を補完するものとして-」 『駿台史學』101, 1~4쪽.
20) 睡虎地秦墓竹簡整理小組, 1978, 「法律答問」 『睡虎地秦墓竹簡』(文物出版社), 229쪽.
21) 工藤元男, 1984, 「睡虎地秦墓竹簡の屬邦律をめぐって」 『東洋史研究』43-1, 74~81쪽.

다.[22] 통일 이전 진의 외신방이었던 남월 · 동월은 모두 군현으로 편제되었다. 그러나 고조선은 진의 군현으로 편제되지 않았다. 이것은 고조선이 진의 통일 이후에 내속하였으며 진의 통치기간이 짧았기 때문에 군현으로 편입되는 단계까지는 가지 않았기 때문인 것으로 추정된다.[23]

고조선은 진에 조회할 의무가 있었다. 그러나 통일 이후 중국 전체를 지배하기 위해 군현제를 실시하였던 황제지배체제에서 관념상으로나 실질적으로나 책봉조공 관계가 성립될 수가 없었다. 황제 이외의 다른 권력이 없는 상태에서 권력의 우열을 표현하였던 朝貢과 冊封으로 표현해야 할 질서가 사라졌기 때문이다.[24] 그런데 진대에 유일하게 朝會 기록이 고조선과의 관계에서만 보이는 것으로 보아 고조선과 진의 관계가 극히 예외적인 현상, 즉 외신방의 마지막 형태였던 것으로 보인다.

2) 한초 고조선의 요동지역 회복

기원전 210년 진시황은 다섯 번째 순행에 나섰다가 병을 얻어 도중에 죽었다. 이후 二世 황제가 즉위했지만 대규모 토목공사를 강행하는 등 失政으로 인해 진은 급속도로 몰락하게 되었다. 이에 각지에서 반란이 일어나게 되었고 유방과 항우도 거병하였다(B.C. 209). 결국 진은 진시황이 죽은 지 3년만인 기원전 207년에 멸망하게 되었다. 이후 기원전 206년 항우가 西楚

---

22) 진에 내속한 고조선을 矢澤悅子의 견해를 받아들여 臣邦으로 이해하기도 하나(김남중, 2002, 「燕 · 秦의 遼東統治의 限界와 古朝鮮의 遼東 回復」『白山學報』62, 61쪽), 工藤元男의 견해처럼 臣邦과 外臣邦을 구분하고 후자로 보는 것이 고조선의 내속 관계가 좀더 명확하게 드러난다고 본다. 그래야만 진의 외신방이 한초의 外臣(邦)으로 연결시켜서 이해할 수 있게 된다(權五重, 1992, 『樂浪郡研究』, 8~9쪽 ; 김병준, 2008, 「漢이 구성한 고조선 멸망 과정-『사기』 조선열전의 재검토-」『韓國古代史研究』50, 13~15쪽).

23) 金翰奎, 1982, 『古代中國的 世界秩序研究』(一潮閣), 255~257쪽.

24) 방향숙, 2005, 「古代 동아시아 冊封朝貢體制의 원형과 변용」『한중 외교관계와 조공책봉』, 26~27쪽.

의 覇王이 되고 18왕을 분봉했다. 이때 유방은 漢王에 분봉되었다. 이후 유방은 楚漢의 항쟁에서 승리하여 기원전 202년에 황제로 즉위하였다.

이처럼 한이 다시 중국을 통일하는 과정에서 진대에 전국을 일원적으로 지배하였던 군현지배체제는 심하게 훼손되었다. 이에 따라 진대에 강압적으로 군현으로 편입되었던 邊郡들이 이탈하기 시작하였다. 이로 인해 한은 진대에 설치된 변군을 모두 상실하여 영토가 크게 축소되었다.[25]

이와 관련하여 각 지역의 변군의 이탈과정을 좀더 자세히 살펴보자. 남월지역에 설치된 계림·남해·상군은 진의 멸망과 함께 군현에서 이탈하였다. 趙佗는 진의 長吏들을 죽이고 계림군과 상군을 합병하고 스스로 남월의 武王으로 즉위하였다.[26] 그리고 6국의 반란 세력들이 西進하였을 때 諸越이 모두 거병하여 誅秦에 가담하였다.[27] 그리고 초한의 항쟁에 참여하여 독자적인 세력을 구축하는데 성공하였다. 이에 기원전 196년 한고조는 陸賈를 보내 위타를 남월왕으로 인정하였다.

동월지역에서도 진의 閩中郡으로 편입되기 이전 민월왕이었던 武諸와 越의 東海王 搖가 越人들을 이끌고 후에 장사왕이 된 鄱陽令 吳芮에게 귀순하였다. 이후 오예와 함께 제후들을 도와 진을 멸망시켰다. 항우가 자기들을 왕으로 삼지 않자 무제와 요는 한이 항우를 치는데 도왔다. 이후 한고조 5년(B.C. 202)에 무제를 추대하여 민월왕으로 삼았다. 이후 192년에는 고조 때 월의 공을 참작하여 그를 동해왕으로 삼았다.[28]

서남이지역도 진의 군현에서 이탈하였다. 전국 후기에 楚가 巴·黔中지역에 진출하여 검중군을 설치하였다. 진이 초의 파·검중군 지역을 빼앗자 초의 莊蹻가 滇지역에서 滇王이 되었다. 진대에는 이 지역을 공격하여

---

25) 金翰奎, 1982, 앞의 책, 153~154쪽.
26) 『史記』 卷113 南越列傳 第53.
27) 『漢書』 卷1下 高帝紀 第1下.
28) 『史記』 卷114 東越列傳 第54.

군을 개척하였다. 진이 멸망되고 한이 일어서자 이 나라를 포기하고 촉의 옛 徼를 다시 열었다.[29] 즉, 한은 토착 전통이 강하고 교통이 불편한 지역의 직접 통치를 포기한 것이다.

한편 중국이 분열하자 북방지역의 흉노는 차츰 황하를 건너 하서지역을 차지하기 시작했다. 기원전 209년 頭曼單于의 아들인 冒頓이 아비를 죽이고 스스로 선우의 자리에 올랐다. 이후 東胡 · 月氏 · 樓煩 등을 격파하고 燕 · 代지역을 공격하여 몽염에게 빼앗겼던 지역을 모두 되찾게 되었다.[30]

이러한 변군들의 이탈 현상이 고조선에게도 영향을 끼치지 않을 수 없었을 것이다. 이와 관련하여 『위략』에는

G) (진이 전국을 통일한 지) 20여년이[31] 지나 陳勝과 項羽가 起兵하여 天下가 어지러워지자, 燕 · 齊 · 趙의 백성들이 괴로움을 견디다 못해 차츰차츰 準王에게 망명하였다. 준왕은 이에 이들을 西方에 거주하게 하였다.[32]

라고 되어 있다. 중국 내지에서 장기간의 전쟁으로 인해 지친 연 · 제 · 조의 백성들이 직접적인 분쟁 지역에서 벗어나 고조선 지역으로 왔던 것으로 볼 수 있다. 고조선의 준왕은 이들을 고조선의 서방에 거주하게 하였다.

고조선과 한의 관계에도 일정하게 변화를 맞을 수밖에 없었을 것이다. 이와 관련하여

H-1) 漢이 흥기하니 그곳[遼東外徼]이 멀고 지키기 어려우므로 다시 요동의

---

29) 『史記』 卷116 西南夷列傳 第56.
30) 『史記』 卷110 匈奴列傳 第50.
31) 秦이 전국을 통일한 해가 기원전 221년이고 진승 · 항우가 거병한 것이 기원전 209년이므로 '二十餘年而陳項起'의 20여년은 10여년의 誤記로 보아야 한다(李丙燾, 1976, 「衛氏朝鮮興亡考」『韓國古代史研究』, 75~76쪽).
32) 『三國志』 卷30 烏丸鮮卑東夷傳 第30 韓傳 『魏略』, "二十餘年而陳項起 天下亂 燕齊趙民愁苦 稍稍亡往準 準乃置之於西方".

故塞를 수리하고 浿水에 이르러 경계로 하여 燕에 소속시켰다.(『한서』 조선열전)[33]

2) 漢이 흥기하니 그곳이 멀고 지키기 어려우므로 遼水를 塞로 삼았다.(『전한기』 효무황제기)[34]

3) 漢나라 때에 이르러 盧綰을 燕王으로 삼으니 (古)朝鮮과 燕은 浿水를 경계로 하게 되었다.(『위략』)[35]

위의 『한서』 조선열전에서는 한이 일어서자 遼東外徼가 멀고 지키기 어렵다는 명분으로 요동의 故塞를 수리하여 浿水로 고조선과 경계를 삼았다는 내용이다. 즉, 한초에 고조선과 한의 국경이 바로 패수였다는 것이다.

그렇다면 과연 패수는 어느 강일까? 이와 관련하여 청천강설·압록강설·혼하설·대릉하설 등 이미 다양한 견해가 제시되었다.[36] 여기에서는 기존의 연구에서 많이 언급되지 않았던 『전한기』의 패수 관련 사료를 주목해 보자.[37] 『전한기』는 후한 헌제가 『한서』의 문장이 번잡하고 읽기가 난해하여 198년 荀悅(149~209)에게 명하여 기전체의 『한서』를 1/4분량의 편년체인 『(前)漢紀』로 改寫시킨 것이다.[38] 따라서 『전한기』에는 『한서』 당시의 인식이 거의 그대로 반영되었다고 볼 수 있다.

위의 『한서』 조선열전(H-1)은 『사기』 조선열전 '以爲其遠難守' 부분의 '其'字를 생략한 것을 제외하고 그대로 옮긴 것이다. 그런데 『한서』 조선열전(H-1)에서 고조선과 경계로 삼았던 패수를 『전한기』(H-2)에서는 遼水를 塞로 삼았다고 하였다. 즉, 고조선과 한의 경계인 패수를 요수로 본 것

---

33) 『漢書』 卷95 西南夷兩奧朝鮮列傳 65, "漢興 爲遠難守 復修遼東故塞 至浿水爲界 屬燕".

34) 『前漢紀』 孝武皇帝紀5 卷第14, "漢興以爲其遠難守 故遼水爲塞".

35) 『三國志』 卷30 烏丸鮮卑東夷傳 第30 韓傳 『魏略』, "及漢以盧綰爲燕王 朝鮮與燕界於 浿水".

36) 오강원, 1998, 「古朝鮮의 浿水와 沛水」 『강원사학』13·14.

37) 김남중, 2001, 「衛滿朝鮮의 領域과 王儉城」 『韓國古代史硏究』22, 15~17쪽 ; 徐榮洙, 2008, 앞의 논문, 44~50쪽.

38) 薛明揚, 1994, 『中國學術名著提要(歷史卷)』(復旦大學出版社), 120~122쪽.

이다. 『水經注』에 의하면 大遼水와 小遼水가 있는데 대요수는 "大遼水出塞外衛白平山 東南入塞東 過遼東襄平縣西"[39]라고 하여 오늘날 遼河이며, 소요수는 "水出北塞外 西南流逕遼陽縣 注遼水"[40]라고 하여 오늘날 渾河라는 것을 알 수 있다. 이처럼 『전한기』에서 요수는 소요수인 혼하를 가리킨다. 따라서 『한서』·『사기』에 보이는 한초의 패수는 바로 혼하라고 할 수 있다.[41]

이와 달리 『한서』 지리지 낙랑군 패수현조의 주석에는 "水西至增地入海"라고 하여 패수가 증지현에 이르러 바다에 들어간다고 되어 있다. 여기에서 패수는 서북한지역의 청천강을 가리키는 것이 확실하다.

한편 浿水와 달리 문헌상에 沛水로 나온 사례가 있다. 『염철론』 주진편에서는 "秦이 이미 천하를 통일한 후에 동으로 沛水를 넘어 朝鮮을 滅亡시켰다"(A-3)고 되어 있고, 『한서』 지리지 요동군 번한현조에 "沛水가 塞外에서 나와 서남쪽으로 흘러 바다에 들어간다"(沛水出塞外 西南入海)고 되어 있다. 여기에서 沛水는 Ⅲ장 3절에서 살펴본 것처럼 청천강이 아니라 혼하였다.

『사기』 조선열전의 浿水는 『염철론』과 『한서』 지리지의 沛水와 같이 혼하를 가리키는 것이고, 『한서』 지리지 패수현의 패수는 청천강을 지칭하는 것이었다. 즉, 浿水라는 명칭이 두 개가 있었는데 이것은 문헌 성립 연대에 따라 표기가 달라졌던 것으로 볼 수 있다. 패수의 대상이 바뀌었던 이유는 바로 고조선이 연의 공격으로 요동지역에서 한반도 서북부지역으로 이동하였기 때문에 고조선계 지명인 패수라는 명칭도 같이 이동하였던 것으로 보인다. 따라서 전한 말기부터는 요동의 浿水[渾河]와 대동강유역의 고조선 중

---

39) 『水經注』 卷14 大遼水.
40) 『水經注』 卷14 小遼水.
41) 김남중, 2001, 앞의 논문, 15~17쪽.

심지에 가까운 浿水[清川江]를 구분하기 위해 전자를 沛水로 고쳐서 부른 것으로 추정된다.[42]

이처럼 한초에 고조선과 한의 경계는 패수=혼하였다. 이것은 고조선이 진과 압록강을 경계로 했던 것과 달리 고조선의 영역이 확대된 것을 알 수 있다. 이와 관련하여『염철론』비호편(C)에서 "조선이 변경을 넘어 연의 동쪽 땅을 빼앗았다"고 되어 있다. 이것은 한초에 고조선이 공격하여 진에게 빼앗겼던 땅[秦故空地]를 한에게서 회복한 것으로 볼 수 있다. 다만『사기』 조선열전에서는 이러한 고조선의 공격으로 인해 국경선을 후퇴할 수밖에 없었던 상황을 단지 "遼東外徼가 멀고 지키기 어렵다"고 한 것이다.

진한교체기 북방지역에서 또 하나 주목할 만한 사건은 흉노의 동호 격파이다. 동호는 연에게 패한 이후에도 장성 이북 지역에서 여전히 세력을 떨치고 있었다. 흉노의 묵돌이 아비를 죽이고 선우에 올랐을 당시만 해도 동호의 세력은 강했다. 동호는 묵돌을 업신여기고 흉노에 대한 방비를 하지 않았다. 그러자 묵돌이 동호를 공격하여 대파하였다. 이후 월지를 쳐서 패주시키고 남쪽으로 누번왕, 白羊河南王 등의 영지를 병합하였다. 또 燕·代를 공격하여 진나라 몽염에게 빼앗겼던 흉노땅을 되찾았다.

『사기』흉노열전에는 진한교체기 영토를 확장한 흉노가 동쪽으로 예맥·고조선과 접하게 되었다("東接穢貊朝鮮")고 기록하고 있다. 당시 고조선이 한과 패수=혼하를 경계로 하고 있었기 때문에 고조선·예맥은 혼하를 경계로 흉노와 접경하였던 것을 알 수 있다. 이로써 한은 패수=혼하를 경계로 위로는 흉노를, 동쪽으로는 고조선·예맥을 동시에 상대해야만 했다.[43]

---

42) 서영수, 1996,「衛滿朝鮮의 形成過程과 國家的 性格」『韓國古代史研究』9, 99~105쪽.
43) 만약 고조선과 한과의 경계를 청천강이나 압록강으로 볼 경우,『사기』흉노열전에 의하면 한초 동호를 격파한 흉노와 고조선·예맥과의 경계를 청천강이나 압록강으로 볼 수밖에 없게 된다. 그렇다면 청천강이나 압록강 이북지역에 흉노계 유적·유물이 많이 발견되어야 하나 실상은 그렇지 않다.

한에서 고조선을 흉노의 *左臂*[44]로 인식했던 것을 볼 때, 한과의 대결구도 속에서 고조선이 흉노와 연대했을 가능성이 매우 높다고 볼 수 있다.[45]

진한교체기에 남월·동월·서남이 지역의 변군들이 모두 군현체제에서 독립하였다. 고조선도 이러한 정세를 이용하여 요동외요를 넘어 패수=혼하 이동 지역을 회복하였고, 이 지역에 중국계 유이민들을 받아들여 거주하게 하였다. 중국을 통일한 후 기원전 202년에 한은 노관을 연왕으로 삼았다. 노관은 고조선이 이미 빼앗은 지역을 묵인하면서[46] 고조선과의 경계를 자연계선인 패수로 삼을 수밖에 없었다. 당시 한이 적극적으로 공세를 취할 수 없었던 것은 내부적으로 정국이 불안할 뿐만 아니라 북방의 흉노와 대결상태에서 고전하고 있었던 것도 큰 요인으로 작용했을 것이다.

2. 고조선의 지배체제와 세력 확장

1) 위만의 집권과 對漢관계의 성격

유방이 황제로 즉위한 이후 근친과 개국공신들에 대해 열후 및 제후왕으로 봉하는 논공행상이 이어졌다. 그러나 몇 년 후 異姓 제후왕에 대한 척결이 시작되었다. 고조 9년(B.C. 198)에 趙王 趙敖가 죄를 범하자 열후로 낮추어졌으며 楚王이었던 韓信이 侯로 강등되었다가 주살되었다. 梁王 彭越은 모반을 구실로 종족이 모두 죽게 되었다. 이후 燕王 盧綰은 이성 제후

---

44) 『漢書』 卷73 韋賢傳 第43, "孝武皇帝愍中國罷勞無安寧之時…東伐朝鮮 起玄菟樂浪 以斷匈奴之左臂".
45) 채치용, 1998, 「古朝鮮의 滅亡 原因-漢의 對匈奴定策과 關聯하여-」(중앙대학교 석사학위논문).
46) 김남중, 2002, 앞의 논문, 69쪽.

왕들이 차례로 제거되자 기원전 195년 흉노로 도망갔다.

　　노관이 흉노로 도망간 즈음에 위만이 고조선으로 망명하는 사건이 발생한다. 이와 관련하여 『사기』 조선열전에는

> J) 燕王 盧綰이 (漢을) 배반하고 흉노로 들어가자 (衛)滿이 망명하여 무리 천여 인을 모아 상투에 蠻夷服을 하고 동쪽으로 塞를 빠져나와 浿水를 건너 秦의 옛 空地인 上下鄣에 머물렀다.[47]

라고 되어 있다. 위만은 1천여 명의 무리를 모아 蠻夷服을 하고 동쪽으로 塞를 빠져 나와 패수를 건너서 진의 옛 공지인 상하장에 머물렀다. 여기에서 위만이 고조선으로 망명하여 패수 이동의 고조선의 영역에 거주하였던 것을 알 수 있다.

　　이러한 위만의 망명에 대해 『위략』에서는

> K) 노관이 (한을) 배반하고 흉노로 들어가자 燕人 衛滿이 망명하여 胡服을 하고 동쪽으로 浿水를 건너 準(王)에게 항복하였다. 위만이 서쪽 변방에 거주하도록 해주면 중국 망명자들을 모아 조선의 藩屛이 되겠다고 준왕을 설득하였다. 준왕이 그를 믿고 총애하여 博士로 삼고 圭를 하사하여 100리 땅을 봉해 주어 서쪽 변경을 지키게 하였다.[48]

라고 되어 있다. 위만은 고조선의 서쪽 변방[西界]에 거주하게 허락해 주면 중국 망명자들을 모아 고조선의 번병이 되겠다고 하면서 준왕을 설득하였다. 이에 준왕은 위만을 박사로 삼고 100리 땅을 봉해 주면서 서쪽 변경을

---

47) 『史記』 卷115 朝鮮列傳 第55, "燕王盧綰反 入匈奴 滿亡命 聚黨千餘人 魋結蠻夷服 而東走出塞 渡浿水 居秦故空地上下鄣".

48) 『三國志』 卷30 烏丸鮮卑東夷傳 第30 韓傳『魏略』, "及綰反 入匈奴 燕人衛滿亡命 爲胡服 東度浿水 詣準降 說準求居西界 收中國亡命爲朝鮮藩屛 準信寵之 拜爲博士 賜以圭 封之百里 令守西邊".

지키게 하였다.

이처럼 위만은 기원전 195년 즈음에 무리 1천여 명을 거느리고 고조선으로 망명하여 서쪽 변경을 지키는 임무를 맡았다. 위만의 망명에 앞서 진한교체기부터 이미 연·제·조민들이 고조선으로 망명하였다. 『삼국지』 동이전 예조에는

L) 한초의 燕·齊·趙民들이 朝鮮으로 온 수가 數萬口였다.[49]

라고 하여 중국계 유이민이 수만명에 이른다고 하였다. 이 유이민들이 망명하여 정착한 곳은 위만이 정착하였던 진고공지였다. 이곳은 한초 고조선이 회복하기 이전에 연·진의 요동군에 포함되었던 곳이다. 따라서 이 지역은 연·진을 통해 중원계 철기문화가 직접 수용된 곳이라고 할 수 있다. 고조선도 철기문화의 영향을 받지 않을 수 없었을 것이다.

그렇다면 이 시기 요동지역에 어느 정도의 철기문화가 유입되었는지 살펴보자. 이 시기 대표적인 유적으로 무순시 연화보유적을 들 수 있다.[50] 이 유적에서는 다수의 전국계 니질회도와 함께 80점 정도의 농공구(梯形具1, 細長鋤2, 穗摘具3, 钁60, 鎌2, 斧1, 刀子1, 鑿2, 錐4, 刃器1)와 銅鏃莖3 및 釣針1이 출토되었다. 철기의 대부분은 농공구이다. 철기들 가운데 주조제품의 일부가 연의 수도였던 燕下都 유적의 출토품이나 하북성 興隆縣 壽王墳유적에서 출토된 철제 鑄范과 형태상 유사성을 보이어 전국 燕系에 속하는 것임을 알 수 있다. 이 외에도 寬甸縣 雙山子 교장유적에서는 명도전 200여 매와 철제 농공구 9점(钁1, 穗摘具7, 錛1)이 출토되었다.[51]

---

49) 『三國志』卷30 烏丸鮮卑東夷傳 第30 濊傳, "陳勝等起 天下叛秦 燕齊趙民避地朝鮮數萬口".
50) 王增新, 1964, 「遼寧撫順蓮花堡遺址發掘簡報」『考古』6.
51) 遼寧省博物館, 1980, 「遼寧寬甸發現戰國時期燕國的明刀錢和鐵農具」『文物資料叢刊』3, 125~129쪽.

鞍山市 羊草庄 주거지에서는 1,000여매의 명도전과 함께 鏵·鍤·鋤·钁·鎌刀 등 철제 농구류가 출토되었다.[52] 錦州市 大泥窪 하층유적에서는 鎌·钁 등의 철기와 약 100근 정도의 명도전이 출토되었으며 高麗寨 유적에서는 钁·鍤·鎌·錛·鑿 등의 철기와 명동전·일화전·포전·반량전 등의 화폐가 출토되었다. 이들 유적에서 출토된 철기들은 기본적으로 연계통의 주조철기가 주류를 이루고 있다는 점에서 공통점을 보이고 있다.[53]

大連 旅順口區 牧羊城에서는 錛·斧·鍤·鍬·鑝·刀子 등의 철기와 鏃·帶鉤 등의 청동기, 명도전·일화전·명화전·반량전 등이 출토되었다.[54] 大嶺屯城址에서는 釜·斧·錛·刀子 등의 철기와 명도전 20여 매, 각종 기와가 출토되었다.[55] 新金縣 張店城址에서는 한대 貝墓뿐만 아니라 安陽布와 繩文灰陶가 많이 출토된 것으로 보아 전국만기부터 한대에 걸쳐 사용된 것으로 보인다.[56]

현재까지 요동지역의 연진~한초의 유적들에서 출토된 철기의 구성이 연화보유적의 銅鏃莖을 제외하면 모두 농공구 일색이라는 점이 주목된다. 주로 철기는 주조제품의 농공구를 중심으로 주변지역으로 확산된 것으로 보인다.[57] 이처럼 진고공지는 이미 길게는 80여년, 짧게는 20여년 동안 연·진의 요동군 지배를 받았던 지역이다. 따라서 주조철기·타날문토기·명도전 등 전국계 철기문화의 영향을 직접적으로 받았던 지역이라고 할 수 있다. 고조선이 이 지역을 회복하였다는 것은 영토와 인구의 확장뿐만 아니

52) 佟柱臣, 1956, 「考古學上漢代及漢代以前的東北疆域」『考古學報』1.
53) 이남규, 2002, 「韓半島 初期鐵器文化의 流入 樣相－樂浪 설치 以前을 중심으로－」『한국상고사학보』36, 33~34쪽.
54) 原田淑人·駒井和愛, 1931, 『牧羊城』(東亞考古學會), 47~51쪽.
55) 三宅俊成, 1975, 『東北アジア考古學の研究』(國書刊行會), 113~162쪽.
56) 旅順博物館·新金縣文化館, 1981, 「遼寧新金縣花兒山漢代貝墓第一次發掘」『文物資料叢刊(4)』(文物出版社), 75~85쪽.
57) 이남규, 2002, 앞의 논문, 34~35쪽.

라 그곳에 유입된 선진적인 중국계 문화를 고조선이 흡수할 수 있게 되었다는 점에서 매우 큰 의미가 있다고 할 수 있다.[58]

고조선이 한과 국경을 확정한 이후에도 유이민들이 계속 고조선으로 유입되었다. 이들은 기존 국가체제로부터 자의든 타의든 소외되어 국가의 통제로부터 벗어나 있는 자들이었다.[59] 이들은 구체적인 이유를 알 수 없지만 중국의 통제가 아닌 다른 국가, 즉 스스로 고조선으로 망명한 자들이다. 고조선은 중국의 통치질서에 익숙했던 망명자들을 안정적으로 통치하기는 힘들었을 것이다. 이러한 상황에서 위만이 그들을 모아서 조선의 藩屛이 되겠다고 했을 때 준왕으로서는 위만을 적임자로 보았을 것이다.

준왕은 위만을 博士로 삼고 그에게 고조선의 서변을 지키게 하였다. 원래 박사는 진대에 처음 설치되어 고금의 일을 살펴 황제에 자문하는 역할이었다. 그러나 고조선에 실제 진한대의 박사와 같은 직책을 수행한 관직이 있었는지는 정확히 알 수 없다. 그러나 위만에게 주어진 임무가 중국의 선진 문화에 대한 박식함을 바탕으로 국왕에 자문하는 것이라고 한다면, 그것은 중국의 박사와 비슷한 역할을 위만이 수행했기 때문에 박사라는 칭호가 부여되었다고 볼 수 있다.[60]

위만이 박사의 직임을 맡은 이후의 상황에 대해서『위략』에는

　　M) 위만이 망명자들을 유인하니 그 무리가 점점 많아졌다. 이에 사람을 준왕에게 보내 속여서 말하기를, "漢兵이 열 군데로 쳐들어오니, 들어가 宿衛

---

58) 김남중, 2002, 앞의 논문, 68~73쪽.
58) 김남중, 2002, 앞의 논문, 68~73쪽.
59) 金翰奎, 1980,「衛滿朝鮮關係 中國側史料에 대한 再檢討」『부산여대논문집』8, 134쪽 ; 이재열, 2006,「秦漢시기 '亡命'의 양태와 국가의 통제」(연세대학교 석사학위논문), 7~14쪽.
60) 金光洙, 1994,「古朝鮮 官名의 系統的 理解」『歷史敎育』56, 9~10쪽 ; 노태돈, 1998, 「衛滿朝鮮의 정치구조—官名 분석을 중심으로—」『汕耘史學』8(2000,『단군과 고조선사』, 106쪽).

하기를 청합니다"고 하였다. 드디어 되돌아와서 준왕을 공격하였다. 준왕
은 위만과 싸웠으나 상대가 되지 못하였다.[61]

라고 되어 있다. 위만은 망명자 무리들을 모아 세력을 키운 뒤에 거짓으로
漢兵이 쳐들어온다고 하여 왕의 숙위를 명분으로 준왕을 공격하여 고조선
의 왕권을 탈취하였다. 위만은 일종의 政變[쿠데타]을 일으켜 고조선의 왕
권을 장악한 것이다. 이 정변은 위만은 고조선으로 망명한 지(B.C. 195) 얼
마 되지 않는 시점이었다.

위만이 정권을 탈취할 정도로 세력을 키울 수 있었던 것은 그가 맡은 지
역과 임무와 관련된 것으로 보인다. 그곳은 연·진의 요동군 지배를 통해서
선진적인 중국계 문물을 유입되었고, 한초에도 여전히 유이민이 유입되었
던 지역이었다. 위만은 이들을 규합하고 선진적인 중국계 철기문화로 무장
하면서 그 세력을 키웠던 것이다. 결국 위만은 고조선의 西界를 지키는 것
에서 머무르지 않고 그 힘을 바탕으로 고조선의 왕권까지 장악했던 것이다.

이에 비해 준왕이 위만의 공격을 받을 당시 고조선은 세형동검문화를
유지하고 있었다. 이 시기 서북한지역의 대표적인 무덤 유적으로는 기원전
3세기 후반으로 추정되는 황해도 봉산군 송산리 솔뫼골 圍石墓와 평남 대
동군 반천리 토광묘유적을 들 수 있다. 솔뫼골 위석묘에서는 세형동검·銅
斧·銅錐·銅鑿·銅匕·銅鍬·細紋鏡과 鑄造鐵斧가 출토되었다.[62] 반천리
토광묘유적에서는 세형동검편·銅鉈片·세문경 등이 출토되었다.[63] 그리
고 기원전 2세기 중반 이전으로 추정되는 황해도 배천군 석산리 토광묘에

---

61) 『三國志』卷30 烏丸鮮卑東夷傳 第30 韓傳『魏略』, "滿誘亡黨 衆稍多 乃詐遺人告準
言漢兵十道至 求入宿衛 遂還攻準 準與滿戰 不敵也".

62) 황기덕, 1959, 「1958년 춘하기 어지돈 지구 관개 공사 구역 유적 정리 간략 보고」『문
화유산』1, 48~52쪽 ; 황기덕, 1963, 「황해북도 봉산군 송산리 솔뫼골 돌돌림 무덤」『고
고학자료집』3, 77~81쪽.

63) 梅原末治·藤田亮策, 1946, 『朝鮮古文化綜鑑(1)』, 40~41쪽.

서는 세형동검·검파두식·세형동과와 함께 주조철부가 출토되었다.[64]

이처럼 기원전 3세기에서 2세기 중반의 고조선의 대표적인 석관묘와 토광묘유적에서는 전형적인 세형동검문화를 유지하고 있었다. 그리고 세형동검·동부와 같은 청동기유물에 주조철부만이 제작되었을 뿐이다. 이러한 양상은 함흥 이화동 토광묘유적처럼 동북한지역에서도 그대로 나타난다.[65] 즉, 한반도 서북한지역에서는 세형동검문화를 기반으로 철기문화가 이제 막 수용되는 단계였다고 볼 수 있다.

이러한 서북한지역의 세형동검문화에 비해 위만 집단은 중국계 철기문화로 무장하였던 유이민 집단이었다. 따라서 위만이 아무리 준왕을 기습했다고 하지만 준왕이 그러한 철기문화로 무장한 위만 집단을 당해내기는 쉽지 않았을 것이다. 결국 위만에게 정권을 빼앗긴 준왕은 무리를 이끌고 한반도 중남부로 이주할 수밖에 없었다.

정권을 장악한 위만은 한과 외신관계를 맺었다. 이와 관련하여『사기』조선열전에는

> N) 孝惠·高后時에 天下가 처음으로 안정되자 遼東太守가 塞外의 蠻夷를 지키고 변경을 노략질하지 못하게 하며 모든 蠻夷의 君長이 天子를 入見하고자 할 때는 막지 않도록 할 것을 조건으로 위만을 外臣으로 삼는다는 약속을 하였다. 천자도 이를 듣고 허락하였다. 이로써 위만은 兵威財物을 얻어 주변 小邑들을 침략하여 항복시키자 眞番·臨屯도 모두 와서 服屬하여 (영역이) 사방 수천리가 되었다.[66]

라고 하여, 위만은 요동태수를 통해서 한과 외신관계를 맺고 그 대가로 위

---

64) 황기덕, 1974, 앞의 논문, 161~163쪽.
65) 박진욱, 1974,「함경도 일대의 고대유적 조사보고」『고고학자료집』4, 165~182쪽.
66) 『史記』卷115 朝鮮列傳 第55, "會孝惠高后時天下初定 遼東太守卽約滿爲外臣 保塞外蠻夷無使盜邊 諸蠻夷君長欲入見天子 勿得禁止 以聞 上許之 以故滿得兵威財物侵降其旁小邑 眞番臨屯皆來服屬 方數千里".

만은 한으로부터 병위재물을 얻자 이를 통해 주변 지역을 항복시키자 진번·임둔 등 세력이 복속하였다는 것을 알 수 있다.

먼저 위만이 한과 외신관계를 맺었던 시기를 살펴보자. 위의『사기』조선열전에서는 외신관계를 맺은 시기가 '孝惠高后時'로 되어 있다. 한편『사기』남월열전에서는 혜제 사후 고후가 섭정한 시기를 '高后時'라고 구분하여 쓰고 있다. 따라서 '효혜고후시'는 혜제의 재위기간(B.C. 194~188)에만 해당하는 것이다. 그 중에서 혜제 3~4년 사이(B.C. 192~191)는 한이 흉노와 和親 관계를 유지하고 閩越의 騶搖을 東海王으로 봉하는 등 비교적 대외적으로 안정되었던 시기였다. 아마도 위만이 한과 외신관계를 맺었던 것은 바로 이 즈음이었을 것으로 추정된다.[67]

고조선 외에 한과 외신관계를 맺은 사례로 南越을 들 수 있다. 趙佗는 진이 멸망하자 계림군과 상군을 병합하여 스스로 남월의 武王으로 즉위하였다. 한 고조는 조타를 토벌하지 않고 기원전 196년에 사신 陸賈를 보내 南越王을 외신으로 삼았다. 그리고 符節을 나누어 사신을 통하게 하고 百越의 백성을 안정시켜서 남쪽 변경에서 문제가 생기는 일이 없도록 하였다.[68] 이와 달리 흉노는 한의 외신 제안을 거부하였다.[69]

한과 외신관계를 맺은 나라는 고조선과 남월뿐이다. 고조선은 기원전 108년 한에 의해 멸망당했으며, 그 지역에 낙랑·진번·임둔·현도 4군이 설치되었다. 남월도 한에 의해 기원전 111년에 멸망당했으며 그 지역에 南

---

67) 荊木計男, 1985,「衛滿朝鮮王冊封について-前漢諸國遼東郡からのアプローチ-」『朝鮮學報』115, 15~20쪽.

68) 『史記』卷113 南越列傳 第53, "秦已破滅 佗卽擊并桂林象郡 自立爲南越武王 高帝已定天下 爲中國勞苦 故釋佗弗誅 漢十一年 遣陸賈因立佗爲南越王 與剖符通使 和集百越 毋爲南邊患害 與長沙接境";『史記』卷116 西南夷列傳 第56, "蒙乃上書說上曰 南越王黃屋左纛 地東西萬餘里 名爲外臣 實一州主也".

69) 『史記』卷110 匈奴列傳 第50, "丞相長史任敞曰 匈奴新破 困 宜可使爲外臣 朝請於邊漢使任敞於單于 單于聞敞計 大怒 留之不遣".

海·蒼梧·鬱林·合浦·交趾·九眞·日南·珠崖·儋耳 등 9군이 설치되었다. 이후 한과 외신 관계를 맺은 사례는 없다. 따라서 외신관계는 한초에서 무제 시기까지만 존재했던 것으로 볼 수 있다.

이러한 외신관계는 한에 외형상으로 칭신하는 종속관계였다. 외신은 한 황제의 통치력이 직접 미치지 않는 군현의 외곽에서 內屬한 존재로서 황제에게 臣禮를 행하는 이민족 국가의 왕을 의미한다. 그러나 외신은 한황제에 대해 외형상 수직적인 위치에 있기는 하나 외신국의 통치질서는 한의 제도에 의해 구속되지 않았다.[70] 남월이 한에 대해서는 稱臣하면서도 내부적으로는 稱帝하였던 것은 외신관계의 특징을 잘 보여준다.

한은 초기부터 고조선·남월왕을 외형상 신례를 취하는 외신으로 삼는 방식을 선택하였다. 여기에는 한이 그렇게 할 수밖에 없는 국내외 상황이 있었다. 한은 내부적으로는 이성제후들의 반란과 숙청이 있었으며 고조 사후 여후 통치라는 불안한 시기를 거쳐야만 했다. 이러한 한은 오초 7국의 난을 진압하면서 경제대(B.C. 157~141)에 이르러 권력을 중앙집권화하는 데에 어느 정도 성공하게 되었다. 이를 바탕으로 무제대(B.C. 141~87)에 이르러서야 주변국과의 관계를 재정비하게 된다.

대외적으로 한은 초기부터 흉노와 대치상태에 있었기 때문에 북방 이외의 변경으로 관심을 돌릴 여력이 없었다. 당시 흉노는 동호를 공격하여 그 땅을 획득함으로써 고조선·예맥과 국경을 접하게 되었다.[71] 이러한 상황에서 고조선이 흉노와 연합하였을 경우 한으로서는 그 둘을 한꺼번에 감당하기가 쉽지는 않았을 것으로 보인다. 한무제가 고조선을 멸망시키고 군현을 설치한 것을 두고 "匈奴의 左臂를 끊었다"[72]고 한 것을 보면 바로 이러

70) 栗原朋信, 1960, 『秦漢史の研究』(吉川弘文館), 243~257쪽 ; 김병준, 2008, 「漢이 구성한 고조선 멸망 과정」, 『한국고대사연구』50, 15쪽.
71) 『史記』 卷110 匈奴列傳 第50, "諸左方王將居東方 直上谷以往者 東接穢貉朝鮮".
72) 『漢書』 卷73 韋賢傳 第43, "孝武皇帝愍中國罷勞無安寧之時…東伐朝鮮 起玄菟樂浪

한 한의 고심을 엿볼 수 있다. 따라서 한은 고조선 왕을 외신으로 삼고 그들을 통해 변방을 안정시키는 간접통치 방식을 선택할 수밖에 없었던 것이다.

한편 위만은 외신의 지위를 수락하는 조건으로 한으로부터 兵威財物을 받았다. 위만은 이러한 한의 막강한 지원에 힘입어 주변의 진번·임둔을 복속하였다. 남월도 한과의 關市를 통해 철기와 물자를 교역할 수 있게 되었고, 이를 통해 남월은 주변의 閩越·西甌·駱越을 복속시켰다. 그러자 남월은 동서 길이가 1만여 리나 되는 광역의 국가를 이루게 되었다.[73] 이처럼 고조선과 남월은 외신의 대가로 받은 한의 지원을 기반으로 영역을 확장할 수 있었다.

남월이 한으로부터 받은 지원의 내용에 대해서는 『漢書』西南夷兩粵朝鮮傳에는 "여후가 친히 정사를 시행하자 소인들을 가까이 하고 참신들의 말만 믿고 명령을 내려 만이들에게 금·철·농기구를 주지 못하게 하고 소·말·양은 수컷만 주고 암컷은 못주게 하였다"[74]라고 되어 있다. 여기에서 한이 남월과 교역하였던 물품은 금·철·농기구와 가축 등이었다는 것을 알 수 있다. 이러한 남월의 사례에 비추어 볼 때 고조선이 한으로부터 받은 것은 아마 철제무기와 같은 兵威와 금·농기구·가축과 같은 경제적 지원으로서 財物이 포함되었을 것으로 추정된다.[75]

그렇다면 위만의 성장을 외신을 통한 병위재물로만 설명할 수 있을까?

以斷匈奴之左臂"；『前漢紀』孝哀皇帝紀下 卷第29, "孝武皇帝愍中國罷勞無安寧之時 乃南伐百越 起七郡 北攘匈奴 降十萬之衆 置(吾)屬國 起朔方 以奪其肥饒之地 東伐朝鮮 起玄菟樂浪 以斷匈奴之左臂".

73) 『史記』卷113 南越列傳 第53, "高后時 有司請禁南越關市鐵器 佗曰 高帝立我 通使物…佗因此以兵威邊 財物賂遺閩越西甌駱 役屬焉 東西萬餘里".

74) 『漢書』卷95 西南夷兩奧朝鮮傳 第65, "高后自臨用事 近細士 信讒臣 別異蠻夷 出令曰 毋予蠻夷外粵金鐵田器 牛馬羊卽予 予牡 毋與牝".

75) 이춘식, 2010, 「전한 초기 입공·종번 외교와 차등적 국제사회 수립」『동아시아 국제관계사』(아연출판사), 68~69쪽.

연진한 시기를 거쳐 요동지역에는 연·제·조의 유이민이 많이 들어왔다. 이들과 함께 전국~한초에 걸친 선진적인 중국계 문화가 요동지역에 많이 유입되었다. 위만은 유이민을 통해 유입된 중원계 문화를 기반으로 권력을 형성하여 고조선의 왕권을 장악한 것이다. 고조선은 이미 기원전 4세기 말에 진번·임둔 등 예맥사회와 연맹체를 형성하고 있었기 때문에 위만은 바로 이러한 고조선연맹체의 맹주국을 장악한 것이다. 따라서 위만의 고조선 왕권 장악이 예맥사회에 미친 파장은 매우 컸을 것이다. 이러한 상황에서 위만은 한과의 외신관계를 통해 병위재물까지 얻었다. 위만과 한과의 협력관계는 당시 예맥사회에 끼친 영향력은 매우 컸을 것이다. 위만이 주변 소읍을 정복하자 연맹체의 중요한 구성요소였던 진번·임둔이 와서 복속하였다는 점은 이를 잘 보여준다고 할 수 있다. 이처럼 위만조선이 연맹세력들을 복속할 수 있을 정도로 성장할 수 있었던 것은 내적인 성장과 외적인 지원이 결합하여 상승작용을 했기 때문에 가능했다고 볼 수 있다.

고조선이 한과 맺은 외신관계는 외형상 稱臣하는 관계이므로 일정한 조건이 수반될 수밖에 없다. 그것은 첫째, 새외의 만이를 지키고[保塞外蠻夷], 둘째, 변경에서 노략질하지 못하게 하며[無使盜邊], 셋째 모든 만이의 군장이 천자를 입견할 때 막지 않는다는 것이었다. 남월도 百越의 백성을 안정시켜서[和集百越] 남쪽 변경에서 문제가 생기는 일이 없도록 해야 한다[毋爲南邊患害]한 점으로 보아 외신의 조건은 비슷하다고 볼 수 있다.

이러한 조건은 쌍방간의 約이라는 형식을 통해 유지될 수 있다. 전국말~한초에 나타난 天子約·軍約·家約 등 국가 및 집단 간에 다양한 約이 있었는데 이들은 강제력을 가진 법적 규범으로서 상호간의 질서를 유지하는 기능으로서 작용하였다.[76] 그러나 이러한 約도 한이 대외적으로 강제력을

76) 增淵龍夫, 1996,「戰國秦漢時における集團の「約」について」『中國古代の社會と國家』(巖波書店), 170~183쪽.

발휘할 수 없는 상황이라면 그 약은 더 이상 효력을 발휘하기 어렵다고 보아야 할 것이다.

이와 관련하여 남월의 사례를 살펴보자. 高后시기에 有司에서 남월의 關市에 鐵器의 유통을 금지시키는 일이 발생했다. 남월왕은 이를 長沙王의 계략으로 보고 스스로 南越武帝라 칭하고 장사의 邊邑을 공격하였다. 이후 남월은 민월·서구·낙월을 복속시켜 세력권을 확대하였다. 이후 효문제는 陸賈를 사자로 보내 남월이 조회하도록 하고 칭제를 철회하도록 요구하였다. 이에 남월은 그 조건을 수락하여 다시 한에 대해 稱臣하였지만 내부적으로는 여전히 계속 칭제하였다.[77]

이러한 외신관계에 있는 고조선과 남월에 대한 한의 입장에 대해 『사기』 율서에는

○ 孝文帝가 즉위하자 장군 陳武 등이 議論을 올려 말하기를, "남월과 조선은 진나라 시기에 內屬하여 臣子로 삼았습니다. 후에는 군대에 의존하고 험난한 요새를 방패삼아 꿈틀꿈틀 기회를 엿보면서 관망하고 있습니다. 고조는 천하를 새로 평정하시고 백성들이 조금 안정되었으므로 다시 전쟁을 일으키기 어려웠습니다. 지금 폐하께서는 인자함과 은혜로 백성들을 어루만지시고 은택을 천하에 더하셨으므로 士民이 기꺼이 명령을 다를 때이니 반역의 무리들을 토벌하고 변방의 강토를 통일해야 합니다."고 하였다. 효문제가 대답하기를, "…지금 흉노가 내륙으로 침범해 오면 비록 군사들이 반격하여도 武功을 세울 수 없기에 변방의 백성들이 무기를 지니고 산 지 오래되었소.…다시는 전쟁에 대한 논의를 하지 마시오."라고 하였다.[78]

77) 『史記』 卷113 南越列傳 第53.
78) 『史記』 卷25 律書 第3, "歷至孝文卽位 將軍陳武等議曰 南越朝鮮自全秦時內屬爲臣子 後且擁兵阻阨 選蠕觀望 高祖時天下新定 人民小安 未可復興兵 今陛下仁惠撫百姓 恩澤加海內 宜及士民樂用 征討逆黨 以一封疆…孝文曰…今匈奴內侵 軍吏無功 邊民父子荷兵日久…且無議軍".

라고 되어 있다. 이것은 한문제(B.C. 180~157) 즉위 후 장군 진무 등이 고조선과 남월을 정벌하자고 하자, 문제가 흉노와 대치상태에서 전쟁을 일으킬 수 없다고 한 것이다. 이처럼 외신관계를 맺은 지 10여년 만에 한에서 고조선·남월 정벌론이 제기되었다는 것은 그 관계가 아무런 효력을 발휘하지 못했다는 것을 보여준다.

이처럼 한은 고조선과 외신관계를 맺음으로서 북방의 흉노와 고조선의 연결에 대한 우려를 더는 한편, 동방에 새로운 통일세력이 형성되는 것을 저지하고자 하였다. 한편 고조선의 위만은 외형상 한의 외신이 되는 조건으로 병위재물을 받아 자기세력의 성장을 도모하였다. 이처럼 한이 대내외적으로 불안한 상황에서 외신관계는 오히려 고조선의 성장을 촉진하여 한의 새로운 위협이 되었다고 볼 수 있다.[79]

2) 고조선의 영역과 인구

(1) 고조선의 영역

위만은 외신관계를 맺은 다음 한으로부터 얻은 兵威財物을 통해 주변 小邑을 공격하자 眞番·臨屯 등이 모두 와서 복속하여 고조선의 영토가 사방 수천리가 되었다. 이렇게 위만에 의해 확장된 고조선의 세력범위는 어느 정도였을까? 『사기』조선열전에서 "以故遂定朝鮮 爲四郡"이라고 되어 있고, 또한 한이 토착세력을 그대로 온존시킨 채로 고조선 지역을 군현으로 편제했던 점을 고려한다면, 고조선의 영역은 대체로 漢郡縣이 설치된 지역과 연결시켜서 이해할 수 있을 것이다.

먼저 낙랑군이 설치된 지역은 대체로 평안도 일대라고 볼 수 있다. 『한서』지리지 낙랑군조에는 수현인 朝鮮縣과 함께 䛁邯·增地·占蟬·駟望·

79) 徐榮洙, 1987, 「三國時代 韓中外交의 전개와 성격」『古代韓中關係史의 硏究』, 107~108쪽.

屯有 등의 縣名이 남아 있으며, 이는 최근 발견된 초원 4년(B.C. 45) 〈낙랑군 호구부〉에서 제1구역의 범위와 같다.

진번군은 황해도와 경기북부 일대로 볼 수 있다. 진번군이 설치된 지역의 정치세력으로 볼 수 있다. 진번은 진개의 침략 이전부터 고조선과 연맹체 관계를 맺고 있었는데 위만이 집권하면서 고조선에 복속하게 된 것이다. 『한서』 지리지 낙랑군조에는 남부도위가 관할하는 帶方 · 列口 · 長岑 · 海冥 · 昭明 · 提奚 · 含資 등 7개 현이 남아 있는데 이것이 진번군에 해당되는 현이다. 『武陵書』에 의하면 진번군은 霅縣이 수현이고 15개의 현이 있었다[80]고 한다. 그러나 기원전 82년 진번군이 낙랑군으로 편입되는 과정에서 삽현이 霅陽部 혹은 霅陽障으로 바뀌었다가[81] 기원전 45년 이전에 폐지되었던 것으로 보인다.[82]

임둔군은 單單大領을 중심으로 한 함경남도와 강원도 북부로 추정된다.[83] 임둔도 고조선과 연맹체 관계를 맺고 있었는데 위만이 집권하면서 고조선에 복속하게 된 것이다. 『한서』 지리지 낙랑군조에는 동부도위가 관할하는 東暆 · 蠶台 · 不而 · 華麗 · 邪頭昧 · 前莫 · 夫租 등 7개의 현이 남아 있는데 이것이 임둔군에 해당하는 현이다. 『무릉서』에 의하면 군치는 동이 현이고 15개의 현이 있었다고 한다.[84] 임둔군도 기원전 82년 폐지 이후 領西지역은 낙랑군으로 통합되고 領東지역은 낙랑군 동부도위의 관할로 이관

80) 『漢書』卷7 武帝紀 臣瓚 주석, "茂陵書…眞番郡治霅縣 去長安七千六百四十里 十五縣".
81) 『集韻』卷10 入聲 下 狎第33, "霅 衆言聲 一曰 霅陽 地名 在樂浪", "霅 斬狎切 地名 霅陽障 在樂浪";『廣韻』入聲 卷第5 32狎, "霅 衆言聲 又丈甲切 霅陽部 在樂浪", "霅 霅陽縣名".
82) 尹龍九, 1990,「樂浪前期 郡縣支配勢力의 種族系統과 性格－土壙木槨墓의 분석을 중심으로－」『歷史學報』126, 19~20쪽.
83) 李丙燾, 1976, 앞의 책, 102~157 · 191~209쪽.
84) 『漢書』卷7 武帝紀 臣瓚 주석, "茂陵書 臨屯郡治東暆縣 去長安六千一百三十八里 十五縣".

되었다.[85] 〈낙랑군 호구부〉를 통해서 제3구역으로 분류된 遂成 · 鏤方 · 渾彌 · 浿水 · 吞列 등 5개 현을 原낙랑군의 속현이 아니라 영서 지역에 있던 임둔군의 殘縣[86]으로 볼 수 있다.[87]

마지막으로 현도군이 설치된 지역을 살펴보자.『사기』흉노열전에는 "是時漢東拔穢貊朝鮮以爲郡"이라고 하여 예맥과 조선을 정벌하여 군을 설치하였다고 되어 있다. 이 중에서 낙랑 · 진번 · 임둔군은 기원전 108년에 고조선의 직접적인 통치 영역에 설치된 것이며, 현도군은 기원전 109년에 예맥의 땅에 설치된 군이다. 즉, 현도군과 나머지 3군은 군현 통치의 대상과 목적이 서로 달랐던 것이다.[88] 이 현도군은『삼국지』동옥저전에 沃沮城을 현도군으로 삼았다[89]는 것으로 보아 함흥방면의 동옥저를 중심으로 고구려가 있었던 환인지역에 이르는 광범위한 지역으로 설치되었던 것으로 보인다.[90]

또한 현도군과 관련해서 주목되는 것이 薉君南閭 세력이다. 예군남려는 기원전 128년 우거왕에 반발해 28만 口를 이끌고 요동군으로 가서 내속하였다. 한은 이 지역에 창해군을 설치하였다. 창해군의 위치에 대해서는 논란이 많지만『三國史記』高句麗本紀 太祖王 4년조에 고구려의 영토가 滄海에 이르렀다[91]고 한 점과 평양 정백동에서 출토된 夫租薉君의 銀印의 사례

85) 『三國志』卷30 烏丸鮮卑東夷傳 第30 濊, "自單單大山領以西屬樂浪 自領以東七縣 都尉主之 皆以濊爲民".
86) 池內宏, 1940,「樂浪郡考」『滿鮮地理歷史硏究報告』16(1951,『滿鮮史硏究(上世一冊)一』, 23쪽).
87) 尹龍九, 2009,「平壤出土『樂浪郡初元四年縣別戶口簿』硏究」『木簡과 文字 연구』3, 288~294쪽 ; 윤선태, 2010,「한사군의 역사지리적 변천과 '낙랑군초원4년 현별 호구부'」『낙랑군 호구부 연구』(동북아역사재단), 248~259쪽.
88) 김미경, 2007,「高句麗 前期의 對外關係 硏究」(연세대학교 박사학위논문), 17~19쪽.
89) 『三國志』卷30 烏丸鮮卑東夷傳 第30 東沃沮, "以沃沮城爲玄菟郡".
90) 和田淸, 1955,「玄菟郡考」『東亞史硏究(滿洲篇)』 ; 김미경, 2002,「第1玄菟郡의 位置에 대한 再檢討」『實學思想硏究』24.
91) 『三國史記』卷15 高句麗本紀3 太祖大王 4年, "秋七月 伐東沃沮 取其土地爲城邑 拓境東 至滄海 南至薩水".

를 비추어 볼 때 제1현도군의 범위와 부합되는 부분이 있다.[92] 이것은 예군 남려 관련 기사가 『후한서』 동이열전 예조에 편제된 것과 무관하지는 않다 고 본다.

예군남려는 후한대 荀悅(A.D. 149~209)이 198년에 편찬한 『前漢紀』에 는 '東夷穢貊君南閭'[93]로 되어 있다. 즉, 예군남려는 고조선·부여를 제외 한 당시 예맥사회를 대표하는 수장으로 볼 수 있다. 이러한 예군남려가 우 거왕에 반대하여 요동군에 내속하였다는 것은 이전까지 대한교섭권을 장악 한 고조선을 통해 교역을 하다가 한과 직접 교역을 시도하였던 것으로 볼 수 있다.[94]

위만의 집권 이전의 고조선은 주변 예맥사회와 연맹체 관계를 유지하고 있었다. 이 연맹체는 각 지역별로 諸집단이나 소국 간에 다수의 소국을 통 솔하는 구심체로서 특정소국을 중심으로 정치·경제적 결속기반을 형성하 면서 대외적으로 통일된 기능을 발휘하는 단계라고 할 수 있다.[95] 여기에 서 연맹체의 맹주국과 연맹 구성체들 사이에 정치권력을 배경으로 지배· 복속관계가 성립되는 단계가 아니라고 할 수 있다. 이런 점에서 고조선과 예군남려로 대표되는 예맥세력과의 관계는 지배·복속 관계가 아니라 연맹 단계에서 대한교섭권과 같은 대외관계가 고조선에 종속된 상태였다고 볼 수 있다. 이와 달리 진번과 임둔은 고조선과 연맹 관계에 있다가 위만에 의 해 복속되면서 고조선의 영역에 포함되어 지배·복속 관계로 들어가게 된 것이다. 이 때문에 고조선 멸망 이후 군현 설치 과정에서 낙랑·진번·임둔 3군이 먼저 설치되고 1년 뒤에 현도군이 설치되었던 것으로 볼 수 있다.

---

92) 和田淸, 1955, 앞의 논문 ; 김미경, 2002, 앞의 논문, 20~32쪽 ; 秋山進午, 2008, 「〈夫租 薉君〉銀印再考-2005年朝鮮北部旅行から-」『高麗美術館研究紀要』6, 高麗美術館研究所.
93) 『前漢紀』孝武皇帝紀3 卷第12, "東夷穢貊君南閭等口二十八萬人降 以爲蒼海郡".
94) 김기흥, 1987, 「고구려의 성장과 대외교역」『한국사론』16, 10~12쪽.
95) 이현혜, 1984, 『삼한사회형성과정연구』(일조각), 170쪽.

지금까지 위만조선의 영역을 한사군과의 관계 속에서 살펴보았다. 그런데 이러한 견해는 패수가 압록강이라는 기존의 통설에 기반을 둔 해석이다. 그러나 Ⅱ장에서 살펴본 것처럼 고조선과 한의 경계인 패수는 압록강이 아니라 혼하였다. 그렇다면 국경인 패수에서 압록강까지의 영역에 대한 해석이 문제로 남는다.

이와 관련하여 패수=압록강설의 문제점에 대해 좀더 살펴보자. 이 설의 주요한 근거 중의 하나는 요동군의 속현인 西安平縣의 위치이다. 1976년 압록강의 지류인 靉河 하구의 삼각주 상류 유적에서 한대 기와편에 '安平樂未央'이라는 명문이 발견되었는데 '安平'은 지명이고 '樂未央'은 한대 흔히 쓰이던 吉祥句로 본 것이다. 그래서 이 와당의 출토지점이 바로 한대 요동군 서안평현의 遺址라는 것이다. 따라서 한의 요동군과 고조선과의 경계였던 패수는 압록강 이서지역이 될 수 없게 된다.

물론 서안평현의 위치만을 기준으로 한다면 패수=압록강설은 충분히 설득력이 있다. 그러나 요동군을 포함하여 한대 군현의 移置와 置廢가 많이 일어났다. 『史記』 絳侯周勃世家에는

> P) (高祖 12년, 기원전 195년) 燕王 盧綰이 반란을 일으키자, 周勃은 相國의 신분으로 樊噲를 대신하여 부대를 이끌고 薊縣을 함락시키고 … 곧장 長城까지 추격하여 상곡 12현, 右北平 16현, 요서와 요동 29현, 어양군 22현을 평정하였다.[96]

라고 하여, 기원전 195년에 주발이 상곡군 12현, 어양군 22현, 우북평군 16현, 요서·요동군 29현을 평정한 것으로 되어 있다. 그런데 기원후 2년을

---

96) 『史記』 卷57 絳侯周勃世家 第27, "燕王盧綰 勃以相國代樊噲將 擊下薊 … 追至長城 定上谷十二縣 右北平十六縣 遼西遼東二十九縣 漁陽二十二縣".

기준으로 작성된 『한서』 지리지에 의하면[97] 상곡군은 15현, 어양군 12현, 우북평군 16현, 요서군 14현, 요동군 18현이다. 두 군의 현수 중에 일치하는 것은 우북평군 16현뿐이다. 한초의 어양군은 22현에서 12현으로 줄었으며, 요서군과 요동군의 합인 29현은 32현으로 늘어났다. 이것은 약 200년 사이에 상곡군~요동군의 속현의 치폐가 지속적으로 이루어졌다는 것을 보여준다.

또한 漢初에는 秦代에 주변 민족을 군현으로 편제했던 세력들이 모두 독립하였고, 무제 이후에도 창해군의 치폐와 기원전 82년 儋耳 · 眞蕃郡의 폐지, 현도군의 移置는 전한대 군현의 置廢 · 移置의 양상을 잘 보여준다. 특히 이러한 현상은 주변 이민족과 접경하고 있는 邊郡지역에서 많이 나타난다. 그것은 한과 주변 이민족과의 군사적 충돌 혹은 운영상의 이유 등으로 변화될 수밖에 없었다고 본다. 『한서』 지리지와 『후한서』 군국지의 내용을 비교해 보면 이러한 양상은 후한대까지도 지속되었던 것을 알 수 있다.

이런 점에서 『한서』 지리지의 요동군조의 속현의 수는 한초 혹은 한사군 설치 당시와 다소 차이가 난다는 것을 알 수 있다.[98] 즉, 『한서』 지리지 요동군의 속현은 『한서』의 편찬시점인 기원후 2년 당시의 상황을 반영한 것이라고 볼 수 있다. 따라서 전한 말기의 『한서』 지리지 요동군의 속현인 서안평현의 위치를 통해서 한초 요동군과 고조선의 경계가 서안평현[단동시] 이동에 있다고 보는 논리는 재고의 여지가 있다.

앞에서 살펴본 것처럼 고조선과 진의 경계는 압록강이었다. 즉, 중국을 통일한 진은 압록강까지를 황제의 일원적인 지배체제가 관철되는 군현체

---

97) 『漢書』 卷28上 第8上 京兆尹條에 의하면 지리지의 인구통계 기준이 元始二年(기원후 2년)인 것을 알 수 있다(권오중, 1996, 「고대 요동군의 위치문제 시론」 『길현익교수정년 기념 사학논총』, 71~72쪽.

98) 정찬영, 1963, 「고조선에 관한 몇 가지 문제들에 대하여」 『고조선에 관한 토론 론문집』, 149쪽.

제, 즉 요동군에 포함시켰다. 그러다가 한초에 고조선이 요동지역을 회복하자 한은 패수(=혼하)를 고조선과의 경계로 삼을 수밖에 없었다. 이것은 한초 요동군의 범위가 패수=혼하 이서지역에 한정되었다는 것을 말해 준다. 고조선은 진의 군현지배를 경험했던 이 지역에 연·제·조 유이민들을 받아들였던 것이다.[99] 결국 한이 고조선을 멸망시키면서 이 지역을 다시 요동군으로 편제했던 것으로 보인다. 요동군을 처음 설치한 것은 전국 연이었지만 요동군을 縣 단위로 실효적 지배를 했던 것은 바로 秦代에 가서야 가능했던 것으로 보인다. 『한서』지리지 요동군을 비롯하여 상곡·어양·우북평·요서군을 '秦置'라고 서술한 것은 바로 이러한 이유 때문이라고 판단된다. 따라서 패수=혼하 이동지역에서 압록강 이서지역에 이르는 곳은 秦故空地로서 위만조선이 멸망한 이후에 한의 요동군으로 다시 편제된 지역이라고 할 수 있다.

이 진고공지와 관련해서 『위략』의 기록을 주목해 보자.

> Q) (진이 전국을 통일한 지) 20여년이 지나 陳勝과 項羽가 起兵하여 天下가 어지러워지자, 燕·齊·趙의 백성들이 괴로움을 견디다 못해 차츰차츰 準王에게 망명하였다. 준왕은 이에 이들을 西方에 거주하게 하였다. … 위만이 西界에 거주하도록 해주면 중국 망명자들을 모아 조선의 藩屏이 되겠다고 준왕을 설득하였다. 준왕이 그를 믿고 총애하여 博士로 삼고 圭를 하사하여 100리 땅을 봉해 주어 西邊을 지키게 하였다.[100]

당시 진한교체기에 연·제·조민이 혼란한 정국을 피하여 고조선으로 망명하였고, 고조선 준왕은 이들을 고조선의 西方에 거주하게 하였다. 그리

---

99) 김남중, 2002, 「燕·秦의 遼東統治의 限界와 古朝鮮의 遼東 回復」 『白山學報』62.
100) 『三國志』 韓傳 『魏略』, "二十餘年而陳項起 天下亂 燕齊趙民愁苦 稍稍亡往準 準乃置之於西方 … 說準求居西界 (故)收中國亡命爲朝鮮藩屏 準信寵之 拜爲博士 賜以圭 封之百里 令守西邊".

고 준왕은 위만에게 博士로 봉하고 고조선의 西邊을 지키게 하였다. 여기에서 서방은 바로 패수 이동지역인 秦故空地라는 것을 알 수 있다.

그러나 진고공지는 고조선의 영역으로 포섭되기 이전에 진의 군현통치를 직접 받은 지역이다. 게다가 연·제·조민과 같은 중국 망명자들이 계속 유입되었던 곳이다. 이처럼 중원계 문화와 군현체제의 통치 경험을 겪은 지역을 준왕이 고조선의 통치 방식으로 효과적으로 다스리기 어려웠을 것이다.[101] 그래서 준왕은 중원계 문화에 익숙했던 위만에서 서변의 경계를 맡겼던 것으로 보인다. 이런 점에서 고조선의 서변에 해당하는 패수~압록강 지역, 즉 진고공지는 위만조선이 직접 통치하는 낙랑이나 진번·임둔과 같은 복속지역과는 그 성격을 달리 한다고 볼 수 있다. 결국 이 지역은 위만조선이 멸망한 이후 漢四郡이 아닌 遼東郡으로 편입되었다.

(2) 고조선의 인구

고조선의 직접적인 영역이라고 할 수 있는 낙랑지역과 복속지인 진번·임둔의 戶口 규모를 살펴보자. 최근 발굴된 평양 정백동 354호 목곽묘에서 출토된 〈樂浪郡 初元 4년 縣別 戶口簿〉(이하 호구부로 함)에는 초원4년(B.C. 45) 낙랑군 25개현의 戶口 통계가 기재되어 있다.[102] 그 25개현이 『한서』 지리지 낙랑군의 현과 일치한다는 점에서 상호 비교가 가능하다. 따라서 두 자료의 통계 수치를 이용한다면 낙랑군의 인구증가율을 산출하고 이를 역으로 계산하여 고조선 말기 단계의 이구를 추산할 수 있을 것이다.

주지하듯이 호구부는 初元 4년(B.C. 45)의 25개현에 대한 호구 기록이

---

101) 김남중, 2002, 앞의 논문.
102) 손영종, 2006, 「락랑군 남부지역(후의 대방군지역)의 위치-'락랑군 초원4년 현별 호구다소☐☐ 통계자료를 중심으로-」『력사과학』198 ; 손영종, 2006, 「료동지방 전한 군현들의 위치와 그후의 변천(1)」『력사과학』198 ; 윤용구, 2007, 「새로 발견된 樂浪木簡-樂浪郡 初元四年 縣別 戶口簿-」『한국고대사연구』46 ; 윤용구, 2009, 「平壤出土〈樂浪郡初元四年縣別戶口簿〉研究」『木簡과 文字 研究』3.

다. 이 호구부는 元始 2년(A.D. 2)에 작성된 『한서』 지리지 낙랑군의 호구와 비교가 된다. 또한 이 호구부는 전년도(B.C. 46)와 비교해서 작성된 것이기 때문에 모두 세 시기의 호구수를 비교할 수가 있다. 이를 정리해 보면 아래 표와 같다.[103]

4-1 | 낙랑군의 호구 변화 대조표

연도	戶口數		戶當口數	縣當 戶口數		戶口 增加率(%)	
	戶	口		戶	口	戶	口
初元 3년 (기원전 46년)	43,261	277,317	6.41	1,730	11,092	–	–
初元 4년 (기원전 45년)	43,845	286,261	6.53	1,754	11,450	1.35	3.23
元始 2년 (기원후 2년)	62,812	406,748	6.48	2,512	16,269	0.77	0.76

이 표에 따르면 초원 4년의 호수는 전년에 비해 호수는 584호가 늘어난 1.35%가, 구수는 8,944구가 늘어난 3.23%가 증가하였다. 이에 비해 47년 뒤인 기원 2년에는 해마다 호수는 0.77%, 구수는 0.76%가 증가한 것으로 나타난다.[104] 이러한 수치는 전한대 연평균 인구증가율 0.7~0.8%[105]와 부

---

103) 윤용구, 2010, 「낙랑군 초기의 군현 지배와 호구 파악」『낙랑군 호구부 연구』, 197쪽의 표를 일부 수정한 것이다. 일부 수치가 변경된 것은 표2처럼 총구수의 변화에 의한 수치상의 변화를 반영했기 때문이다.

104) 인구증가율 공식은 인구증가율＝{(비교연도인구－기준연도인구)÷기준연도인구}×100이다. 그리고 이 인구증가율을 통해 n년 후의 인구를 구하는 공식은 Pn＝Po×(1+r)×exp(n)이다(Pn : n년 후 인구, Po : 기준년 인구, r : 인구증가율, n : 연수). 윤용구(2010, 앞의 논문, 196~199쪽)는 초원 3년과 4년 사이의 호구와 인구증가율을 각각 0.63%와 2.82%가 증가한 것으로 계산하였으나 이 수치에는 약간의 오류가 있었던 것으로 보인다. 그가 제시한 수치에 의해 호구와 인구증가율을 계산하면 1.35%와 2.86%가 나온다. 그가 제시한 인구증가율 2.82%는 인구증가분을 기준연도 인구수로 나누어야 하는데 초원 4년인 비교연도 인구수로 나누었기 때문에 나온 잘못 계산된 수치이다. 필자는 본문에서 그와 달리 낙랑군 총구수를 286,261구로 산정했기 때문에 인구증가율이 3.23%가 나오게 되었다.

105) 葛劍雄, 1986, 『西漢人口地理』(人民出版社), 72~83쪽(李成珪, 1998, 「虛像의 太平—

·236· 고조선사의 전개

합된다. 초원 3년과 4년 사이에는 인구가 3.23%까지 갑자기 늘었지만 원시 2년까지 47년간의 장기적인 증가율은 전한대 인구 증가율과 비슷한 점을 알 수 있다. 즉 반세기에 가까운 기간 동안 낙랑군에서 파악한 장부상의 호구상황은 비교적 안정된 모습을 보여준다.[106] 이처럼 낙랑군이 기원전 45년 이후 안정적으로 인구가 증가했던 점을 고려하여 역으로 인구를 계산하면 군현 설치 당시인 기원전 108년의 상황도 유추할 수 있을 것이다.

그러나 인구증가율을 통해서 인구를 역으로 추정하는 데에 있어서는 몇 가지 변수를 고려하지 않을 수 없다. 첫째는 〈낙랑군 호구부〉가 과연 낙랑군 관할 범위에 있는 실제 호구 상황을 그대로 반영하고 있는가의 문제이다. 한대 작성된 정부 문서 중에 조작의 가능성이 이미 제기된 바 있으며,[107] 실제로 한무제대 南郡의 사례에서 보이듯이 관리가 호구의 수치를 일부 조작한 흔적을 확인할 수 있기 때문이다.[108]

실제로 어느 시대의 어떤 국가이든 無籍者를 포함한 호구를 완벽하게 파악할 수는 없다. 그러나 국가가 징세·군역 등 통치 행위를 위해서는 지역단위의 호구 파악이 가장 기본적이라고 할 수 있다. 따라서 국가가 파악하고 있는 호구 자료는 실제를 그대로 반영한다기보다는 국가가 재원을 확보하기 위한 최대한의 근거 자료라고 할 수 있다. 특히 이민족사회에 설치된 낙랑군에서 토착세력을 지배하기 위해서는 호구 자료가 가장 기본이 되었을 것이다. 실제로 〈낙랑군 호구부〉에는 縣別 호구를 전년도와 대비해서 구체적인 변동 사항까지 기록되어 있다. 이런 점으로 본다면 〈낙랑군 호구부〉가 토착사회의 실제 호구를 완벽하게 반영하지는 못할지라도 그 수치는

漢帝國의 瑞祥과 上計의 造作—」『古代中國의 理解』4, 124쪽 재인용).

106) 윤용구, 2009, 앞의 논문, 295~296쪽.

107) 李成珪, 1998, 앞의 논문, 113~139쪽.

108) 李成珪, 2009, 「帳簿上의 帝國'과 '帝國의 現實'—前漢 前 尹南郡의 編戶齊民과 그 限界—」『中國古中世史研究』22, 243~248쪽

당시 호구 추세를 상당히 반영하고 있다고 볼 수 있을 것이다.

둘째는 낙랑군의 인구증가율을 통해 고조선의 인구를 추정하는 것이 논리적으로 가능한가의 문제이다. 고조선은 한과의 1년간 전쟁을 통해 인구가 많이 감소하였을 것이다. 군현 설치 이후에는 요동군으로부터 관리를 데려왔고[109] 商人을 비롯하여 漢人들의 일부 유입되었기 때문이다. 반면에 한의 군현통치를 거부하고 辰國 등으로 이주했던 집단들도 상정할 수가 있다.

이와 관련하여 한이 군현을 설치하는 방식과 그 지배 방식을 살펴봄으로써 위만조선 시기와 낙랑군 시기의 호구를 비교하는 것이 타당한지를 검토해 보자.

한대에 縣을 편성하는 기준은 『한서』 백관공경표에 의하면 면적은 사방 100리를 기준으로 하고 호수는 1만호를 기준으로 하되 가감을 고려한다고 되어 있다.[110] 이에 비해 『한서』 지리지에서 낙랑군은 현당 평균 호수는 약 2,512호이다. 서북지역의 隴西·金城·天水·武威·張液 등 군현의 평균은 약 3,225호로 나타난다. 이러한 수치는 같은 시기 內郡 총 39군에서 현당 평균 11,149호와 큰 차이가 있다. 이것은 호수에 관한 규정은 내군을 기준으로 삼았기 때문에 변군에서는 군현 설치 이전에 존재하였던 기존 세력 집단의 영역과 함께 산천 경계에 의한 지형적 구분이 비교적 잘 갖추어진 상황에서 면적에 의한 방백리의 규정을 기계적으로 적용하기 어려웠던 것으로 볼 수 있다.[111] 특히 표2에 보이는 기원전 45년의 현별 인구수가 수백~수천에 걸쳐있는데, 이것은 한이 고조선의 토착적 질서를 그대로 받아들여서 현을 설치했던 것을 알 수 있다.

이처럼 한은 내군과 외군의 군현 분정 기준이 달랐다. 이것은 군현지배

109) 『漢書』 卷28下 地理志 第8下, "郡初取吏於遼東".
110) 『漢書』 卷19 百官公卿表, "縣大率方百里 其民稠則減 稀則曠 鄉亭亦如之", "萬戶以上爲令 秩千石至六百石 減萬戶爲長 秩五百石至三百石".
111) 오영찬, 2006, 『낙랑군 연구』, 68~69쪽.

방식에 있어서도 차이가 난다. 한은 변군을 설치한 이후에도 기존 토착세력의 지배구조와 지배세력이 그대로 유지되었다. 익주군에는 전왕이 존재하고 있었고, 장가군에는 야랑왕·구정왕·누와후가, 영창군에는 애뇌왕 등이 여전히 있었다. 이들은 군현이 설치되었음에도 불구하고 여전히 자신의 지위를 인정받고 유지했으며, 민에 대한 통솔권은 물론 군태수와 현령이 통제할 수 없을 정도의 군사력까지 보유하고 있었다. 이로 보아 한은 이민족을 지배하는 방법의 하나로 기존 지배 세력의 지위와 기반을 온존시킨 위에서 군현 지배를 관철시켜 나갔던 것으로 보인다.[112]

이와 같은 한의 변군 통치 방식은 낙랑군에 있어서도 크게 차이가 없었다. 즉, 한은 고조선 국가의 중앙권력 기구를 해체하고 중앙지배세력에 대한 정리 작업을 하면서도 한편으로 고조선의 독자적인 세력 기반을 가진 다수의 재지세력을 그대로 온존시키면서 그들을 통제하면서 군현지배를 관철시켰던 것으로 볼 수 있다.[113]

한은 군현 설치 초기에 요동군으로부터 관리를 데려오기는 했으나 지속적인 것은 아니었다. 그리고 본토에서 대규모 사민을 시행하지는 않았다. 따라서 고조선 멸망 이후 기원전 1세기대에 낙랑군 지역의 큰 인구 변동의 요인은 없었다고 볼 수 있다.

이처럼 한이 기존의 고조선사회를 크게 해체하지 않고 군현지배를 했던 점을 고려해 볼 때, 호구부와 『한서』 지리지에 나타난 호구·인구증가율을 통해서 역으로 고조선 멸망 직전(B.C. 108)과 위만이 진번과 임둔을 복속시켰을 것으로 추정되는 기원전 191년의 시점의 호구를 추정하는 데에 큰 무리는 없을 것이다. 다만 이러한 시도는 대략적인 흐름을 추정하는 것일 뿐 절대적인 것은 아니라는 점을 밝히면서 논의를 전개하고자 한다.

---

112) 오영찬, 2006, 앞의 책, 70~71쪽.
113) 오영찬, 2006, 앞의 책, 72~75쪽.

호구부는 3개의 木牘으로 이루어져 있다. 서술 방식은 각 현의 호수·구수를 전년도와 비교하였으며 마지막에는 전체 25개 현의 호수·구수의 총합과 전년도와 증감을 표시하였다. 현별 기재는 제1구역으로 조선현을 시작으로 原낙랑군의 7개 현(朝鮮~屯有)을, 제2구역으로 옛 진번군의 7개 현(帶方~含資)을, 제3구역으로 영서지역의 5개 현(遂成~吞列)을, 제4구역으로 영동지역의 7현(東暆~夫租)의 순서로 이루어졌다. 이중에서 제3구역과 제4구역은 옛 임둔군의 속현으로 후자는 부조현과 함께 동부도위의 관할이었다.[114] 이처럼 호구부에는 『한서』 지리지 낙랑군의 기재 방식과 달리 原낙랑군, 옛 진번군, 영서, 영동의 순서대로 정연하게 기록되어 있다. 낙랑군 호구부에 기재된 25개 현의 호구수를 기준으로 호구증가율 0.77%와 구수증가율 0.76%을 역으로 적용하여 계산하면[115] 표2와 같이 정리할 수 있다.[116]

호구부에서는 마지막에 각 현의 戶數와 口數의 총합을 적어 놓았다. 이론적으로는 이 총합이 각 현의 호수와 구수를 모두 합한 수치와 일치해야 한다. 윤용구의 석문과 통계치에 따라 계산해 보면, 각 현의 호수를 일일이 합한 값과 호구부의 호수 총계가 일치한다. 그렇다면 구수도 마찬가지로 일치해야 할 것이다. 그런데 부조현의 구수와 호구부의 구수 총계는 판독을 정확히 할 수 없어서 각각 10,□76(*1)과 28□,261(*4)로 추정할 수밖에 없다.

그러나 이 두 구수는 수학적으로 계산하면 복원할 수가 있다. 먼저 부조현을 제외한 24개현의 구수의 합은 275,430구이다. 여기에 부조현의 구수를 더하면 28□,261구가 나와야 한다. 즉, '총구수 28□,261(W)=(24현의 구수 합계 275,430)(X)+(부조현 구수)(Y)'로 요약할 수 있다. W의 백단

114) 윤용구, 2010, 앞의 논문, 187~190쪽.
115) 호구·인구증가율은 정확성을 위해 소수점 4자리인 0.7677%와 0.7577%를 적용하였다.
116) 이 표는 윤용구(윤용구, 2010, 앞의 논문)의 釋文과 통계표를 바탕으로 재구성한 것이다.

郡名	縣名	기원전 108년		기원전 45년	
		戶數	口數	戶數	口數
1 樂郎	朝鮮	5,978	35,360	9,678	56,890
	誹邯	1,411	8,917	2,284	14,347
	增地	338	2,084	548	3,353
	占蟬	642	3,936	1,039	6,332
	馹望	792	4,594	1,283	7,391
	屯有	2,981	13,616	4,826	21,906
	소계	12,142	68,506	19,658	110,219
2 眞番	帶方	2,684	17,988	4,346	28,941
	列口	505	3,258	817	5,241
	長岑	422	3,065	683	4,932
	海冥	209	1,549	338	2,492
	昭明	397	2,757	643	4,435
	提海	107	810	173	1,303
	含資	212	1,748	343	2,813
	소계	4,536	31,175	7,343	50,157
3 領西	遂成	1,856	11,866	3,005	19,092
	鏤方	1,442	10,331	2,335	16,621
	渾彌	1,086	8,240	1,758	13,258
	浿水	712	5,493	1,152	8,837
	呑列	1,228	10,150	1,988	16,330
	소계	6,324	46,080	10,238	74,138
4 領東	東暆	172	1,251	279	2,013
	蠶台	336	2,582	544	4,154
	不而	966	7,675	1,564	12,348
	華麗	797	5,665	1,291	9,114
	邪頭昧	768	6,393	1,244	10,285
	前莫	330	1,866	534	3,002
	夫租	710	6,732	1,150	(*1) 10,□76 (*2) 10,831
	소계	4,080	32,163	6,606	(*3) 51,747
합계		27,082	177,923	43,845	(*4) 28□,261 (*5) 286,261

※ *2와 *5는 필자가 산술적으로 계산하여 보정한 수치이다.

위 이하가 261이므로 이를 만족하는 Y값의 백단위 이하는 831로 끝나야 한다. 또한 부조현의 구수의 석문이 "萬□百□□□"이므로 Y값은 1만 단위의 숫자이며 천단위에 해당하는 숫자는 없다. 그렇다면 이러한 조건에 해당하는 숫자는 10,831밖에 없다. 따라서 부조현의 구수(Y)는 10,831구(*2)이며, 4구역의 소계는 51,747(*3)이고, 낙랑 25개 현의 총구수(W)는 286,261구(*5)가 된다.

부조현의 구수(Y)를 석문에서 10,□76로 판독하였는데 여기에는 판독의 오류가 있었던 것으로 보인다. W값이 홀수로 끝나고 X값이 짝수이기 때문에 Y값은 당연히 홀수일 수밖에 없다. 물론 이것은 산술적인 계산에 의해 추정된 값이다. 따라서 판독자의 견해를 통계상의 수치로 일방적으로 무시할 수는 없다. 왜냐하면 산술적인 수치만을 의존하다 보면 호구부의 판독문을 조작할 가능성이 있기 때문이다.

이처럼 수치가 일치하지 않는 원인에 대해서는 몇 가지로 나누어 살펴볼 수 있다. 첫째는 호구부 木牘을 작성한 관리의 계산상 실수일 가능성이다. 그러나 25개현의 호수 합계와 호구부의 총계가 정확히 일치하는 점에 비추어 본다면 관리의 실수라고 하기는 어렵다. 둘째는 호구부의 석문 중에서 다른 구수에 해당하는 부분에서 판독을 잘못했을 가능성이다. 이것은 부조현의 구수를 10,□76로 본 것이 정확하다는 전제에서만 가능하다. 셋째는 부조현의 구수에 해당하는 10,□76가 誤讀일 가능성이다. 이것은 나머지 현의 구수 판독이 정확하다는 전제에서만 가능하다.

필자는 호구부 원본을 직접 확인하지 못하고 사진으로만 판독해야 하는 상황에서 둘째와 셋째 경우가 모두 가능성이 있다고 본다. 그러나 부조현의 구수 부분을 제외한 나머지 부분 전체에 대한 판독자의 견해를 존중할 때 부조현의 구수를 10,831(*2)로 보는 것이 옳다고 본다. 이에 따라 제4구역 구수 소계를 51,747(*3)로, 25개현 구수 총계를 286,261(*5)로 보고자 한다. 설사 부조현의 구수가 정확하지 않다고 하더라고 호수가 1,150호로 정확하기 때문에 당시 호당 평균 구수를 산정한다면 당시 낙랑군 25개현의 전체 호구수를 이해하는 데에 큰 지장은 없을 것이다.

이처럼 낙랑군 호구부를 이해했을 때, 위만조선 멸망 직전에 왕검성(조선현)은 5,978호, 35,360구 정도이었으며,[117] 낙랑·진번·임둔지역은 전체적으로는 27,082호, 177,923구로 파악된다. 한편 기원전 128년에 예군 남려가 속한 예맥집단의 280,000구를 낙랑군의 인구증가율을 적용하여 기원전 108년의 인구를 계산하면 325,628구 정도가 된다. 이를 다시 호당 구수인 6.5명으로 나누면 예맥집단의 호수는 약 50,097호로 추정된다. 이러한 수치로 근거로 볼 때, 위만조선의 영역 안의 인구보다 그 외곽에 있던 예맥집단의 인구가 약 2배 정도가 많은 것으로 추정된다.

한편, 3세기 중반 단계인『삼국지』동이전에 보이는 부여는 戶가 8만, 고구려는 3만, 동옥저가 5천, 예가 2만이었고, 마한의 大國이 만여 家, 小國이 수천 家이었으며 54개국이 총 10여만 戶이었다. 위만조선의 호구가 약 77,179호, 503,551구이었는데 이것은 약 350년 정도의 시차가 있지만 3세기 중반 부여의 인구 규모와 비슷했을 것으로 추정된다. 또한 왕검성[조선현]이 5,978호고 낙랑지역이 12,142호인 점을 본다면 상대적으로 왕검성은 3세기 중반 마한 소국보다 컸고, 낙랑지역은 마한 대국 만여 家보다 훨씬 그 규모가 컸다고 볼 수 있다.

조선상 역계경이 辰國으로 갈 때 2,000호가 따라 갔다. 대체로 위만조선의 相은 독자적 세력기반을 갖고 있던 首長的 존재였으며 중앙권력은 이러한 상들의 연합체적 성격을 띠고 있다고 한다.[118] 역계경의 사례에서 알 수 있듯이 조선상이 집단적으로 이탈했기 때문에 위만조선의 왕권이 상들을 제어할 수 있을 정도로 집권력이 강력하지 못한 것으로 이해하였다. 그러나 역계경의 2,000호가 위만조선 전체, 혹은 낙랑지역에서 차지하는 비

---

117) 김정배는 기원전 108년 낙랑군 조선현의 인구를 35,151명으로 추산하였다(김정배, 2010, 앞의 책, 559~581쪽).
118) 노태돈, 2000, 「위만조선의 정치구조」『단군과 고조선의 이해』.

율이 어느 정도인지는 구체적으로 파악할 수가 없었다.

　이런 점에서 역계경의 2,000호를 위만조선의 호구와 비교할 필요가 있다고 본다. 당시 왕검성이 있던 조선현은 5,978호에 35,360구로, 낙랑지역 전체는 12,142호에 68,506구로 추정된다. 역계경의 2,000호는 당시 호당구수인 6.5구로 계산하면 13,000구 정도로 추정된다. 이러한 규모는 왕검성[조선현] 전체 호수의 1/3에, 낙랑지역 전체 호수의 1/6 정도에 해당되는 규모라고 볼 수 있다. 따라서 조선상 역계경이 갖는 지역적 기반은 매우 컸으며 이들의 이탈로 인해 위만조선은 지배체제 유지에 매우 큰 타격을 입었을 것으로 추정된다.

　『사기』 조선열전에는 한은 처음 위만조선을 공격할 때 5만명을 보냈다. 이에 비해 위만조선의 병사는 정확히 알기 어렵다. 浿水를 건너는 太子를 호위했던 병사[人衆]가 萬餘명이라고 했던 것으로 보아 대략적으로 추정할 뿐이었다. 그러나 위의 표에서 계산된 수치와 신라 진평왕대 薛氏女의 사례에 비춰어[119] 호당 1명의 병사를 차출한다고 가정할 때,[120] 위만조선의 호수가 약 27,082호로 추정되므로 약 27,000여명의 군사 동원이 가능하다고 할 수 있다. 고대사회의 전쟁이 전인민을 대상으로 하는 총력전이라고 했을 때, 동원 가능한 병력이 훨씬 많았을 것이다. 『사기』 조선열전에서 태자를 호위했던 1만여명의 병력은 충분히 동원 가능한 것이라고 할 수 있다.

　여기에서 한 가지 더 고려해야 사항이 진고공지에 거주하는 위만조선의 호구이다. 『위략』에서는 "天下가 어지러워지자, 燕·齊·趙의 백성들이 괴로움을 견디다 못해 차츰차츰 準王에게 망명하였고 준왕은 이에 이들을 西方에 거주하게 하였다."고 하여 위만조선 성립 이전부터 패수 이동지역에는 한의 망명인들이 계속 유입되고 있었다. 그리고 『사기』 조선열전에는 "우거

---

119) 『三國史記』 卷48 列傳 第8 薛氏女.
120) 서영교, 2011, 「薛氏女傳」 嘉實 '防秋'의 視空間」 『한국고대사탐구』 8.

에 이르는 한의 망명인들을 유인하는 바가 점점 많아졌다(傳子至孫右渠 所誘漢亡人滋多)"고 하여 위만조선 말기에도 여전히 한의 망명인들이 계속 유입되었던 것을 알 수 있다. 이 유이민들은 대체로 패수 이동지역에 거주하였던 것으로 볼 수 있다. 그렇다면 이들 漢系 유이민들까지 위만조선의 호구에 포함시킨다면 위만조선 전체의 인구는 그 규모가 더욱 컸을 것이라고 볼 수 있다.

이제까지 낙랑군 호구부 자료를 통해서 고조선 단계의 인구 규모를 산출해 보았다. 물론 이러한 수치는 산술상의 통계치에 불과하다고 볼 수도 있지만 고조선의 인구 규모를 대략적으로 파악하는 데에 일정한 의미가 있다고 생각한다. 한 국가의 성격을 파악하는데 있어서 그 영역과 인구는 가장 기본적인 자료라고 할 수 있다. 기존에는 고조선 말기의 인구 규모를 『한서』지리지의 호구 통계를 통해서 추론하는 정도였다. 그러나 낙랑군 호구부를 『한서』지리지와 함께 검토함으로써 고조선의 戶口에 대해 좀더 구체적으로 접근할 수 있게 되었다고 본다.

3) 고조선의 지배구조와 성격

(1) 지배구조의 특징

고조선의 지배구조와 관련해서는 右渠代에 보이는 相·將軍·裨王 등 관명의 분석을 통해서 유추해 보고자 한다. 먼저 相에 대해 알아보자. 相職에 있었던 인물로는 우거대에 辰國으로 망명한 朝鮮相 歷谿卿과 한에 투항한 朝鮮相路人·相韓陰·尼谿相參 등이 있다. 한에 투항한 이후 논공행상에서 列侯에 봉해진 5인 중에서 2명의 상과 1명의 상의 아들이 있었던 점으로 보아 고조선의 지배구조에서 상의 위치가 중요했던 것으로 보인다.

조선상 역계경은 우거에게 간하였으나 받아들여지지 않자 辰國으로 갔다. 이때 그를 따르는 자가 2,000여 戶나 되었다고 한다.[121] 표2에서 기원전 108년의 호구 추정표를 보면 당시 2,000호가 넘는 현은 원낙랑군의 조선현(5,978호)과 둔유현(2,981호), 그리고 제2구역인 옛 진번군의 대방현(2,684호)뿐으로 당시 고조선에서 상당히 큰 주변 소국에 해당하는 정도의 세력규모라고 할 수 있다. 따라서 이 정도 규모의 세력을 독자적으로 움직일 수 있는 역계경은 단순한 관료로 보기는 어렵다. 2,000호 정도가 집단적으로 고조선으로부터 이탈할 정도라고 하면 아마도 역계경은 그 지역에서 加・干과 같은 首長的 존재였던 것으로 볼 수 있을 것이다.

다른 상들도 장군 왕협과 함께 한에 집단적으로 투항을 한 점으로 보아 역계경처럼 나름대로의 독자적 세력을 갖춘 집단의 수장이었을 것으로 보인다. 이들이 투항 이후 한으로부터 봉작을 받았는데, 남월이나 흉노에서 투항하여 열후에 봉해진 자들이 대부분 독자적인 세력을 보유하고 있었던 것으로 보아 이들 상의 성격을 유추해 볼 수 있다.[122] 尼谿相參의 경우에도 지명으로 볼 수 있는 尼谿가 冠稱된 것으로 보아 삼 역시 역계경처럼 니계를 독립적인 지역기반으로 하여 중앙정부에 참여한 토착세력의 수장이었던 것으로 보인다.[123] 이처럼 고조선의 상은 지역적 세력기반이 있는 加・干과 같은 수장적 존재였다고 할 수 있다.

고조선의 相은 秦漢代 중국의 相制의 영향을 받은 것으로 보인다.[124] 相은 군주의 家臣職으로서 춘추시기에는 주로 제후가 朝聘宴會할 때 輔導行禮의 임무를 맡았다. 그러다 점차 정치・군사적 임무를 맡으면서 전국시대

121) 『三國志』卷30 烏丸鮮卑東夷傳 第30 韓傳, "魏略曰 初 右渠未破時 朝鮮相歷谿卿以諫右渠不用 東之辰國 時民隨出居者二千餘戶".
122) 노태돈, 2000, 「위만조선의 정치구조」『단군과 고조선의 이해』, 101~102쪽.
123) 하일식, 2000, 「삼국시대 관등제의 특성에 대하여」『한국고대사논총』10, 142~144쪽.
124) 金光洙, 1994, 앞의 논문, 4~5쪽 ; 노태돈, 1998, 앞의 논문, 190~194쪽 ; 송호정, 2002, 「위만조선의 정치체제와 삼국 초기의 부체제」『국사관논총』98, 5~6쪽.

에 이르러서 군주권이 전제화 되어감에 따라 그 지위가 높아져 전국 후기에 는 百官의 長으로서 국정을 총괄하는 首相의 직이 되었다. 이러한 丞相制는 진대에 이르러 중앙 정부 기구로서 확실히 제도화되었다. 한초에는 제후국 에도 황제가 임명한 相國을 두어 중앙에서 제후국을 통제하는 제도적 장치 로 삼았다.[125]

이러한 相制는 남월과 흉노에서도 나타난다. 남월의 相 呂嘉는 왕에 대 항하여 다른 대신들과 모의하여 반란을 일으킬 정도로 세력이 막강하였다. 그러나 남월의 상은 여가의 집안이 3명의 왕을 섬겼던 것[126]으로 보아 중 국과 달리 세습적 성격이 강하다고 할 수 있다. 흉노에도 상이 있지만 중국 처럼 관료적 존재가 아니라 世官的 성격의 24長 밑에 있는 家臣的 존재였 다.[127]

고조선·남월·흉노에서는 각기 상이라는 직책이 있었지만 중국의 그 것과 실질적인 내용이 같지는 않았다. 그러나 외형상으로 상이라고 했던 것 은 비록 그 성격에서 차이가 있지만 외형적으로 왕 아래서 주요 국정을 수 행한 최고 관직이었기 때문에 상이라는 명칭을 취한 것으로 볼 수 있다.[128] 후한대 응소가 『한서』 조선열전에 주석을 달면서 "戎狄이 官紀를 몰라 모두 相이라고 칭했다(戎狄不知官紀 故皆稱相)"고 한 것은 바로 이런 점 때문이 라고 볼 수 있다.

이처럼 고조선의 상은 독자적인 세력기반을 갖고 있던 수장적 존재였으 며 고조선의 중앙권력은 바로 이러한 상들의 연합체로서의 성격을 띠고 있 었다. 고조선의 왕권은 이러한 상 연합체의 위에 있었다. 따라서 고조선의 왕권은 지역적 기반을 가진 조선상 역계경처럼 집단적으로 이탈할 수 있을

---

125) 孟祥纔, 1996, 『中國政治制度通史(第3卷 秦漢)』(人民出版社), 156~159쪽.
126) 『史記』卷113 南越列傳 第53.
127) 『史記』卷110 匈奴列傳 第50.
128) 노태돈, 2000, 앞의 책, 102쪽.

정도의 결속력이 약했기 때문에 강력한 왕권을 기대하기는 어려운 구조라고 할 수 있다.

이러한 왕권의 지지기반과 관련하여 將軍의 존재가 주목된다. 이 관직은 장군 왕협의 사례 하나밖에 없어서 비교할 대상이 없지만 그 명칭상에서 중국의 武官的 官僚 제도를 받아들인 것으로 보인다. 중국에서 장군직은 전국시기 열국 간의 각축전이 심해지면서 文武를 겸비하던 相職에서 분리되었던 것으로 왕의 군사적 기반을 담당하는 막료적 관료라고 할 수 있다. 이처럼 고대사회에서 군사 관련 관직이 가장 먼저 분화하는 것은 보편적인 현상이라고 할 수 있다.[129]

장군 왕협은 왕씨 성을 가진 자로 볼 수 있다. 이 왕씨와 관련해서는 『後漢書』王景傳이 주목된다. 왕경의 선조인 王仲은 기원전 177년에 齊北王 興居의 반란을 계기로 산동에서 낙랑군 지역으로 이주했던 인물이다.[130] 이를 보면 유이민 중에 왕씨 성을 가진 자가 꽤 있었고 왕협도 그 중의 하나로 볼 수 있을 것이다.[131] 그렇다면 왕협의 선조는 위만과 함께 고조선으로 망명한 유이민 집단 중의 하나일 가능성이 높다.

위만은 유이민을 규합해서 고조선의 왕권을 장악하였다. 이 유이민 집단이 위만의 핵심 세력이라고 할 수 있다. 위만이 정권을 장악하고 지배세력을 재편할 때 왕의 近侍的 존재이자 무력적 기반인 장군직에는 반드시 자신의 핵심 세력에게 맡겼을 것이다. 우거대의 장군 왕협은 바로 이러한 유이민 집단으로서 장군직을 맡았던 위만의 핵심세력의 후손일 것으로 추정된다. 상과 장군 왕협이 한에 투항하였을 때 그는 1,480호 나머지 투항자에 비해 훨씬 많은 봉호를 받았다. 장군 왕협이 相이 아니었는데도 상보다 더

129) 金瑛河, 1995, 「韓國 古代社會의 政治構造」『韓國古代史研究』8, 39쪽.
130) 權五重, 1992, 앞의 책, 22쪽.
131) 송호정, 2002, 앞의 논문, 13쪽.

많은 봉호를 받은 것으로 보아 고조선의 왕권에서 장군직이 갖는 의미가 매우 컸던 것으로 볼 수 있다.[132]

고조선 왕권의 세력기반과 관련하여 주목되는 것이 장군 외에 裨王이 있다. 비왕은 조선에 왔던 한의 사신 涉何를 전송하다 살해된 長이라는 인물이다. 섭하는 돌아가서 보고하기를 자신이 朝鮮의 將帥를 죽였다고 하였다. 비왕이 장수의 임무를 수행했던 것을 보면 무관적 성격의 관직인 것을 알 수 있다.

비왕은 조선뿐만 아니라 흉노에도 있었다. 흉노에서는 左右賢王 · 左右大將 등 24명의 王 · 將 밑에 裨小王이란 관직을 두었다. 한의 衛靑이 흉노의 右賢王을 공격하면서 裨小王 10여인을 사로잡았는데 한무제가 위청이 匈奴王 10여인을 잡았다고 하였다. 또 渾邪王의 裨王인 呼毒尼를 裨將이라고도 하였다.[133] 이처럼 흉노의 비왕은 漢人이 흉노왕이라고 한 것으로 보아 좌우현왕 같은 왕은 아니지만 小王으로 인식되었던 것을 알 수 있다. 또한 비왕을 裨將이라고 한 것으로 보아 군사적인 임무를 수행했던 것을 알 수 있다. 『史記索隱』에서는 小顔이 "裨王 小王也 若裨將然"이라고 주석한 것은 흉노 비왕의 성격을 잘 이해한 것으로 볼 수 있다.

고조선의 비왕도 흉노의 비왕과 유사한 것으로 보인다. 고조선의 비왕은 語義上 王을 裨補할 수 있는 近親의 왕족에게 주어진 小王에 해당된다고 판단된다.[134] 그렇다고 비왕을 王子라고 보기는 어려울 것이다. 고조선에는 이미 太子가 별도로 있었기 때문이다. 이것은 흉노에서도 비왕과는 별도로 왕자가 있었던 것과 같다고 할 수 있다.

이와 달리 비왕을 相에 예속되어 있던 족장으로 이해하는 견해가 있다.

---

132) 노태돈, 2000, 앞의 책, 104쪽.
133) 『史記』 卷111 衛將軍驃騎列傳 第51.
134) 金光洙, 1994, 앞의 논문, 5~6쪽.

상이 왕권에 대해 예속되어 있듯이 비왕은 상의 일정한 통제를 받으면서 자신이 속한 읍락을 자치적으로 이끌어 나가던 족장이라고 보는 것이다.[135] 또한 비왕을 중앙 관료조직에서 구체적인 실무를 처리하는 관직으로 보고, 비왕을 문관직인 相職 외에 무관직인 장군직 밑에도 있었던 것으로 이해하기도 한다.[136] 위만이 加 · 干的 성향의 지배세력을 상으로 재편한 이상, 왕 밑에 小王的 성격의 비왕이 있듯이 상 밑에도 그와 유사한 성격의 조직이 있었을 것으로 볼 수는 있다. 이것은 고구려에서 大加가 왕과 같이 使者 · 皁衣 · 先人의 관직을 두었던 것과 유사하다고 볼 수 있다. 그러나 아마도 왕제가 도입된 이상 상 밑에 있던 소왕적 존재에게 裨王처럼 王號와 관련된 명칭이 사용되었을 가능성은 낮다고 보인다. 설사 고구려처럼 같은 명칭을 사용하였더라도 왕 직속의 비왕과는 차별이 있었을 것으로 보인다.

이 외의 관직명으로 大臣이 보인다. 『사기』 조선열전에는 한과의 전투 과정에서 루번장군에게 사람을 보내어 항복할 것을 공모한 朝鮮大臣이 있었다. 이 대신은 아마도 한에 투항한 朝鮮相路人 · 相韓陰 · 尼谿相參 · 將軍王唊을 지칭하는 것으로 보인다. 즉, 고조선의 高官인 相이나 將軍을 대신이라고 했던 것을 알 수 있다. 흉노에서는 24長을 '諸大臣皆世官'이라 하고,[137] 남월에서는 고급 관리를 대신이라고 한 것[138]으로 보아 대신을 특정 관직으로 보기는 어렵다고 할 수 있다.[139] 한편 한과 전쟁에서 끝까지 항전한 大臣 成己가 있는데 구체적인 관직명이 없는 것으로 보아 相이나 장군과 같은 관리 중의 한 명이었던 것으로 추측된다.

지금까지 살펴본 것처럼 고조선은 상을 대표로 하는 재지세력들과 유이

---

135) 盧泰敦, 1998, 앞의 논문, 197~203쪽.
136) 송호정, 2003, 앞의 책, 419~422쪽.
137) 『史記』卷110 匈奴列傳 第50.
138) 『史記』卷113 南越列傳 第53.
139) 盧泰敦, 1994, 앞의 논문, 195~198쪽.

민을 주축으로 하는 왕권이 결합하여 중앙의 권력구조를 이루었다. 상이 속한 집단은 왕권에 의해 일정한 통제를 받았으나 내부적으로 독자적인 세력을 유지하고 있었다. 왕은 자신의 밑에 장군직을 두어 군사적 기반을 확고히 하고자 했다. 또한 왕권을 강화시키고자 왕의 근친세력으로서 親王的·小王的 성격의 裨王을 두었다.

(2) 복속지 지배방식과 대외교역

고조선은 진번·임둔 등 주변 세력을 복속시켰다. 그렇다면 고조선이 이들 복속지역을 어떻게 지배했는지에 대해 살펴보자. 이와 관련하여 고조선 멸망 직후 한의 군현 설치 과정을 살펴볼 필요가 있다. 한은 예맥지역에 현도군을, 고조선지역에 낙랑·진번·임둔군을 설치하였다. 이중 한이 고조선 지역을 3군으로 나눈 것은 기존 고조선의 지배 체제에 의해 편제된 낙랑·진번·임둔이라는 지역 구도를 그대로 받아들인 것으로 볼 수 있다. 이것은 역으로 위만 당시 복속된 진번·임둔이라는 지역적 편제가 고조선 멸망까지 그대로 이어졌기 때문에 가능했던 것이라고 할 수 있다. 따라서 고조선은 위만 집권 당시 새로 복속한 진번·임둔지역에 대해 토착적 질서를 해체하지 않고 기존의 체제를 그대로 유지한 채로 지배했던 것으로 볼 수 있다.

이러한 지배 방식은 비슷한 시기 남월의 사례에서도 나타난다. 南越은 西甌·駱을 정복하고 그 지역을 交趾郡과 九眞郡으로 나누고 使者를 파견하여 간접 지배하되 행정에는 간여하지 않았다. 이러한 방식은 고구려가 동옥저의 大人을 뽑아 使者로 삼고 그를 통해 간접 지배했던 것[140]과도 유사하다고 할 수 있다.

간접 지배 방식은 진번·임둔지역에도 그대로 적용되었을 것으로 보인

---

140) 『三國志』卷30 烏丸鮮卑東夷傳 第30 東沃沮, "句麗復置其中大人爲使者 使相主領".

다. 초원 4년 호구부에서도 알 수 있듯이 옛 진번군 지역에서 가장 큰 帶方縣이 4,346호 28,941구이며, 가장 작은 규모인 提奚縣이 173호, 1,303구의 규모였다. 대부분의 현이 호수가 1,000호를 넘지 않는 수백 단위의 아주 작은 현이라고 할 수 있다. 낙랑군에서 이러한 소수의 현들을 호구수에 따라 새로 分定하지 않고 그대로 유지했는데[141] 이것은 고조선 이래의 사회기반을 용인하고 그대로 활용했던 것으로 볼 수 있다.[142] 이를 역으로 추론해 본다면 고조선도 복속 지역인 진번·임둔지역의 토착사회를 해체하지 않고 그 지역의 최고 首長을 통해서 그 지역을 집단적·간접적으로 지배했던 것으로 볼 수 있다.

먼저 고조선이 옥저지역 지배방식을 살펴보자. 『삼국지』 동이전 동옥저조에는 "한초에 연망명인 위만이 조선의 왕이 되었다. 이때 옥저도 모두 복속하게 되었다"[143]고 한 것으로 보아 위망의 집권시에 옥저가 고조선에 복속했던 것을 알 수 있다. 고조선의 옥저 지배방식과 관련해서 고구려의 옥저 지배방식을 참고해 보자. 『삼국지』 동이전 옥저조에는 "구려는 그 (옥저 인물) 중에서 大人을 두고 使者를 삼아 (토착 거수와) 함께 통치하게 하였다. 또 대가로 하여금 조세수납을 통괄케 하여 貊布·魚·鹽·海中食物 등의 특산품을 운반하게 하였다"[144]고 되어 있다. 고구려는 현지 토착 수장을 통해 간접 통치를 하였으며 그에게 그 지역 특산품을 운반하는 일까지 맡겼던 것이다. 고구려는 동옥저사회를 해체시키지 않고 그대로 온존시키면

---

141) 武帝代 초기 南郡의 7縣 3侯國 총인구가 99,103구였는데 이 중에서 가장 많은 江陵縣이 20,626구이고 가장 작은 顯陵縣은 1,673구로 집계되었다(李成珪, 2009, 앞의 논문, 248쪽). 여기에서도 구수에 따른 인위적인 縣 分定은 이루어지지 않은 것임을 알 수 있다.

142) 윤용구, 2007, 앞의 논문, 260~261쪽.

143) 『三國志』 卷30 烏丸鮮卑東夷傳 第30, 東沃沮, "漢初 燕亡人衛滿王朝鮮 時沃沮皆屬焉".

144) 『三國志』 卷30 烏丸鮮卑東夷傳 第30 東沃沮, "句麗復置其中大人爲使者 使相主領 又使大加統責其租稅 貊布魚鹽海中食物 千里擔負致之".

서 그들을 종족적으로 묶어 집단적으로 지배하였던 것을 알 수 있다. 이처럼 중앙의 지배권력이 다른 지역집단에 대해 공동체 관계를 유지한 채 공납적으로 지배하는 경우는 고대의 정복·피정복 관계에서 흔히 발생하는 것이다. 고조선의 복속지 지배방식도 고구려 초기의 경우와 크게 다르지 않은 공납적 수취방식을 통한 간접지배 방식이었을 것으로 볼 수 있을 것이다.[145)]

이어서 동예지역을 기반으로 하는 임둔지역의 지배 양상을 살펴보자. 임둔은 위만 집권 초기에 고조선에 복속한 지역으로 이 지역에 대한 지배방식도 동옥저의 지배방식과 큰 차이가 없었을 것이다. 『삼국지』 동이전 예조에는 동예의 특산품으로 樂浪檀弓·班魚皮·豹皮·果下馬 등을 있다고 한다. 이 중 班魚皮는 『說文解字』에 "鮙 魚也 皮有文 出樂浪東暆"라고 되어 있다. 여기에서 '樂浪東暆'라고 한 것은 임둔군이 혁파된 이후 낙랑군에 편입되었기 때문이다. 여기에서 班魚[鮙魚]는 점박이 무늬가 있는 바다표범을 가리킨다.[146)] 이외에도 『설문해자』에는 蔵邪頭國에서 鮸魚와 魵魚가 산출된다고 하였다.[147)] 이처럼 임둔지역에서 산출되는 樂浪檀弓·班魚皮[鮙魚皮]·豹皮·果下馬·鮸魚·魵魚는 동옥저의 사례처럼 모두 고조선에 공납되었을 것이다.

다음으로는 진번지역에 대해 살펴보자. 『說文解字』에는 鱳魚가 樂浪潘國에서 산출되는 것으로 나온다. 여기에서 낙랑번국은 段玉裁의 『說文解字注』의 해석처럼 眞番으로 볼 수 있다.[148)] 許愼이 『설문해자』를 찬술할 당시

145) 송호정, 2003, 앞의 책, 448~450쪽.
146) 李丙燾, 1976, 앞의 책, 198~200쪽 ; 이현혜, 1997, 「동예의 사회와 문화」 『한국사4-초기국가: 고조선·부여·삼한-』(국사편찬위원회), 245쪽.
147) 『說文解字』 11篇下 魚部, "鮸 魚也 出薉邪頭國 從魚 免聲", "魵 魚也 出薉邪頭國 從魚 分聲".
148) 『說文解字注』 11篇下 魚部, "樂音洛 浪音郎 樂浪潘國眞番也 番音潘".

에 진번은 이미 낙랑군에 포함되어 있기 때문에 진번을 낙랑번국으로 표현한 것이다.[149] 『설문해자』에는 鱅魚 외에도 鯪・魳・鮰・魦・鱳魚가 진번에서 산출되는 것으로 되어 있다. 이들 어류가 진번을 통해 고조선으로 공납된 물품이라고 할 수 있다.

이처럼 고조선은 진번・임둔・동옥저 등 복속지역의 대인을 사자로 삼아 공납의 책임을 지게 하면, 그 대인은 다시 그 예하의 邑落 渠帥를 통해 공납물을 조달했을 것이다.[150] 이 읍락 거수는 다시 자신의 읍락민을 통해 공납물을 수취했던 것으로 볼 수 있다. 이처럼 고조선의 복속지역 지배는 邑落民, 邑落渠帥, 진번・임둔의 수장, 고조선왕으로 이어지는 累層的 지배구조로 이루어져 있다고 볼 수 있다.

그렇다면 고조선은 복속지역으로부터 수취한 공납물을 어떻게 활용하였을까? 이와 관련하여 『사기』화식열전에,

> R) 燕 또한 渤海와 碣石山 사이에 있는 큰 都會이다.…북쪽으로는 烏桓・夫餘와 인접해 있고, 동쪽으로는 濊貊・朝鮮・眞番의 이익을 장악하였다.[151]

라고 되어 있다. 여기에서 연은 전국시기 연이 아니라 한의 분봉지로서 연이다. 한이 예맥・조선・진번 등과의 이익을 장악하였다[綰]고 한 것으로 보아, 한이 고조선을 비롯하여 진번 등 예맥사회와의 교역에서 이익을 독점적으로 취했다는 것을 알 수 있다. 당시 진번・임둔 등 예맥사회가 고조선에 복속된 상태였기 때문에 이러한 교역은 고조선을 중심으로 이루어졌다

---

149) 李丙燾, 1976, 앞의 책, 129쪽.
150) 『三國志』卷30 烏丸鮮卑東夷傳 第30 東沃沮, "沃沮諸邑落渠帥 皆自稱三老 則故縣國之制也".
151) 『史記』卷129 貨殖列傳 第69, "夫燕亦勃碣之閒一都會也…北隣烏桓夫餘 東綰穢貉朝鮮眞番之利".

고 할 수 있다. 즉, 고조선은 복속지역에서 수취한 공납물을 일부는 자체적으로 소비하고 일부는 한과의 교역했던 것이다.

이러한 고조선과 한과의 교역은 어떠한 형태로 이루어졌을까? 이와 관련해서는 사료상에 구체적으로 드러나지 않는다. 다만 남월이 關市를 통해 한과의 교역을 하고, 흉노도 한과의 공식적인 교역이 관시를 통해서 이루어졌던 것을 볼 때,[152] 고조선도 한과의 국경인 패수를 사이에 두고 관시와 같은 형태를 통해서 교역을 했을 것으로 추정된다.

고조선과 한의 교역과 관련하여 주목되는 것이 바로 『准南子』와 『爾雅』에 언급된 '斥山의 文皮'이다. 『准南子』 墜形訓에는

> S) ① 東方의 좋은 물건은 醫毋閭의 珣玗琪가 있다. 東南方의 좋은 물건은 會稽의 竹箭이 있다. 南方의 좋은 물건은 梁山의 犀象이 있다. 西南方의 좋은 물건은 華山의 金石이 있다. 西方의 좋은 물건은 霍山의 珠玉이 있다. 西北方의 좋은 물건은 崐崙(虛)의 璆琳琅玕이 있다. 北方의 좋은 물건은 幽都의 筋角이 있다. ② 東北方의 좋은 물건은 斥山의 文皮가 있다. 중앙에는 岱嶽이 있어서 五穀·桑麻를 자라게 하고 魚鹽이 생산된다.[153]

라고 되어 있다. 이 내용은 九州의 九府를 설명하고 있는 것으로 『爾雅』 釋地에도 같은 내용이 있다. 여기에서는 五嶽의 하나인 岱嶽[泰山]을 중심으로 중국의 영토를 八方으로 나누고 그 지역의 특산품을 나열하는 방식으로 설명하고 있다. 이 중에서 ①의 醫毋閭[醫無閭]는 요서 고원지대가 시작되

---

152) 『史記』 卷110 匈奴列傳 第50, "孝景帝復與匈奴和親 通關市 給遺匈奴 遣公主 如故約"; "今帝卽位 明和親約束 厚遇 通關市 饒給之"; "然匈奴貪 尙樂關市 嗜漢財物 漢亦尙關市不絕以中之".

153) 『准南子』 卷4 墜形訓, "東方之美者 有醫毋閭之珣玗琪焉 東南之美者 有會稽之竹箭焉 南方之美者 有梁山之犀象焉 西南之美者 有華山之金石焉 西方之美者 有霍山之多珠玉焉 西北之美者 有崐崙虛之璆琳琅玕焉 北方之美者 有幽都之筋角焉 東北之美者 有斥山之文皮焉 中央之美者 有岱嶽 以生五穀桑麻魚鹽出焉".

는 오늘날의 醫巫閭山이란 것을 쉽게 알 수 있다. 따라서 ②의 동북방은 바로 의무려산 이동지역을 지칭하는 것을 알 수 있다. 『회남자』는 기원전 139년 劉安이 저술한 책이므로 사료(Q)의 시점은 고조선이 아직 멸망하기 이전이다. 따라서 ②의 동북방은 바로 의무려산 이동에서 고조선과 한의 경계였던 浿水 사이, 즉 한의 요동군이 있었던 지역을 가리킨다.

그런데 현재까지 알려진 바로는 요동지역에 斥山이라는 지명은 없다. 척산의 위치와 관련하여 『隋書』 地理志 東萊郡 文登縣條에 斥山이 있다[154]고 하고, 『太平寰宇記』 河南道 登州 文登縣條에도 척산이 언급된 것[155]을 보면 척산이 산동반도에 있는 것이 확실하다. 그리고 淸代 邵晉涵이 저술한 『爾雅正義』 釋地에서는

T) 이것은 營州의 이익을 설명하는 부분이다. 『隋書』 地理志에 따르면, 東萊郡 文登縣에 斥山이 있다. 『太平寰宇記』에는 『爾雅』의 斥山이라 기록하고 있다. 척산은 지금의 登州府 榮成縣 남쪽 120里에 있다. 『管子』 揆度篇의 '發·朝鮮의 文皮' 또 輕重甲篇에서 '發·朝鮮이 來朝하지 않은 것은 文皮와 毤服을 幣物로 요구하기 때문이다'라고 한다. 척산은 營州 域內에 있는데 營州에서 바다를 건너면 요동 땅이 있어 능히 동북지역의 좋은 물건[美]을 모을 수 있다.[156]

이라 하여, 척산을 登州府 榮成市 남쪽 120里에 있는 것으로 보았다. 이처럼 척산은 오늘날 영성시 남쪽에 있는 石島港으로 비정된다.[157] 여기에서 주목되는 것은 전한대에 '동북지방의 美者'가 바로 '척산의 문피'로 알려졌다

---

154) 『隋書』卷30 地理志 東萊郡 文登縣, "有文登山斥山之罘山".
155) 『太平寰宇記』第20卷 河南道 登州 文登縣, "斥山爾雅東北之美者有斥山之文皮焉".
156) 『爾雅正義』卷10 釋地, "斥山在今登州府榮成縣南一百二十里 管子揆度篇發朝鮮之文皮 又輕重甲篇發朝鮮不朝 請文皮毤服而以爲幣乎 斥山在營州域內 營州越海有遼東地 故能聚東北之美".
157) 박준형, 2006, 「古朝鮮의 海上交易路와 萊夷」 『北方史論叢』10, 171~178쪽 ; 劉鳳鳴, 2010, 『山東半島與古代中韓關係』(中華局), 50~51쪽.

는 점이다. 이것은 문피가 산동지역의 척산을 통해 중국사회에 유통되었기 때문에 중국인들이 척산의 문피라고 한 것을 알 수 있다. 즉, 集散地가 原産地로 바뀐 배후지교역의 대표적인 사례라고 할 수 있다.[158]

그런데 『관자』 규탁편과 경중갑편에서도 알 수 있듯이 虎豹皮와 같은 문피는 춘추시기 이래 고조선의 특산품이었다. 위만조선 시기에 고조선은 임둔을 통해 (동)예의 표피를 공납받았다. 그리고 한이 고조선과의 교역을 통해서 진번 등 예맥사회에서 산출되는 이익을 장악하였던 점(『사기』 화식열전)을 고려해 볼 때, (동)예에서 공납받은 표피가 고조선을 통해 한으로 교역되었던 것으로 볼 수 있을 것이다.

고조선과 한의 교역이 남월이나 흉노의 사례처럼 관시를 통해서 이루어졌다고 한다면 그것은 고조선과 한이 접경하는 요동군을 통해서 이루어졌을 것이다. 그렇다면 『회남자』에서 언급된 '동북방(요동지역)의 美者'인 척산의 문피 중에는 고조선이 복속지인 임둔에서 수취한 (동)예의 표피가 포함되었을 것이다. 결국 (동)예의 문피는 고조선을 거쳐 요동군과 산동지역을 거쳐 중국사회에 유통되었다고 볼 수 있다.

고조선의 대한교역과 관련해서 주목되는 것이 예군남려의 존재이다. 예군남려는 우거왕에 畔하여 자신 휘하의 28만구를 이끌고 요동군에 내속하였으며 한은 그 지역에 창해군을 설치하였다.[159] 예군남려가 '畔右渠' 했다는 것으로 보아 고조선과의 연맹관계를 끊고 한[요동군]과 직접적인 교섭관계를 형성했던 것으로 볼 수 있다.[160] 이것은 고조선이 한과 예맥사회 사

---

158) 松田壽男, 1957, 「蘇子の貂裘と管子の文皮」『早稻田大學大學院文學硏究科紀要』3 (1987, 『松田壽男著作集 第三卷−東西文化の交流 I −』에 재수록) ; 尹龍九, 1999, 앞의 논문, 14~16쪽 ; 박준형, 2004, 「古朝鮮의 대외 교역과 의미」『北方史論叢』2, 88~91쪽.

159) 『後漢書』卷85 東夷列傳 第75 濊條, "元朔元年 濊君南閭等 畔右渠 率二十八萬口 詣遼東內屬 武帝以其地 爲蒼海郡 數年乃罷".

160) 김기흥, 1987, 앞의 논문, 11~12쪽 ; 이종욱, 1987, 「고구려초기의 정치적 성장과 대중국관계의 전개」『東亞史의 比較硏究』, 63쪽 ; 김미경, 2007, 앞의 논문, 23쪽.

이에서 대한교섭권을 장악하고 중계무역을 통해 이익을 독점하였기 때문에 예군남려가 집단적으로 연맹체를 탈퇴한 것으로 볼 수 있다. 창해군은 예군남려의 자발적인 내속으로 인해 설치되었지만 도로를 개통하는 등 유지비용이 많이 든다는 이유로 3년만에 폐지되고 말았다.[161]

고조선의 대외교역은 한반도 중남부의 辰國[衆國]과의 사이에서도 확인할 수 있다. 『사기』 조선열전에는 "진번 옆의 辰國[衆國]이 글을 올려 天子을 알현하고자 하는 것을 가로막고 통하지 못하게 하였다"[162]고 되어 있다. 여기에서도 고조선이 辰國[衆國]과의 대한교섭권을 독점하고 있었던 것으로 볼 수 있다. 즉, 고조선은 지리적인 조건을 이용하여 辰國[衆國]과 한과의 교역을 통해 막대한 이익을 얻었던 것을 알 수 있다.[163]

이러한 고조선의 중계무역은 낙랑군과 삼한의 교역과 비교된다. 삼한 각국은 낙랑과 조공무역을 통해 자신들의 토산물을 중국계 선진문물과 교역하였고 낙랑은 이러한 토산물을 자기물품화, 즉 樂浪産으로 본토로 보냈다. 이러한 조공무역 방식은 중국이 주변민족과의 교역에서 나타나는 보편적인 형태라고 할 수 있다.[164] 그러나 그에 앞서 그러한 교역 양상은 고조선이 辰國[衆國]과 중계무역을 했던 것을 답습했던 것이라고 볼 수 있다. 즉, 낙랑군이 주변세력과 중계무역을 통해 막대한 이익을 얻었던 것은 고조선이 했던 방식을 그대로 활용했던 것이라고 볼 수 있다.[165]

---

161) 『漢書』 卷24下 食貨志 第4下, "東置滄海郡 人徒之費疑於南夷"；『漢書』 卷6 武帝紀 第6, "(元朔)三年春 罷蒼海郡".

162) 『史記』 卷115 朝鮮列傳 第55, "眞番旁衆(辰)國欲上書見天子又擁閼不通".

163) 최몽룡, 1983, 「한국고대국가형성에 대한 일고찰-위만조선의 예-」 『김철준박사화갑기념 사학논총』, 68~69쪽 ; 최몽룡, 1985, 「고대국가성장과 무역-위만조선의 예-」 『한국고대의 국가와 사회』(일조각), 65~75쪽.

164) 이현혜, 1994, 「三韓의 對外交易體系」 『이기백선생고희기념 한국사학논총(상)』(1998, 『韓國古代의 생산과 교역』, 265~272쪽).

165) 권오중, 1992, 앞의 책, 158~165쪽 ; 윤용구, 1999, 앞의 논문, 11~18쪽.

3. 고조선의 지배체제 분열과 멸망

고조선의 지배체제는 우거대에 이르러 서서히 흔들리기 시작하였다. 조선상 역계경이 우거에게 간하였으나 받아들여지지 않자 2,000호를 이끌고 辰國으로 간 것이다. 앞에서 살펴본 것처럼 고조선의 상은 왕 아래에 토착적 기반을 갖고 있는 최고 지배층이었다. 이러한 상이 집단적으로 이탈했다는 것은 왕과 상들을 중심으로 하는 고조선 지배체제가 흔들리고 있다는 것을 상징적으로 보여준다고 할 수 있다.

이러한 집단적인 이탈은 예군남려의 사례에서도 찾아볼 수 있다. 기원전 128년 예군남려는 우거에 반대해 요동군에 내속한 것은 고조선을 거치지 않고 한과의 직접적인 교섭을 시도하였다. 이것은 고조선이 대한교섭권을 독점하면서 중계무역의 이익을 과도하게 남겼기 때문이라고 볼 수 있다. 물론 창해군은 3년만에 폐지되지만 이것은 고조선과 예맥연맹체 사이의 균열을 드러내는 상징적인 사건이라고 할 수 있다.

한편 한은 武帝代에 이르러 제국적 국가체제가 확립되어 가고 있었다. 文帝·景帝代의 안정기를 거치면서 염철전매제 실시, 균수법·평준법의 시행 등으로 국가재정이 충실하게 되었다. 또한 행정기구도 황제 중심으로 개혁·정비되었다. 한은 이러한 내실을 바탕으로 관심을 대외정책으로 돌렸다.

한은 기원전 133년 화친관계에 있던 북방의 흉노와 '馬邑之役'을 기점으로 전쟁을 시작하였다. 이후 기원전 129년 車騎將軍 衛靑이 흉노와의 전쟁을 주도하였다. 이후 위청의 조카 霍去病이 가담하면서 흉노와의 전쟁에서 우위를 잡았고 결국 흉노를 漠北으로 몰아냈다. 한은 흉노 渾邪王의 투항으로 그의 땅에 武威·酒泉·張掖·敦煌 등 河西 4郡을 설치하였다. 한은 기원전 119년 흉노 선우의 본거지를 공격하는 것을 기점으로 흉노와의 전쟁을 중단하였다.

이후 한은 관심을 남월로 돌렸다. 한은 남월국 승상 呂嘉가 왕과 태후,

漢의 사자를 죽인 것을 빌미로 기원전 112년 伏波將軍 路博德과 樓船將軍 楊僕을 파견하여 남월을 복속시켰다. 그리고 남월의 땅을 南海·蒼梧·鬱林·合浦·交趾·九眞·日南·珠厓·儋耳 등 9군으로 편제하였다. 이후 기원전 110년에는 東越을 정복하고 그 주민을 양자강과 회수 사이로 이주시켰다. 그리고 西南夷인 夜郎國과 滇國은 한이 그 우두머리를 왕으로 봉하고 한에 계속 입조하게 되었다.

한에서 고조선 정벌론이 다시 제기된 것은 武帝 元光年間(B.C. 134~129)에 이르러서이다. 이와 관련하여 『史記』平津侯主父列傳에는

> U) 嚴安이 上書하여 말하기를, "…이제 南夷를 부르고 夜郎을 조회시키고 羌·僰을 항복하게 하고 濊州를 공략하여 城邑을 건설하고 匈奴에 깊숙이 들어가 龍城을 불태우고자 합니다. 議者들은 그것을 좋다고 합니다. 그러나 이것은 신하된 자의 이익은 될지언정 천하를 위한 좋은 계책은 아닙니다. 지금 중국에는 아무런 근심도 없는데 밖으로 먼 곳의 수비에 얽매여 국가를 피폐하게 하는 것은 백성을 자식처럼 여기는 도리가 아닙니다…"[166]

라고 되어 있다. 이것은 엄안이 主父偃·徐樂과 함께 무제에게 올린 상소의 일부이다. 엄안은 南夷, 夜郎, 羌·僰, 濊州, 匈奴를 공격하여 한의 영토로 만드는 것을 당시 議者들은 찬성하지만 자신은 주변 이민족과의 전쟁을 반대한다는 내용이다. 여기에서 濊州는 바로 예맥족이 거주하는 곳으로 바로 고조선을 지칭하는 것으로 볼 수 있다.

이 사료의 시점은 원광연간 초기로 이제 막 흉노와의 전쟁을 시작하였을 즈음이다. 즉, 한무제가 정국 안정을 바탕으로 주변 이민족과의 전쟁을

---

166) 『史記』卷112 平津侯主父列傳 第52, "嚴安上書日…今欲招南夷 朝夜郎 降羌僰 略濊州 建城邑 深入匈奴 燔其龍城 議者美之 此人臣之利也 非天下之長策也 今中國無狗吠之驚 而外累於遠方之備 靡敝國家 非所以子民也…".

통해 영역을 확대해 나가던 시점이다. 고조선 정벌론은 바로 이러한 한무제의 대외 팽창 정책의 일환으로 제기되었던 것이다. 물론 당시에는 흉노와의 전쟁이 가장 급선무였기 때문에 고조선을 비롯한 다른 지역으로 전쟁이 확대되지는 않았다.

한은 기원전 129년 위청이 흉노 공격을 위해 첫 출격을 하고 기원전 128년에는 3만명의 기병을 이끌고 雁門을 공격하여 흉노 수천명을 참수하였다. 이러한 상황에서 고조선의 예군남려가 28만 口를 이끌고 내속한 것이다. 한으로서는 어차피 고조선을 공격하려는 장기 계획이 있었던 상황에서 고조선의 배후에 한의 군현을 설치한다면 고조선을 자연스럽게 압박할 수 있을 것이라고 판단했을 것이다. 따라서 한은 예군남려를 거부할 이유가 없었고, 그곳에 창해군을 설치하였다. 그러나 유지비용 너무 많이 든다는 이유로 설치된 지 3년 만에 혁파되었지만,[167] 흉노와의 전쟁에 몰두하고 있는 상황에서 창해군의 유지 비용은 적지 않은 부담이 되었을 것이다.

한이 본격적으로 관심으로 고조선으로 돌린 것은 흉노와 남월에 군현을 설치하고 동월의 주민을 이주시킨 다음 해인 기원전 109년이다. 당시 고조선은 한의 망명자들을 계속 유인했으며 그 수가 점점 많아졌다. 또한 우거는 한에 入見하지도 않았다. 그리고 한반도 중남부의 소국들이 한에 입조하는 것조차 막았다. 즉, 우거는 외신의 의무를 하나도 지키지 않았던 것이다. 한은 사신 涉何를 보내 회유하였으나 고조선은 끝내 이를 거부하였다.[168] 결국 한은 외신의 의무 불이행을 고조선 공격의 명분으로 삼았다.

한은 루선장군 양복과 좌장군 순체를 보내 고조선을 공격하였다. 이후 한의 공격이 강화되자 朝鮮相 路人, 相 韓陰, 將軍 王唊이 먼저 한에 투항하였고, 尼谿相 參은 우거를 살해한 후에 투항하였다. 大臣 成己가 끝까지 한

---

167) 『漢書』卷24下 食貨志 第4下.
168) 『史記』卷115 朝鮮列傳 第55, "元封二年 漢使涉何譙諭右渠 終不肯奉詔".

에 항전하였으나 그 또한 우거의 아들 長降과 相 路人의 아들 最가 成己를 살해함으로써 고조선은 멸망하게 되었다. 한은 고조선의 영토에 낙랑·진번·임둔·현도군을 두어 직접 지배를 하게 되었다.

고조선은 한과의 전쟁과정에서 한 때 항복을 하려고 했었지만 결국에는 항전을 선택하였다. 그 결과 한과의 전쟁은 1년이나 지속되었다. 이 과정에서 결정적으로 고조선이 멸망하게 되는 계기는 바로 相 路人, 相 韓陰, 尼谿相 參과 같은 지배층과 왕의 친위 세력이라고 할 수 있는 장군 왕협의 투항이라고 할 수 있다. 전쟁이 장기화되면서 고조선의 지배체제의 중심을 이루고 있던 相과 將軍이 집단적으로 이탈한 것이다.

위만은 고조선의 왕권을 장악한 이후 한과 외신관계를 맺음으로써 한으로부터 병위재물을 얻어 주변 지역을 복속하여 광역의 국가로 성장할 수 있었다. 그러나 이처럼 고조선의 성장 요인으로 작용했던 외신관계가 대외 팽창정책으로 기조를 바꾼 무제대에 이르러서는 침략의 명분으로 작용했던 것이다. 결국 고조선은 한의 침략을 방어하지 못하고 한의 군현지배체제로 편입되었다.

V.
결론

　지금까지 고조선의 등장과 전개과정에 대해 고고학 자료와 문헌 자료를 활용하여 검토해 보았다. 여기에서는 본문의 내용을 요약하고 약간의 전망을 제시하는 것으로 결론을 대신하고자 한다.

　대릉하~서북한지역의 전기비파형동검문화는 지역별로 십이대영자유형·쌍방유형·강상유형·신흥동유형으로 구분된다. 각 유형은 묘제·토기 등 토착적 전통을 계승하면서도 비파형동검·선형동부·다뉴기하문경을 공반하는 비파형동검문화를 받아들였다. 이 전기비파형동검문화를 남긴 세력은 문헌상의 예맥족이었다.

　전기비파형동검문화권은 청동기부장묘의 등급에 따라 십이대영자유형을 중심지역으로, 쌍방·강상유형을 1차 주변지역으로, 신흥동유형을 2차 주변지역으로 나눌 수 있다. 이중 최고 지배층만이 사용했던 다뉴기하문경이 부장된 A급 무덤은 십이대영자유형의 조양지역에 가장 밀집되어 있으며 이 지역이 전기비파형동검문화의 중심지라고 할 수 있다. 예맥사회에서 가장 먼저 정치적 성장을 한 것이 고조선이라고 할 때, 그 고조선은 바로 조양지역의 전기비파형동검문화를 기반으로 성장한 정치체라고 할 수 있다.

고조선은 춘추 제와 문피 교류를 하였다. 패자였던 제환공은 조빙시 답례품으로 사용할 최고급 문피가 필요하였으며, 봉선을 위해서는 이민족의 조공이 필요하였다. 제환공은 이러한 문제를 고조선과의 교류를 통해서 해결하고자 했다. 고조선은 중국과의 문피교류를 주도하면서 점차 예맥세력을 대표하는 정치체로 성장하였다. 그러나 아직까지 예맥사회가 고조선을 중심으로 통일적인 힘을 발휘하는 단계는 아니었다.

전기비파형동검문화는 기원전 5세기를 전후로 후기비파형동검문화로 발전한다. 이중 대릉하유역은 전국계 문화를 많이 받아들여 나름대로 발전을 꾀하였지만 결과적으로 비파형동검문화의 정체성을 점차 잃어갔다. 반면에 요동지역은 토광묘라는 전국계 묘제를 채택하면서도 비파형동검문화의 전통을 그대로 이어갔다. 이중 심양을 중심으로 하는 정가와자유형이 후기비파형동검문화의 중심으로 부상하게 되었다.

요동지역에는 동검부장묘의 분포상황으로 볼 때 小國·邑落 규모의 지배집단이 분포하고 있었던 가운데 심양지역의 지배집단은 청동기 부장양상으로 볼 때, 다른 집단을 앞서고 있었으며 적어도 小國 혹은 그 이상의 규모를 갖춘 세력이라고 볼 수 있다. 이 심양지역의 지배집단이 전기의 조양지역을 대신하여 후기비파형동검문화의 중심으로서 예맥사회의 대표성을 갖는 고조선이라고 할 수 있다.

당시 고조선에는 부자상속되는 王이 있었으며, 대부라는 관료도 있었다. 고조선은 병력을 동원해서 전국 연과 전쟁을 치룰 정도의 국력을 갖추고 있었다. 즉, 고조선은 국가의 기본적인 요소를 갖추고 있었다. 이러한 고조선의 주변에는 진번·임둔과 같은 소국과 그보다 규모가 작은 읍락규모의 예맥집단이 있었다. 고조선은 이들과 연맹관계를 맺고 있었으며 이 연맹체의 맹주국으로서 연과 대항했던 것이다.

연은 변법에 성공한 후 제를 정벌한 다음 해인 기원전 282년에 동호와 제의 배후역할을 하였던 고조선을 공격하였다. 고조선은 연의 공격으로 滿番汗[오늘날 蓋平과 渾河 하류지역의 海城과 營口 인근]까지 후퇴할 수밖에 없었다. 이로 인해 연은 대릉하유역과 천산산맥 이서지역에 요서군과 요동군을 설치하였다.

고조선은 연의 공격으로 중심지인 심양에서 평양으로 그 중심을 옮기게 되었으며, 연맹체를 구성하고 있던 진번도 함께 이동하였다. 이 과정에서 서북한지역은 팽이형토기문화에서 성장한 토착계열의 세형동검문화와 요동지역의 초기세형동검문화가 융합하게 되었다. 한편 연의 요동군에 포함되지 않는 천산산맥 이동 지역에서는 여전히 세형동검문화를 유지하면서도 요동군과 인접하고 있기 때문에 전국계철기·도씨검·명도전·타날문토기와 같은 전국계 문화를 간접적으로 수용하게 되었다.

전국을 통일한 진은 연에 이어 요동군을 지배하였다. 나아가 진은 고조선으로부터 천산산맥 이동에서 압록강에 이르는 지역을 빼앗아 遼東外徼로 삼았다. 진에서는 중국 전체를 황제권이 직접 미치는 군현제를 통해 지배하였기 때문에 이론적으로 권력의 우열을 나타내는 册封과 朝貢 관계가 사라졌다. 그러나 秦代 유일하게 朝會 관련 기록이 고조선과의 관계에서만 나타난다. 진이 통일 이전에 內屬한 지역을 外臣邦으로 삼고 이어서 군현으로 편제했던 것으로 보아 고조선은 외신방의 마지막 형태였던 것으로 추정된다.

고조선은 진한교체기의 혼란한 틈을 이용하여 요동지역을 공격하여 한과의 경계를 浿水[渾河]로 삼았다. 고조선이 한과 국경을 확정한 이후에도 燕·齊·趙민들이 계속 유입되었다. 이러한 상황에서 위만이 중국 망명자들을 모아서 고조선의 藩屛이 되겠다고 하자 準王은 그를 博士로 삼고 고조선의 西邊을 지키게 하였다. 그곳은 燕·秦代부터 요동군 지배를 통해서 선진적인 중국계 문물이 유입되었던 지역이었다. 위만은 이러한 지역적 기반을 통해 망명자들을 규합하여 고조선의 왕권을 장악하였다.

위만은 정권을 장악한 후 遼東太守를 통해 한과 外臣관계를 맺었다. 한은 내부적으로는 異姓諸侯들의 반란과 숙청이 있었으며 고조 사후 呂后 통치라는 불안한 시기를 거쳤고, 대외적으로 흉노와 대치상태에서 북방 이외의 변경으로 관심을 돌릴 여력이 없었다. 위만은 한과의 외신관계를 맺음으로써 국제적으로 왕권의 정통성을 인정받았다. 그리고 외신의 대가로 제공받은 병위재물을 통해 진번·임둔 등 주변 연맹세력들을 복속하여 광역의 국가를 이루게 되었다.

위만 집권기 고조선의 西界는 準王 단계의 西界를 그대로 승계하였다. 위만이 집권하기 이전 고조선은 진의 공격을 받은 이후에는 압록강을, 다시 한초에는 요동지역을 회복하여 浿水=渾河로 西界를 삼았다. 따라서 위만이 집권할 당시 서계는 혼하였다고 할 수 있다.

고조선의 영역은 대체로 낙랑·진번·임둔군의 범위와 관련시켜서 이해할 수 있다. 고조선의 직접지배대상이었던 낙랑은 평안도 일대이고, 지배·복속 관계에 있었던 진번은 황해도와 경기도 북부 일대, 임둔은 단단대령을 중심으로 함경남도와 강원도 북부 일대라고 할 수 있다.

고조선의 인구는 〈낙랑군 호구부〉의 호구증가율을 역으로 계산해 본 결과, 멸망 직전(기원전 108년)에 왕검성[조선현]은 5,978호, 35,360구 정도이었으며, 낙랑·진번·임둔지역은 전체적으로는 27,082호, 177,923구로 파악된다. 여기에 혼하~압록강 지역[秦故空地]의 호수를 더한 다면 고조선 전체의 인구는 훨씬 컸을 것으로 추정된다.

고조선은 상을 대표로 하는 재지세력들과 유이민을 주축으로 하는 왕권이 결합하여 중앙의 권력구조를 이루었다. 상이 속한 집단은 왕권에 의해 일정한 통제를 받았으나 대부적으로 독자적인 세력을 유지하고 있었다. 왕은 자신의 밑에 장군직을 두어 군사적 기반을 확고히 하고자 했으며 왕권을 강화시키고자 왕의 근친세력으로서 親王的·小王的 성격의 裨王을 두었다.

고조선은 복속지역의 토착사회를 해체하지 않고 그 지역 최고 수장의 통치권을 그대로 인정하는 간접 지배 방식을 활용하였다. 고조선은 복속지역 특산품의 일부를 요동군을 통해 한과 교역을 하였다. 또한 고조선은 예군남려로 대표되는 예맥사회의 대한교섭권을 장악하고 있었으며, 한반도 중남부의 辰國[衆國]과 漢과의 중계무역을 통해 막대한 부를 얻었다.

고조선은 右渠代에 이르러 조선상 역계경의 이탈에서 보이듯이 지배세력 내부에서부터 분열이 일어나기 시작했다. 한은 武帝代에 이르러 내정이 안정되자 가장 먼저 흉노를 공격하여 漠北으로 몰아내고 河西 4郡을 설치였으며, 남월을 군현으로 편제하였다. 그리고 한은 고조선을 공격하였는데 침략의 명분은 외신의 의무 불이행이었다. 고조선의 성장 요인으로 작용했던 외신관계가 대외 팽창정책으로 기조를 바꾼 무제대에 이르러서는 침략의 명분으로 작용했던 것이다. 결국 고조선은 한의 침략을 방어하지 못해 한의 군현지배체제로 편입되었다.

이상이 본고에서 고조선의 성장·발전과정에 대해 살펴본 결과이다. 고조선은 독립성이 강한 여러 지역집단을 느슨하게 묶은 累層的인 지배 구조에서 왕권이 너무 일방적으로 독주를 하거나 구심점으로서 역할을 못할 때에 지역집단이 언제든지 이탈이 가능할 정도로 불안한 것이었다. 이러한 지배구조를 갖춘 고조선은 대내외적 위기를 극복하면서 내실을 갖춘 한라는 제국이 침략하였을 때에 쉽게 분열될 수밖에 없었다.

한국 고대사회에서 加·干과 같은 토착 귀족세력들을 位階化시킬 정도로 관료제가 발달하고, 복속된 영역을 구획·편제하면서 지방까지 관료를 파견할 정도로 집권화된 국가는 삼국이 鼎立되면서 가능하다고 할 수 있다. 이러한 고대국가로 성장하기까지에는 고조선 멸망 이후 지역별로 성장한 다양한 정치체들은 한군현이라는 이민족 지배체제와 갈등하면서 성장할 수밖에 없었다.

고조선사의 전개

참고문헌

1. 사료

(1) 한국 사료

『三國史記』, 『三國遺事』, 『東國輿地勝覽』, 『東國通鑑』

(2) 중국 사료

『管子』, 『廣韻』, 『國語』, 『讀史方輿紀要』, 『孟子』, 『史記』, 『山海經』, 『三國志』, 『說文解字』, 『說文解字注』, 『隋書』, 『詩經』, 『鹽鐵論』, 『爾雅』, 『爾雅正義』, 『日知錄』, 『資治通鑑』, 『戰國策』, 『前漢紀』, 『周禮』, 『集韻』, 『春秋左氏傳』, 『太平寰宇記』, 『漢書』, 『淮南子』, 『後漢書』

2. 단행본 및 보고서

(1) 한국(박사학위논문 포함)

고조선사연구회 · 동북아역사재단 편, 2007, 『고조선의 역사를 찾아서—국가 · 문화 ·

　　　교역-』(학연문화사)

고조선사연구회·동북아역사재단 편, 2009, 『고조선사 연구 100년-고조선사 연구의
　　　현황과 쟁점-』(학연문화사)

권오중, 1992, 『樂浪郡硏究-中國 古代邊郡에 대한 事例的 檢討-』(一潮閣)

권오중 외, 2010, 『낙랑군 호구부 연구』(동북아역사재단)

金光洙, 1983, 「高句麗 古代 集權國家의 成立에 관한 硏究」(연세대학교 박사학위논문)

김미경, 2007, 「高句麗 前期의 對外關係 硏究」(연세대학교 박사학위논문)

김용섭, 2008, 『동아시아 역사 속의 한국문명의 전환』(지식산업사)

김정배, 2010, 『고조선에 대한 새로운 해석』(고려대학교 민족문화연구원)

김정학, 1990, 『한국상고사연구』(범우사)

김한규, 1982, 『古代中國的 世界秩序硏究』(一潮閣)

김한규, 2004, 『遼東史』(문학과지성사)

노태돈 편저, 2000, 『단군과 고조선사』(사계절)

閔厚基, 2004, 「古代 中國에서의 爵制의 形成과 展開-殷商에서 戰國까지-」(연세대학
　　　교 박사학위논문)

박대재, 2006, 『고대한국 초기국가의 왕과 전쟁』(경인문화사)

박선미, 2008, 「貨幣遺蹟을 통해 본 古朝鮮의 交易」(서울시립대학교 박사학위논문)

박선미, 2009, 『고조선과 동북아의 고대 화폐』(학연문화사)

복기대, 2002, 『요서지역의 청동기시대 문화연구』

서의식, 2010, 『한국 고대사의 이해와 '국사' 교육』(혜안)

송호정, 1999, 「古朝鮮 國家形成 過程 硏究」(서울대학교 박사학위논문)

송호정, 2003, 『한국 고대사 속의 고조선사』(푸른역사)

오강원, 2002, 「琵琶形銅劍文化의 成立과 展開過程 硏究」(한국정신문화연구원 박사학
　　　위논문)

오강원, 2006, 『비파형동검문화와 요령지역의 청동기문화』(청계)

吳大洋, 2013.12, 「朝鮮半島北部地區靑銅時代石構墓硏究-兼論與中國東北鄰境地區之
　　　比較-」(吉林大學校 博士學位論文)

오영찬, 2006, 『낙랑군 연구』(사계절)

윤내현, 1986, 『한국고대사신론』(一志社)

윤내현, 1994, 『고조선 연구』(一志社)

이병도, 1976, 『한국고대사연구』(박영사)

이종수, 2009, 『松花江流域 初期鐵器文化와 夫餘의 文化起源』(주류성)

이종욱, 1993, 『고조선사연구』(일조각)

이청규 외, 2008, 『중국 동북지역 고고학 연구현황과 문제점』(동북아역사재단)

이청규 외, 2010, 『요하문명의 확산과 중국 동북지역의 청동기문화』(동북아역사재단)

이현혜, 1984, 『삼한사회형성과정연구』(일조각)

이현혜, 1998, 『한국고대의 생산과 교역』(일조각)

조법종, 2006, 『고조선·고구려사 연구』(신서원)

천관우, 1989, 『고조선사·삼한사연구』

하문식, 1999, 『고조선지역의 고인돌 연구』(백산자료원)

궈다순·장싱더(김정열 옮김), 2008, 『동북문화와 유연문명』(동북아역사재단)

니콜라 디코스모(이재정 옮김), 2005, 『오랑캐의 탄생』(황금가지)

뿌틴(이항재·이병두 옮김), 1990, 『고조선-역사·고고학적 개요-』

조빈복(우지남 옮김), 2011, 『中國 東北 先史文化 研究』(고고)

(2) 북한

고고학 및 민속학연구소, 1960, 『회령 오동 원시 유적 발굴 보고』(과학원출판사)

김동일, 2009, 『북부조선지역의 고대무덤』(진인진)

리지린, 1963, 『고조선연구』(과학원출판사)

리순진·장주협 편, 1973, 『고조선문제연구』(사회과학출판사)

박득준 편, 1999, 『고조선력사개관』(사회과학출판사)

박진욱, 1987, 『비파형단검문화에 관한 연구』(과학백과사전출판사)

박진욱, 1988, 『조선고고학전서-고대편-』(과학백과사전종합출판사)

사회과학원 고고학연구소, 1977, 『조선고고학개요』(과학,백과사전출판사)

사회과학원 고고학연구소, 1977, 『고조선문제연구론문집』(사회과학출판사)

사회과학원 력사연구소, 1963, 『고조선에 관한 토론론문집』(과학원출판사)

사회과학원력사연구소, 1991, 『조선전사2-고대편-』(과학백과사전종합출판사)

석광준, 2002, 『조선의 고인돌무덤 연구』(중심)

석광준, 2003, 『각지고인돌무덤조사 발굴보고』(백산자료원 편)

석광준, 2009, 『북부조선지역의 고인돌무덤(1)』(진인진)

조중공동고고학발굴대, 1966, 『중국동북지방의 유적발굴보고』(사회과학원출판사)

(3) 중국

郭大順·張星德, 2005, 『東北文化與幽燕文明』(江蘇敎育出版社)

內蒙古文物考古研究所, 2009, 『小黑石溝-夏家店上層文化遺址發掘報告-』(科學出版社)

孫進己(林東錫 譯), 1992, 『東北民族源流』(黑龍江人民出版社)

孫進己·王綿厚 主編, 1989, 『東北歷史地理(一)』(黑龍江人民出版社)

睡虎地秦墓竹簡整理小組, 1978, 『睡虎地秦墓竹簡』(文物出版社)

烏恩岳斯圖, 2007, 『北方草原考古學文化研究-靑銅時代至早期鐵器時代-』(科學出版社)

王立新·塔拉·朱永剛, 2010, 『林西井溝子』(科學出版社)

王綿厚·李健才, 1990, 『東北古代交通』(沈陽出版社)

遼寧省文物考古研究所·朝陽市博物館, 2010, 『朝陽袁台子』(文物出版社)

劉鳳鳴, 2010, 『山東半島與古代中韓關係』(中華書局)

趙賓福, 2009, 『中國東北地區夏至戰國時期的考古學文化研究』(科學出版社)

許玉林, 1994, 『遼東半島石棚』(遼寧科學技術出版社)

(4) 일본

堀敏一, 1993, 『中國と古代東アジア世界-中華的世界と諸民族-』(巖波書店)

宮本一夫, 2000, 『中國古代北疆史の考古學的硏究』(中國書店)

宮本一夫, 2003, 『東アジアと「半島空間」-遼東半島と山東半島-』(思文閣)

三上次男, 1966, 『古代東北アジア史硏究』

三宅俊成, 1975, 『東北アジア考古學の硏究』(國書刊行會)

原田淑人·駒井和愛, 1931, 『牧羊城-南滿洲老鐵山麓漢及漢以前遺蹟-』(東亞考古學會)

原田淑人·駒井和愛, 1931, 『牧羊城』(東亞考古學會)

栗原朋信, 1960, 『秦漢史の硏究』(吉川弘文館)

村上恭通, 2000, 『東夷世界の考古學』(靑木書店)

2. 논문 및 발굴보고

(1) 한국

강봉원, 1998, 「원거리 무역의 이론과 방법론-복합사회 형성 과정 연구와 관련하여-」

『韓國考古學報』39

강인욱, 2006, 「中國 北方地帶와 夏家店上層文化의 청동투구에 대하여-기원전 11~8세기 중국 북방 초원지역의 지역간 상호교류에 대한 접근-」『선사와 고대』25

강인욱, 2010, 「기원전 1천년기 요령~한반도 비파형동검문화로 동물장식의 유입과정」『호남고고학』36

강인욱, 2011, 「古朝鮮의 毛皮貿易과 明刀錢」『한국고대사연구』64

권오영, 1990, 「고조선사연구의 동향과 그 내용」『북한의 고대사연구』

권오영, 1993, 「崗上墓와 고조선사회」『考古歷史學誌』9(동아대학교 박물관)

김광수, 1994, 「古朝鮮 官名의 系統的 理解」『歷史敎育』56

김기흥, 1987, 「고구려의 성장과 대외교역」『한국사론』16

김남중, 2001, 「衛滿朝鮮의 領域과 王儉城」『韓國古代史硏究』22

김남중, 2002, 「燕·秦의 遼東統治의 限界와 古朝鮮의 遼東 回復」『白山學報』62

김미경, 2006, 「美松里型 土器의 변천과 성격에 대하여」『한국고고학보』60

김미경, 2002, 「第1玄菟郡의 位置에 대한 再檢討」『實學思想研究』24

김병준, 2008, 「漢이 구성한 고조선 멸망 과정-『사기』 조선열전의 재검토-」『韓國古代史硏究』50

김병준, 2010, 「3세기 이전 동아시아 국제질서와 한중관계-조공·책봉의 보편적 성격을 중심으로-」『동아시아 국제질서 속의 한중관계사』(동북아역사재단)

김상기, 1948, 「韓·濊·貊移動考」『史海』創刊號(朝鮮史研究會)

김영하, 1995, 「韓國 古代社會의 政治構造」『韓國古代史研究』8

김정배, 1968, 「濊貊族에 관한 연구」『白山學報』5

김정배, 1977, 「衛滿朝鮮의 國家的 性格」『史叢』21·22

김정배, 1979, 「韓國 靑銅器文化의 起源에 관한 小考」『古文化』17

김정배, 1997, 「고조선의 변천」『한국사4』(국사편찬위원회)

김정배, 1997, 「고조선의 국가형성」『한국사4』(국사편찬위원회)

김정배, 2000, 「東北亞의 琵琶形銅劍文化에 대한 綜合的 硏究」『國史館論叢』88

김정배, 2003, 「고조선 연구의 현황과 과제」『단군학연구』9

김정배, 2004, 「琵琶形銅劍과 南山根 刻文骨板의 問題」『韓國史學報』17

김정배, 2010, 「고조선의 칭왕(稱王)과 인구 문제」『고조선에 대한 새로운 해석』

김정열, 2011, 「하가점상층문화에 보이는 중원식 청동예기의 연대와 유입 경위」『한국상고사학보』72

김정학, 1978,「中國文獻에 나타난 東夷族」『한국사23-총설: 한국민족-』

김정학, 1987,「고고학상으로 본 고조선」『한국상고사의 제문제』(한국정신문화연구원)

김택균, 2006,「濊貊 문제의 文獻的 再檢討」『白山學報』76

김한규, 1980,「衛滿朝鮮關係 中國側史料에 대한 再檢討」『부산여대논문집』8

김현숙, 2007,「고구려의 종족기원과 국가형성과정」『大邱史學』89

노태돈, 1986,「高句麗史研究의 現況과 課題-政治史 理論-」『東方學志』52

노태돈, 1989,「고조선사 연구의 현황과 과제」『한국상고사-연구현황과 과제-』

노태돈, 1990,「고조선의 중심지의 변천에 대한 연구」『한국사론』23

노태돈, 1998,「衛滿朝鮮의 정치구조-官名 분석을 중심으로-」『汕耘史學』8

노태돈, 1999,「고구려의 기원과 국내성 천도」『한반도와 중국 동북3성의 역사와 문화』(서울대학교출판부)

박경철, 1999,「遼西琵琶形銅劍文化'의 再認識」『先史와 古代』12

박경철, 2005,「고조선·부여의 주민구성과 종족」『북방사논총』6

박대재, 2005,「고조선의 '王'과 국가형성」『북방사논총』7

박대재, 2006,「古朝鮮과 燕·齊의 상호관계-기원전 4세기말~3세기초 전쟁 기사를 중심으로-」『사학연구』83

박대재, 2010,「箕子 관련 商周靑銅器 銘文과 箕子東來說」『선사와 고대』32

박선미, 2006,「근대사학 이후 고조선사 연구의 현황과 쟁점」『한국사학보』23

박선미, 2009,「고조선의 강역과 중심지」『고조선사 연구 100년』(학연문화사)

박순발, 1993,「우리나라 초기철기문화의 전개과정에 대한 약간의 고찰」『고고미술사론』3(충북대학교 고고미술사학과)

박순발, 2004,「遼寧 粘土帶土器文化의 韓半島 定着 過程」『錦江考古』창간호

박준형, 2002,「濊貊의 形成過程과 古朝鮮」『學林』22

박준형, 2004,「고조선의 대외 교역과 의미」『북방사논총』2

박준형, 2006,「고조선의 해상교역로와 萊夷」『북방사논총』10

박준형, 2008,「濊·貊의 분포 양상과 그 이해」『인문학보』34(강릉대학교 인문학연구소)

박준형, 2009,「한국 근현대 기자조선 인식의 변천」『고조선사 연구 100년』

박준형, 2012,「기원전 3~2세기 고조선의 중심지와 西界 변화」『사학연구』108

박준형, 2013,「古朝鮮과 春秋 齊와의 교류 관계」『백산학보』95

방향숙, 2005,「古代 동아시아 册封朝貢體制의 원형과 변용」『한중 외교관계와 조공책봉』(고구려연구재단)

배진영, 2003, 「燕昭王의 政策과 '巨燕'의 成立」『中國史研究』25

배진영, 2005, 「燕國의 五郡 설치와 그 의미-戰國時代 東北아시아의 勢力關係-」『中國史研究』36

배진영, 2006, 「출토 자료로 본 孤竹」『이화사학연구』33

배진영, 2008, 「한대 요동군의 군현 지배」『요동군과 현도군 연구』(동북아역사재단)

서영교, 2011, 「「薛氏女傳」嘉實 '防秋'의 視空間」『한국고대사탐구』8

서영수, 1987, 「三國時代 韓中外交의 전개와 성격」『古代韓中關係史의 研究』

서영수, 1996, 「衛滿朝鮮의 形成過程과 國家的 性格」『韓國古代史研究』9

서영수, 1988, 「고조선의 위치와 강역」『한국사시민강좌』2

서영수, 1999, 「고조선의 대외관계와 강역의 변동」『동양학』29

서영수, 2005, 「고조선의 국가형성 계기와 과정」『북방사논총』6

서영수, 2008, 「『史記』古朝鮮 史料의 構成 분석과 新해석」『단군학연구』18

서영수, 2008, 「요동군의 설치와 전개」『요동군과 현도군 연구』(동북아역사재단)

成璟瑭·孫建軍, 2009, 「于道溝遺蹟 出土 靑銅武器에 對하여」『考古學探究』5(考古學探究會)

송기호, 2003, 「서평 : 송호정 저, 『한국고대사 속의 고조선사』」『역사교육』87

송호정, 1995, 「한국인의 기원과 형성」『한국역사입문①-원시·고대편-』(풀빛)

송호정, 2000, 「고조선 중심지 및 사회성격 연구의 쟁점과 과제」『한국고대사논총』10

송호정, 2000, 「기원전 5~4세기 초기 세형동검문화의 발생과 고조선」『선사와 고대』14

송호정, 2000, 「지석묘 사회와 고조선」『한국 지석묘 연구 이론과 방법-계급사회의 발생-』(주류성)

송호정, 2002, 「위만조선의 정치체제와 삼국 초기의 부체제」『국사관논총』98

송호정, 2007, 「미송리형토기문화에 대한 재고찰」『한국고대사연구』45

송호정, 2007, 「高句麗의 族源과 濊貊」『고구려발해연구』27

송호정, 2008, 「요하유역 고대문명의 변천과 주민집단」『중국 동북지역 고고학 연구현황과 문제점』(동북아역사재단)

송호정, 2010, 「요서지역 하가점상층문화 묘제의 변천과 주변 문화와의 관계」『요하문명의 확산과 중국 동북지역의 청동기문화』(동북아역사재단)

송호정, 2010, 「고조선의 위치와 중심지 문제에 대한 고찰」『한국고대사연구』58

송호정, 2011, 「고고학으로 본 고조선」『한국사시민강좌』49

송호정, 2011, 「실학자들의 역사지리관과 고조선 한사군 연구」『한국고대사연구』62

여호규, 2002, 「高句麗 初期의 梁貊과 小水貊」『韓國古代史研究』25

여호규, 2011, 「高句麗의 種族起源에 대한 일고찰－夫餘別種說과 貊族說의 정합적 이해를 중심으로－」『사림』38

오강원, 1996・97, 「고조선 위치비정에 관한 연구사적 검토(1・2)」『백산학보』48・49

오강원, 1997, 「西遼河上流域 靑銅短劍과 그 文化에 관한 硏究」『韓國古代史研究』12

오강원, 1997, 「冀北地域 有柄式 靑銅短劍과 그 文化에 관한 硏究」『韓國古代의 考古와 歷史』(학연문화사)

오강원, 1997, 「山戎族과 그 文化에 관한 硏究」『동서문화논총Ⅱ』

오강원, 1998, 「古朝鮮의 浿水와 沛水」『강원사학』13・14

오강원, 2001, 「春秋末 東夷系 萊族 木槨墓 출토 琵琶形銅劍」『韓國古代史研究』23

오강원, 2002, 「遼東~韓半島地域 支石墓의 型式變遷과 分布樣相」『先史와 古代』17

오강원, 2002, 「요녕~서북한지역 중세형동검에 대한 연구」『청계사학』16・17

오강원, 2003, 「동북아지역 선형동부의 형식과 시공간적 양상」『강원고고학보』2

오강원, 2004, 「中國 東北地域 세 靑銅短劍文化의 文化地形과 交涉關係」『선사와 고대』20

오강원, 2006, 「요령성 건창현 동대장자 적석목관곽묘군 출토 비파형동검과 토기」『과기고고연구』12

오강원, 2007, 「비파형동검문화 십이대영자 단계 유물 복합의 기원과 형성 과정」『단군학연구』16

오강원, 2010, 「戰國時代 燕나라 燕北長城 동쪽 구간의 構造的 實體와 東端」『先史와 古代』33

오강원, 2011, 「기원전 3세기 遼寧 地域의 燕나라 遺物 共伴 遺蹟의 諸類型과 燕文化와의 관계」『韓國上古史學報』71

오영찬, 1996, 「樂浪郡의 土着勢力 再編과 支配構造」『韓國史論』35

오영찬, 2007, 「고조선 중심지 문제」『한국고대사연구의 새 동향』

오현수, 2013, 「『詩經』「韓奕」篇의 韓城과 韓侯」『백산학보』96

오현수, 2013, 「『逸周書』「王會解」篇의 성서 시기 연구」『한국민족문화』46, 부산대학교 한국민족문화연구소

오현수, 2013, 「『山海經』'朝鮮'조문의 성서 시기 연구」『인문과학연구』37, 강원대학교 인문과학연구소

윤무병, 1966, 「濊貊考」『白山學報』1

윤선태, 2010, 「한사군의 역사지리적 변천과 '낙랑군초원4년 현별 호구부'」『낙랑군 호구부 연구』

윤용구, 1990, 「樂浪前期 郡縣支配勢力의 種族系統과 性格-土壙木槨墓의 분석을 중심으로-」『歷史學報』126

윤용구, 1999, 「三韓의 朝貢貿易에 대한 一考察-漢代 樂浪郡의 교역형태와 관련하여-」『歷史學報』162

윤용구, 2007, 「새로 발견된 樂浪木簡-樂浪郡 初元四年 縣別 戶口簿-」『韓國古代史研究』46

윤용구, 2009, 「平壤出土『樂浪郡初元四年縣別戶口簿』研究」『木簡과 文字 연구』3

윤용구, 2010, 「낙랑군 초기의 군현 지배와 호구 파악」『낙랑군 호구부 연구』

이강승, 1979, 「遼寧地方의 靑銅器文化-靑銅遺物로 본 遼寧銅劍文化와 夏家店上層文化의 比較研究」『韓國考古學報』6

이기백, 1988, 「고조선의 국가 형성」『한국사시민강좌』2

이남규, 1987, 「서북한 토광묘의 성격」『한국고고학보』20

이남규, 1995, 「한반도 철기문화의 개시와 유래」『철강보』2

이남규, 2002, 「韓半島 初期鐵器文化의 流入 樣相-樂浪 설치 以前을 중심으로-」『한국상고사학보』36

이병도, 1976, 「위씨조선흥망고」『한국고대사연구』(박영사)

이병도, 1976, 「진번군고」『한국고대사연구』

이병도, 1976, 「현도군고」『한국고대사연구』

이성규, 1989, 「春秋戰國時代의 國家와 社會」『講座 中國史Ⅰ』(지식산업사)

이성규, 1998, 「虛像의 太平-漢帝國의 瑞祥과 上計의 造作-」『古代中國의 理解』4

이성규, 2003, 「고대 중국인이 본 한민족의 원류」『한국사시민강좌』32

이성규, 2009, 「'帳簿上의 帝國'과 '帝國의 現實' : 前漢 前 尹南郡의 編戶齊民과 그 限界」『中國古中世史研究』22

이성규, 2011, 「중국사학계에서 본 고조선」『한국사시민강좌』49(일조각)

이성재, 2007, 「중국동북지역 점토대토기문화의 전개과정 연구」(숭실대학교 석사학위논문)

이영문, 1991, 「한반도 출토 비파형동검 형식분류 시론」『박물관기요』7

이영문, 1999, 「한국 비파형동검 문화에 대한 고찰」『한국고고학보』38

이종선, 1976, 「韓國 石棺墓의 研究」『韓國考古學報』1

이종욱, 1987,「고구려초기의 정치적 성장과 대중국관계의 전개」『東亞史의 比較研究』

이종욱, 1996,「고조선사의 전개와 그 영역」『백산학보』47

이청규, 1993,「청동기를 통해 본 고조선」『國史館論叢』42

이청규, 1999,「東北亞地域의 多鈕鏡과 그 副葬墓에 대하여」『韓國考古學報』40

이청규, 2000,「'國'의 形成과 多鈕鏡副葬墓」『先史와 古代』14

이청규, 2000,「遼寧 本溪縣 上堡村 출토 銅劍과 土器에 대하여」『고고역사학지』16

이청규, 2003,「한중교류에 대한 고고학적 접근-청동기시대에서 철기시대까지-」『한국고대사연구』32

이청규, 2003,「고조선에 대한 고고학적 연구-『한국 고대사 속의 고조선사』(송호정, 푸른역사, 2003)에 대한 비평-」『역사와 현실』48

이청규, 2005,「青銅器를 통해 본 古朝鮮과 주변사회」『북방사논총』6

이청규, 2007,「계층 사회와 지배자의 출현-남한에서의 고고학적 접근-」『계층 사회와 지배자의 출현』(사회평론)

이청규, 2008,「중국 동북지역과 한반도 청동기문화 연구의 성과」『중국 동북지역 고고학 연구현황과 문제점』(동북아역사재단)

이청규, 2010,「多鈕鏡型式의 變遷과 分布」『한국상고사학보』67

이청규, 2011,「고조선과 요하문명」『한국사시민강좌』49

이청규, 2011,「遼東과 韓半島 青銅器文化의 變遷과 相互交流」『한국고대사연구』63

이춘식, 2010,「전한 초기 입공·종번 외교와 차등적 국제사회 수립」『동아시아 국제관계사』(아연출판사)

이현혜, 1987,「韓半島 青銅器文化의 經濟的 背景-細形銅劍文化期를 中心으로-」『韓國史研究』56

이현혜, 1994,「三韓의 對外交易體系」『이기백선생고희기념 한국사학논총(상)』

이현혜, 1997,「동예의 사회와 문화」『한국사4-초기국가: 고조선·부여·삼한-』

이형구, 1991,「대릉하류역의 은말주초 청동기문화와 기자 및 기자조선」『한국상고사학보』5

이형구, 1995,「리지린과 윤내현의 '고조선 연구' 비교」『歷史學報』146

이후석, 2008,「중국 동북지역 세형동검문화 연구-요령식세형동검을 중심으로-」『숭실사학』21

정대영, 2004,「中國 河北省北部 "玉皇廟文化" 연구」『문화재』37

정대영, 2005,「중국 동북지방 청동기시대 석관묘제와 장속의 지역성」『북방사논총』3

鄭漢德, 1990,「美松里型土器の生成」『東北アジアの考古學(天池)』

조법종, 1999,「고조선 관계 연구의 현황과 과제」『단군학연구』1

조법종, 2000,「위만조선의 붕괴시점과 왕험성·낙랑군의 위치」『한국사연구』110

조법종, 2002,「고조선의 영역과 그 변천」『한국사론』34(국사편찬위원회)

조영광, 2010,「초기 고구려 종족 계통 고찰-예맥족을 중심으로-」『동북아역사논총』27

조진선, 2008,「多鈕粗紋鏡의 形式變遷과 地域的 發展過程」『韓國上古史學報』62

조진선, 2009,「韓國式銅戈의 登場背景과 辛庄頭30號墓」『湖南考古學報』32

조진선, 2010,「요서지역 청동기문화의 발전과정과 성격」『요하문명의 확산과 중국 동북지역의 청동기문화』(동북아역사재단)

천관우, 1974,「箕子攷」『동방학지』15

천선행, 2010,「비파형동검 성립전후 요서지역 토기문화의 전개」『요하문명의 확산과 중국 동북지역의 청동기문화』(동북아역사재단)

채치용, 1998,「古朝鮮의 滅亡 原因-漢의 對匈奴定策과 關聯하여-」(중앙대학교 석사학위논문)

최몽룡, 1983,「韓國古代國家形成에 대한 一考察-衛滿朝鮮의 例-」『金哲埈博士華甲紀念史學論叢』

최몽룡, 1997,「衛滿朝鮮」『韓國古代國家形成論』(서울대학교출판부)

최성락, 1992,「鐵器文化를 통해 본 古朝鮮」『國史館論叢』33

하문식, 2010,「太子河유역 특이 고인돌에 대한 연구-新城子 大片地유적을 중심으로-」『白山學報』86

하일식, 2000,「삼국시대 관등제의 특성에 대하여」『한국고대사논총』10

한병삼, 1968,「개천 용흥리출토 청동검과 반출유물」『고고학』1

한영희, 1983,「角形土器考」『韓國考古學報』14·15

한창균, 1992,「고조선의 성립배경과 발전단계 시론-고고학 발굴자료와 연구성과를 중심으로-」『국사관논총』33

(2) 북한

김영우, 1964,「세죽리 유적 발굴 중간 보고(2)」『고고민속』4

김종혁, 1996,「표대부락터유적에 대하여」『조선고고연구』2

라명관, 1983,「신계군 정봉리 돌곽무덤」『고고학자료집』6

로성철, 1993,「미송리형단지의 변천과 그 년대」『조선고고연구』4

리규태, 1983, 「배천군 대아리 돌상자무덤」『고고학자료집』6

리순진, 1992, 「우리 나라 서북지방에서의 나무곽무덤의 기원과 발생시기에 대하여」 『조선고고연구』1

림건상, 1963, 「고조선의 위치에 대한 고찰」『고조선에 관한 토론론문집』

박진욱, 1974, 「함경도 일대의 고대유적 조사보고」『고고학자료집』4

박진욱, 1987, 「비파형단검문화의 발원지와 창조자에 대하여」『비파형단검문화에 관한 연구』

백련행, 1966, 「천곡리 돌상자 무덤」『고고민속』1

서국태, 1964, 「신흥동 팽이그릇 집자리」『고고민속』3

석광준, 1979, 「우리나라 서북지방 고인돌에 관한 연구」『고고민속론문집』7

손영종, 2006, 「락랑군 남부지역(후의 대방군지역)의 위치-'락랑군 초원4년 현별 호구다소□□' 통계자료를 중심으로-」『력사과학』198

손영종, 2006, 「료동지방 전한 군현들의 위치와 그후의 변천(1)」『력사과학』198

송순탁, 1997, 「새로 알려진 고대 시기 유물」『조선고고연구』3

안병찬, 1983, 「우리 나라 서북지방의 이른시기 좁은 놋단검관계유적유물에 관한 연구」『고고민속론문집』8(과학백과사전출판사)

정용길, 1983, 「신평군 선암리 돌상자무덤」『고고학자료집』6

정찬영, 1962, 「좁은놋단검(세형동검)의 형태와 그 변천」『문화유산』4

조선고고연구편집자, 2004, 「순안구역 신성동에서 새로 발굴된 고조선시기의 돌곽무덤」『조선고고연구』1

황기덕, 1959, 「1958년 춘하기 어지돈 지구 관개 공사 구역 유적 정리 간략 보고」『문화유산』1

황기덕, 1963, 「황해북도 봉산군 송산리 솔뫼골 돌돌림 무덤」『고고학자료집』3

황기덕, 1965, 「무덤을 통하여 본 우리나라 청동기시대 사회관계」『고고민속』4

황기덕, 1974, 「최근에 새로 알려진 비파형동검과 좁은놋단검 관계의 유적유물」『고고학자료집』4

황기덕, 1975, 「무산 범의구석유적 발굴보고」『고고민속론문집』6(과학백과사전출판사)

황기덕, 1987, 「우리나라 청동기시대의 사회관계에 대하여」『조선고고연구』2

황기덕, 1987, 「료서지방의 비파형단검문화와 그 주민」『비파형단검문화에 관한 연구』(과학백과사전출판사)

황철산, 1963, 「예맥족에 대하여(1)」『고고민속』2

(3) 중국

高靑山, 1987, 「朝陽袁台子漢代遺址發掘報告」『遼海文物學刊』1

郭大順 · 武家昌, 1980, 「1979年朝陽地區文物普査發掘的主要收穫」『遼寧文物』1

郭治中, 2000, 「水泉墓地及相關問題之探索」『中國考古學跨世紀的回顧與前瞻』(文物出版社)

國家文物局主編, 2001, 「遼寧建昌東大杖子戰國墓地勘探與試掘」『2000中國重要考古發現』(文物出版社)

靳楓毅, 1982, 「朝陽地區發現的劍柄端加重器及其相關遺物」『考古』3

靳楓毅, 1982 · 83, 「論中國東北地區含曲刃靑銅短劍的文化遺存(上 · 下)」『考古學報』4 · 1

靳楓毅, 1987, 「夏家店上層文化及其族屬問題」『考古學報』2

靳楓毅, 1991, 「軍都山山戎文化墓地葬制與主要器物特徵」『遼海文物學刊』1

錦州市博物館, 1960, 「遼寧錦西縣烏金塘東周墓調査記」『考古』5

錦州市博物館, 1983, 「遼寧錦西縣台集屯徐家溝戰國墓」『考古』11

吉林大學考古學系 · 遼寧省文物考古研究所, 1997, 「遼寧錦西市邰集屯小荒地秦漢古城址試掘簡報」『考古學集刊』11

吉林省文物考古研究所, 2003, 「吉林長白縣干溝子墓地發掘簡報」『考古』8

吉林省文物工作隊 · 吉林市博物館, 1982, 「吉林樺甸西荒山屯靑銅短劍墓」『東北考古與歷史』1

吉林省文物工作隊, 1982, 「吉林樺甸西荒山屯靑銅短劍墓」『東北考古與歷史』1

金殿士, 1959, 「沈陽市南市區發現戰國墓」『文物』4

魯昭藏 · 齊俊, 1981, 「桓仁大甸子發現靑銅短劍墓」『遼寧文物』1

都興智, 2004, 「關于古朝鮮硏究的幾個問題」『史學集刊』2

都興智, 2005, 「滅貊淺論」『博物館硏究』2

都興智, 2005, 「關于東北古代史硏究的幾個問題-答劉子敏先生-」『史學集刊』6

東北博物館, 1955, 「遼陽市三道壕淸理了一處西漢村落遺址」『文物參考資料』12

佟柱臣, 1956, 「考古學上漢代及漢代以前的東北疆域」『考古學報』1

董新林, 1996, 「高台山文化硏究」『考古』6

佟達 · 張正巖, 1989, 「遼寧撫順大伙房水庫石棺墓」『考古』2

佟柱臣, 1956, 「考古學上漢代及漢代以前的東北疆域」『考古學報』1

萬欣 · 徐紹剛 · 孫建軍, 2012.2.3, 「遼寧建昌東大杖子飾金靑銅短劍的發現和意義」『中

國文物報』

武家昌, 1995, 「山戎族地望考略」『遼海文物學刊』1

武家昌・王俊輝, 2003, 「遼寧桓仁縣抽水洞遺址發掘」『北方文物』2

武志江, 2009, 「井溝子西區墓地的文化因素及文化形成過程的初步分析」『華夏考古』1

撫順市博物館考古隊, 1983, 「撫順地區早晚兩類青銅文化遺存」『文物』9

文崇一, 1958, 「濊貊民族文化及其史料」『中央研究院 民族學研究所集刊』5

裵躍軍, 1986, 「西豊和隆的兩座石棺墓」『遼海文物學刊』創刊號

傅宗德・陳莉, 1988, 「遼寧喀左縣出土戰國器物」『考古』7

徐秉琨, 1992, 「遼寧發現戰陶銘四種考略」『遼海文物學刊』2

邵國田, 1992, 「敖漢旗鐵匠溝戰國墓調查簡報」『內蒙古文物考古』1・2

邵國田, 1993, 「內蒙古敖漢旗發現的青銅器及有關遺物」『北方文物』1

邵國田, 1996, 「敖漢旗鳥蘭寶拉格戰國墓地調查」『內蒙古文物考古』1・2

孫守道・徐秉琨, 1964, 「遼寧寺兒堡等地青銅短劍與大伙房石棺墓」『考古』6

睡虎地秦墓竹簡整理小組, 1978, 「法律答問」『睡虎地秦墓竹簡』(文物出版社)

沈陽故宮博物館・沈陽市文物管理辦公室, 1975, 「沈陽鄭家窪子的兩座青銅時代墓葬」
　　　『考古學報』1

沈陽市文物工作組, 1964, 「沈陽地區出土的青銅短劍資料」『考古』1

安志敏, 1953, 「河北省唐山賈各庄發掘報告」『考古學報』6冊

楊建華, 2008, 「夏家店上層文化在中國北方青銅器發展中的傳承作用」『邊疆考古研究』7

楊軍, 1996, 「穢與貊」『烟台師範學院學報(哲社版)』4期

楊榮昌, 2007, 「遼東地區青銅時代石棺墓葬及相關問題研究」『北方文物』1

梁志龍, 1992, 「遼寧本溪劉家哨發現青銅短劍墓」『考古』4

梁志龍, 2003, 「遼寧本溪多年發現的石棺墓及其遺物」『北方文物』1

梁志龍, 2003, 「遼寧本溪多年發現的石棺墓及其遺物」『北方文物』1

梁志龍・魏海波, 2005, 「遼寧本溪縣朴堡發現青銅短劍墓」『考古』10

旅順博物館, 1960, 「旅順口區后牧城驛戰國墓清理」『考古』8

旅順博物館・新金縣文化館, 1981, 「遼寧新金縣花兒山漢代貝墓第一次發掘」『文物資料
　　　叢刊(4)』(文物出版社)

旅順博物館・遼寧省博物館, 1982, 「遼寧長海縣上馬石青銅時代墓葬」『考古』6

旅順博物館・遼寧省博物館, 1983, 「大連于家村砣頭積石墓地」『文物』9

葉小燕, 1987, 「中國早期長城的探索與存疑」『文物』7, 46~47쪽

芮逸夫, 1955,「韓國古代民族考略」『中韓論集』1

王建新・劉瑞俊, 2001,「先秦時期的穢人與貉人」『民族研究』4

王立新, 2004,「遼西區夏至戰國時期文化格局與經濟形態的演進」『考古學報』3

王立新, 2005,「探尋東胡遺存的一个新線索」『邊疆考古研究』3

王立新・塔拉・朱永剛, 2010,『林西井溝子－晚期青銅時代墓地的發掘與綜合研究－』(科學出版社)

王嗣洲, 1990,「大連市三處戰國貨幣窖藏」『考古』2

王嗣洲, 1996,「試論遼東半島石棚與大石蓋墓的關係」『考古』2

王成生, 1991,「概述近年遼寧新見青銅短劍」『遼海文物學刊』1

王成生, 1997,「漢且盧縣及相關陶銘考」『遼海文物學刊』2

王成生, 2003,「遼寧出土銅戈及相關問題的研究」『遼寧考古文集』(遼寧人民出版社)

王巍, 1997,「中國古代鐵器及冶鐵術對朝鮮半島的傳播」『考古學報』3

王巍, 2004,「雙房遺存研究」『慶祝張忠培先生七十歲論文集』(科學出版社)

王增新, 1964,「遼寧撫順蓮花堡遺址發掘簡報」『考古』6

遼寧省博物館・朝陽地區博物館, 1973,「遼寧喀左縣北洞村發現殷代青銅器」『考古』4

遼寧省博物館・朝陽地區博物館, 1977,「遼寧喀左南洞溝石槨墓」『考古』6

遼寧省博物館, 1980,「遼寧寬甸發現戰國時期燕國的明刀錢和鐵農具」『文物資料叢刊』3

遼寧省博物館, 1985,「遼寧凌源三官甸青銅短劍墓」『考古』2

遼寧省博物館・朝陽市博物館, 1986,「建平水泉遺址發掘簡報」『遼海文物學刊』2

遼寧省文物考古研究所, 1989,「喀左和尙溝墓地」『遼海文物學刊』2

遼寧省文物考古研究所, 1989,「遼寧凌源縣五道河子戰國墓」發掘簡報『文物』2

遼寧省文物考古研究所・吉林大學考古學系, 1992,「遼寧彰武平安堡遺址」『考古學報』4

遼寧省文物考古研究所・朝陽市博物館, 1998,「朝陽王子墳山墓群1987・1990年度考古發掘的主要收穫」『文物』6

遼寧省文物考古研究所, 1999,「遼寧省義縣向陽嶺青銅時代遺址發掘報告」『考古學集刊』13(中國大百科全書出版社)

遼寧省文物考古研究所・葫蘆島市博物館・建昌縣文管所, 2006,「遼寧建昌于道溝戰國墓地調查發掘簡報」『遼寧省博物館館刊』1(遼海出版社)

遼寧省文物考古研究所・本溪市博物館・本溪縣文物管理所, 2010,「遼寧本溪縣新城子青銅時代墓地」『考古』9

遼寧省文物考古研究所, 鐵嶺市博物館, 2011,「遼寧西豐縣東溝遺址及墓葬發掘簡報」

『考古』5

遼寧省西豊縣文物管理所, 1995, 「遼寧西豊縣新發現的幾座石棺墓」『考古』2

遼陽市文物管理所, 1977, 「遼陽二道河子石棺墓」『考古』5

遼陽市文物管理所, 1983, 「遼陽市接官廳石棺墓群」『考古』1

魏海波, 1985, 「遼寧本溪發現靑銅短劍墓」『遼寧省本溪·丹東地區考古會議文集』

魏海波·梁志龍, 1997, 「遼寧本溪縣上堡靑銅短劍墓」『文物』11

瑜琼, 1993, 「扇面形銅斧初論」『北方文物』2

劉大志·柴貴民, 1993, 「喀左老爺廟鄉靑銅短劍墓」『遼海文物學刊』2

劉永, 1992, 「試論夏家店上層文化的靑銅短劍」『內蒙古文物考古』1

劉志一, 1994, 「戰國燕北長城調査」『內蒙古文物考古』1

劉子敏, 2005, 「"峴夷"與"朝鮮"」『北方文物』4

李健才, 1985, 「關于西團山文化族屬問題的探討」『社會科學戰線』2

李慶發, 1984, 「遼陽市新城戰國墓」『中國考古學年鑑 1984年』(文物出版社)

李慶發·張克擧, 1991, 「遼西地區燕秦長城調査報告」『遼海文物學刊』2

李恭篤·高美璇, 1995, 「遼東地區石築墓與弦紋壺有關問題研究」『遼海文物學刊』1

李零, 1988, 「中國古代居民組織的兩大類型及其不同來源-春秋戰國時期齊國居民組織
　　　試析-」『文史(京)』28

李矛利, 1989, 「昌圖發現靑銅短劍墓」『文物』4

李新全, 2009, 「遼東地區積石墓的演變」『東北史地』1

李殿福, 1991, 「建平孤山子·楡樹林子靑銅時代墓葬」『遼海文物學刊』2

林澐, 1995, 「東胡與山戎的考古探索」『環渤海考古國際學術討論會論文集』(知識出版社)

林澐, 1996, 「戎狄非胡論」『金景芳九五誕辰紀念文集』(吉林文史出版社)

林澐, 2009, 「北方系 靑銅器 研究」『湖西考古學』21

張仁彦, 1986, 「對遼河下流出土戰國刀幣初探」『遼寧金融』2

張智勇, 2009, 「東北地區直銎銅斧的類型與分期」『文物春秋』4

張翠敏, 2009, 「于家村砣頭積石墓地再認識」『東北史地』1

翟德芳, 1988, 「中國北方地區靑銅短劍分群研究」『考古學報』3

翟德芳, 1994, 「試論夏家店上層文化的靑銅器」『內蒙古文物考古文集(第1輯)』

鄭君雷, 2001, 「戰國時期燕墓陶器的初步分析」『考古學報』3

鄭紹宗, 1975, 「河北省發現的靑銅短劍」『考古』4

鄭紹宗, 1984, 「中國北方靑銅短劍的分期及刑制研究」『文物』2

齊亞珍·劉素華, 1991,「錦縣水手營子早期靑銅時代墓葬」『遼海文物學刊』1

齊俊, 1980,「本溪大濃湖發現戰國布幣」『遼寧文物』1

齊俊, 1994,「本溪地區發現靑銅短劍墓」『遼海文物學刊』2

齊曉光, 1994,「夏家店上層文化空首靑銅斧及相關問題」『內蒙古文物考古文集(第1輯)』

趙賓福, 2008,「以陶器爲視覺的雙房文化分期研究」『考古與文物』1

趙賓福, 2010,「雙房文化靑銅器的型式學與年代學研究」『考古與文物』1

朝陽地區博物館·喀左縣文化館, 1985,「遼寧喀左大成子眉眼溝戰國墓」『考古』1

朱貴, 1960,「遼寧朝陽十二臺營子靑銅短劍墓」『考古學報』1

朱永剛, 1987,「夏家店上層文化的初步研究」『考古學文化論集(一)』(文物出版社)

朱永剛, 1997,「大·小凌河流域含曲刃短劍遺存的考古學文化及相關問題」『內蒙古文物
　　　考古文集(第2輯)』(中國大百科全書出版社)

朱永剛·王立新, 1997,「遼寧錦西邰集屯三座古城址考古紀略及相關問題」『北方文物』2

朱永剛, 1994,「西團山文化源探索」『遼海文物學刊』1

朱永剛, 1998,「東北靑銅文化的發展段階與文化區系」『考古學報』2

朱永剛, 2003,「中國北方的管銎斧」『中原文物』2

朱永剛, 2008,「遼東地區雙房式陶壺研究」『華夏考古』2

朱泓, 1989「夏家店上層文化居民的種族類型及其相關問題」『遼海文物學刊』1

朱泓, 1998,「중국 동북 지구의 고대 종족」『박물관기요』13

朱泓, 2006,「東胡人種考」『文物』8

朱泓·張全超·李法軍, 2007,「內蒙古林西井溝子遺址西區墓葬出土人骨的人類學研
　　　究」『人類學學報』2

中國科學院考古研究所內蒙古工作隊, 1975,「寧城南山根遺址發掘報告」『考古學報』1

中國社會科學院考古研究所內蒙古工作隊, 1984,「內蒙古敖漢旗周家地墓地發掘簡報」
　　　『考古』5

中國社會科學院考古研究所 外, 2004,「內蒙古喀喇沁旗大山前遺址1998年的發掘」『考古』3

陳全家, 2007,「內蒙古林西縣井溝子遺址西區墓葬出土的動物遺存研究」『內蒙古文物考古』2

陳直, 1963,「秦漢瓦當槪述」『文物』11

集安縣文物保管所, 1981,「集安發現靑銅短劍墓」『考古』5

崔玉寬, 1997,「鳳城東山·西山大石蓋墓1992年發掘簡報」『遼海文物學刊』2

河北省文化局文物工作隊, 1966,「河北怀來北辛堡戰國墓」『考古』5

河北省文物研究所外, 1983,「灤平縣虎什哈炮台山山戎墓地的發現」『文物資料叢刊』7

韓嘉谷, 1994, 「從軍都山東周墓談山戎·胡·東胡的考古學文化歸屬」『內蒙古文物考古文集(第1輯)』

項春松, 1979, 「昭烏達盟戰國長城調查報告」『文物通迅』7

項春松, 1981, 「昭烏達盟燕秦長城遺址調查報告」『中國長城遺迹調查報告』(文物出版社)

許明綱·許玉林, 1983, 「遼寧新金縣雙房石蓋石棺墓」『考古』4

許明綱, 1993, 「大連市近年來發現靑銅短劍及相關的新資料」『遼海文物學刊』1

許玉林, 1980, 「遼寧寬甸發現戰國時期燕國的明刀錢和鐵農具」『文物資料叢刊』3

許玉林·崔玉寬, 1990, 「鳳城東山大石蓋墓發掘簡報」『遼海文物學刊』2

許超·張大爲, 2010, 「西豊縣振興鎭誠信村石棺墓2006年淸理簡報」『東北史地』4

許憲范, 1985, 「濊貊遷徙考」『民族研究』4

華玉冰·陳國慶, 1994, 「大連地區晚期靑銅時代考古文化」『遼海文物學刊』1

華玉氷, 2009, 「馬城子文化墓葬分期及相關問題」『新果集-慶祝林澐先生七十華誕論文集-』(科學出版社)

華玉冰·王來柱, 2011, 「新城子文化初步研究-兼談與遼東地區相關考古遺存的關係-」『考古』6

華玉冰 外, 2012, 「遼寧建昌東大杖子戰國墓地」『2011中國重要考古發現』(文物出版社)

(4) 일본

甲元眞之, 1985, 「朝鮮の初期農耕文化」『考古學研究』20-1

甲元眞之, 2006, 「紀元前一千年紀東北アジアの首長墓」『東北アジアの靑銅器文化と社會』(同成社)

岡內三眞, 2003, 「燕と東胡と朝鮮」『靑丘學術論集』23

工藤元男, 1984, 「睡虎地秦墓竹簡の屬邦律をめぐって」『東洋史研究』43-1

宮本一夫, 1990, 「戰國鏡の編年(上)」『古代文化』42-4

宮本一夫, 1998, 「古式遼寧式銅劍の地域性とその社會」『史淵』135

宮本一夫, 2000, 「戰國燕とその擴大」『中國古代北疆史の考古學的研究』(中國書店)

吉本道雅, 2008, 「中國先秦時代の貊」『京都大學文學部研究紀要』47

吉本道雅, 2009, 「濊貊考」『京都大學文學部研究紀要』48

金在鵬, 1974, 「穢貊考」『朝鮮學報』70

那珂通世, 1894, 「貊人考」『史學雜誌』5-5

藤口健二, 1982, 「朝鮮・コマ土器の再檢討」『森貞次郎博士古稀記念 古文化論集(上)』

木村誠, 1998, 「倭人の登場と東アジア」『古代を考える-邪馬臺國-』

白鳥庫吉, 1934, 「濊貊民族の由來を逑べて夫餘高句麗及び百濟の起源に及ぶ」『史學雜誌』54-12

三上次男, 1951, 「穢人とその民族的性格について(一)」『朝鮮學報』2

三品彰英, 1953, 「濊貊族小考」『朝鮮學報』4

小林靑樹・石川岳彦・宮本一夫・春成秀爾, 2007, 「遼西式銅戈と朝鮮式銅戈の起源」『中國考古學』7(日本中國考古學會)

松田壽男, 1957, 「蘇子の貂裘と管子の文皮」『早稻田大學大學院文學硏究科紀要』3

矢澤悅子, 1997, 「秦の統一過程における「臣邦」-郡縣制を補完するものとして-」『駿台史學』101

田村晃一, 1994, 「樂浪郡設置前夜の考古學(一)-淸川江以北の明刀錢出土遺蹟の再檢討-」『東アジア世界史の展開』(汲古書院)

田村晃一, 1996, 「遼東石棚考」『東北アジアの考古學(第二, 槿域)』

町田章, 1981, 「殷周と孤竹國」『立命館文學』

增淵龍夫, 1996, 「戰國秦漢時における集團の「約」について」『中國古代の社會と國家』(巖波書店)

池内宏, 1940, 「樂浪郡考」『滿鮮地理歷史硏究報告』16

池内宏, 1946, 「佟佳江流域の先住民と濊・濊・貊濊の略稱」『史學雜誌』57-2・3

秋山進午, 1969, 「中國東北地方の初期金屬器文化の樣相(下)」『考古學雜誌』54-4

秋山進午, 1997, 「東北アジア初期靑銅器おめぐる幾つかの問題」『朝鮮學報』162

荊木計男, 1985, 「衛滿朝鮮王册封について-前漢諸國遼東郡からのアプローチ-」『朝鮮學報』115

和田淸, 1944, 「周代の蠻貊について」『東洋學報』28-2

和田淸, 1955, 「玄菟郡考」『東亞史硏究(滿洲篇)』

後藤直, 2003, 「總括-論点の整理と硏究の展望」『東アジアと日本の考古學Ⅲ-交流と交易-』(同成社)

고조선사의 전개

찾아보기